中國學術思想 研究輯刊

十二編

林慶彰 主編

第 41 冊

宋代大儒黃震（東發）之生平與學術（下）

林政華 著

花木蘭文化出版社

國家圖書館出版品預行編目資料

宋代大儒黃震（東發）之生平與學術（下）／林政華 著一初
版 — 新北市：花木蘭文化出版社，2011〔民100〕
目 4+198 面：19×26 公分
（中國學術思想研究輯刊 十二編；第 41 冊）
ISBN：978-986-254-681-9（精裝）
1.（宋）黃震　2.傳記　3.學術思想　4.經學　5.理學
030.8　　　　　　　　　　　　　　　　　　100016077

ISBN-978-986-254-681-9

9 789862 546819

中國學術思想研究輯刊
十二編　第四一冊　　　　　　　ISBN：978-986-254-681-9

宋代大儒黃震（東發）之生平與學術（下）

作　　　者　林政華
主　　　編　林慶彰
總 編 輯　杜潔祥
出　　　版　花木蘭文化出版社
發 行 所　花木蘭文化出版社
發 行 人　高小娟
聯絡地址　新北市永和區中正路五九五號七樓
　　　　　　電話：02-2923-1455／傳眞：02-2923-1452
網　　　址　http://www.huamulan.tw 信箱 sut81518@gmail.com
印　　　刷　普羅文化出版廣告事業
封面設計　劉開工作室
初　　　版　2011 年 9 月
定　　　價　十二編 55 冊（精裝）新台幣 90,000 元

宋代大儒黃震（東發）之生平與學術（下）

林政華　著

目
次

第伍編　黃震之經學（二）

第三章　禮　學

　　《黃氏日抄》讀經之作凡三十一卷，而〈讀禮〉有十七卷，居半數以上，即卷十四以下凡十六卷爲〈讀禮記〉、卷三十爲〈讀周禮〉。東發於《周禮》，謂爲劉歆所作，多誤謬失實，於卷中頗指其失（詳下文第五節）。於《禮記》，則鑒於朱子未有成書，故於前人注疏，博觀而約取，爲之集解，特多創見，不僅能明記禮者之深意，亦能疑其不合於古昔者。他如論《禮記》與宋代理學之關係，則所見甚卓；論《禮記》諸篇著成之時代，復多可取者。東發於《儀禮》無說，則以朱子已有《經傳通解》之作也。

第一節　論禮記諸篇著成之時代

（一）〈禮運〉等四篇著成時代之上限

一、〈禮運〉作於《論語》之後

　　《日抄‧讀《禮記》‧禮運篇》，解題云：

　　　　禮運……雖思太古而悲後世，其主意微近於老子。（卷一八，頁11）

是隱謂〈禮運〉成於《老子》書之後也。後人考訂《老子》成於戰國之世；〔註1〕惟東發仍以爲係李耳所撰。東發謂〈禮運篇〉之旨近於《老子》，其說可以東發稍前之車若水之說作注腳。車氏《脚氣集》有云：「〈禮運〉首章載

〔註 1〕 如清人汪中《述學‧老子考異》，並參拙文〈綜論老子其人其書〉。

孔子言：大道之行，天下爲公，至大道既隱，天下爲家，始以城郭溝池爲固，禮義爲紀；禹、湯以後六君子皆由於此。不知……離禮義以言道，是老子之言也。」〔註2〕又如篇中云：「王中心無爲也，以守至正。」所謂「無爲」，乃老子所始倡。

〈禮運篇〉託言孔子與言偃之問答，以記「五帝三王相變易及陰陽轉旋之道」（鄭玄說，見《經典釋文》及《孔氏正義》引），而其中多非孔子本意，東發論之，云：

> 「老有所終」至廢疾有所養，三王未始不同也，豈獨五帝？「以正君臣」至「以功爲己」，五帝之時莫不行也，豈獨三王？……皆記者立論然耳。且稽之論語，吾夫子固未嘗若是其費辭也。（卷一八，頁12）

是東發以爲〈禮運〉有不合《論語》者，乃《論語》之後所爲。其說是也。《論語》約編成於戰國初年以後，〔註3〕是〈禮運〉爲戰國以來之文也。

二、〈檀弓〉作於《左傳》之後

東發據〈檀弓上、下篇〉載及《左傳》事各一則，而謂其成於《左傳》之後。〈檀弓上〉云：

> 魯哀公誄孔丘曰：「天不遺耆老，莫相予位焉。嗚呼哀哉！尼父。

《左傳》所載稍繁。哀公十六年夏四月己丑，孔丘卒，左氏云：

> 公誄之曰：「旻天不弔，不憖遺一老，俾屏余一人在位；煢煢余在疚。嗚呼哀哉！尼父無自律。

東發比勘二段文字，引「陸氏說」（按：蓋即陸佃《禮記解》，書今佚），云：

> 《左傳》所錄有「屏余一人」之語，今記《禮記》修之如此。（卷一五，頁24）

是以爲〈檀弓〉引自《左傳》。清人江永《禮記訓義擇言》亦云：

> 左氏傳所載誄辭傷煩，且有稱「余一人」之失。記者刪潤之如此。〔註4〕

〔註2〕 卷上，頁4。
〔註3〕 章學誠《文史通義》（詩教上）云：「《論語》記曾子之沒。吳起曾師事曾子，則曾子沒於戰國初年；而《論語》成於戰國之時，明矣。」又詳屈師翼鵬先生《古籍導讀》，頁107～108。
〔註4〕 卷二，頁21。

〈檀弓下篇〉云：

> 諸侯伐秦，曹桓公卒于會。

鄭注謂事在魯成公十三年五月。是也。《春秋經》云：「公自京師，遂會晉侯、齊侯、宋公、衛侯、鄭伯、曹伯、邾人、滕人伐秦。曹伯盧卒于師。」按：盧爲宣公，《左傳》載同年五年丁亥，晉以諸侯之師敗秦師於麻隧，曹宣公卒于師。曹桓公當春秋初葉已卒，〔註5〕其生前亦無諸侯伐秦事。是〈檀弓〉之說有誤，東發云：

> 曹伯盧卒于師，此云「會」；盧諡「宣」，此云「桓」：恐皆誤。（卷一五，頁37）

按：東發論〈禮運〉及〈檀弓〉二篇，雖僅及其時代上限，而其啓發於後人者則頗大也。

三、〈玉藻〉成於《左傳》、《公羊傳》以後

〈玉藻篇〉有云：

> 至於八月不雨，君不舉。

《左傳》謂若八月不雨，則君不殺牲（上文有「君子遠庖廚」之語）以祭也。八月不雨之說，似從春秋經、傳而有，東發云：

> 《春秋》書正月至于七月不雨，〔註6〕見咎徵也。三傳（政華按：僅《左傳》、《公羊傳》，《穀梁傳》無之）不達聖人之意，乃曰：「不爲災，故不書旱。」（見僖公三年六月《左傳》，《公羊傳》文公二年七月）豈有不雨者七月而不爲災？此曰：「至于八月不雨，君不舉」者，後儒惑於三傳也；不然，則誤且繆矣。（卷二〇，頁3）

春秋用夏正（詳第伍編春秋學第三節），正月至七月，即周之春、夏二季（三月至九月）。夏不雨，理必爲災，東發之論，是也。然則，東發之意，蓋謂〈玉藻〉成於《左傳》、《公羊傳》之後矣。

四、〈月令〉出於呂覽月紀

〈月令〉，孔氏《正義》引鄭玄目錄，以爲後人就《呂氏春秋》十二月紀之首章抄撮而成。鄭樵《六經奧論》（舊題如此）亦謂太尉是秦官（按：鄭玄已有

〔註5〕見《春秋》桓公十年正月。
〔註6〕見文公十年、十三年。而僖公二年十月至三年五月，文公元年十二月至二年七月，亦均有八月不雨。

此說），臘祭是秦俗，以十月爲歲首乃呂不韋死後秦之制度，因以爲此篇係漢儒摘取《呂氏春秋》加以附益而成。東發說同，云：

> 《呂氏春秋》每篇首皆有月令，此書（指《禮記・月令篇》）即其文也。
>
> 其衣服、器皿、官名，……多雜秦制。（卷一六，頁23）

〈月令〉出於呂覽，經轉寫附益，故頗有歧異，甚至有譌誤處。東發曾列舉二十條，清・萬斯大《禮記偶箋》亦輯有異文十五條；二家所舉並不全同，是知〈月令〉與月紀之互異當不止二十條之數也。茲舉三例，俾略窺東發之說。

孟春之月，月令書「鴻鴈來」。呂覽作「候鴈北」。東發云：

> 方春，非鴈來之時，……則呂氏爲是而月令詭也。（卷一六，頁24）

萬斯大《偶箋》亦云：「蓋仲秋之『鴻鴈來』，季秋之『鴻鴈來賓』，自北而來南也；孟秋則自南而北矣。」

〈月令〉（季夏）云：「神農將持功」，月紀作「命神農，將巡功。」神農指農官。高誘注呂覽云：「昔炎帝神農，能殖嘉穀，神而化之，號爲神農，後世因名其官爲神農。巡行堰畝修治之功。」東發謂當以月紀爲正，云：

> 夫神農，田官之稱；而「持功」則幾於不文。呂氏元文「命神農，
> 將巡功」，謂將巡視之。（卷一六，頁24）

〈月令〉同月又云：「可以糞田疇，可以美土彊。」彊字，月紀作「疆」。高注：「疆，界畔。」《淮南子・時則篇》作「以肥土疆」，與呂覽同。高注：「土疆，土分畔者也。」鄭注以土彊爲「彊檃之地」。東發謂月令字有譌誤，當以《呂氏春秋》爲是（卷一六，頁38）。

第二節　漢人傳述之篇什

一、〈曲禮〉

〈曲禮下篇〉所載，有關於春秋凡例者，云：

> 天子不言出，諸侯不生名，君子不親惡。諸侯失地，名；滅同姓，
> 名。

此當本《公羊》、《穀梁》二傳而言。茲先論諸侯書名一事，如：《春秋經》莊公十年九月，荊敗蔡師于莘，以蔡侯獻舞歸。《公羊傳》云：「蔡侯獻舞何以名？絕。曷爲絕之？獲也。曷爲不言其獲？不與夷狄之獲中國也。」（《穀梁傳》

說同）此謂失地名。僖公二十五年正月，衛侯燬滅邢。《公羊傳》、《穀梁傳》
二傳皆謂燬以滅同姓而名之。東發總論〈曲禮〉此章，云：

此《春秋傳》凡例之說，而漢儒主之。（卷一四，頁 29）

因復論〈曲禮下篇〉援《春秋經傳》立文而不合者五處，云：

蓋小戴多漢儒雜說，其書出於三傳之後，有援春秋三傳而立文者，
如：王制（按：當作〈曲禮下〉）稱東夷、北狄、西戎、南蠻雖大，曰
「子」。彼見吳、楚之強，春秋皆書「子」爾；而北燕在北狄，秦本
西戎，何以書「伯」？此附春秋以立文而不合者一也。

〈曲禮〉稱諸侯失地，名。彼見穀伯綏來朝，鄧侯吾〔離〕來朝（按：
見桓公七年春夏秋經），傳曰：「失地之君也。」（《公羊、穀梁傳》）而郕
伯來奔（成公十二年正月）、邾子來朝（僖公二十年夏），傳（公羊）亦曰
失地之君。何以不名，此附三傳以立文而不合者二也。

又稱「天子不言出」。彼見天子居于狄泉（昭公二十三年七月），不書
「出」；而天王出居于鄭，何以書「出」？此附春秋以立文而不合者
三也。

又曰「諸侯不生名」。彼見蔡侯考父（隱公八年六月）、鄭伯寤生（桓
公十一年五月癸未）皆卒而稱名；而衛侯朔（如莊公六年六月）、鄭伯突
（桓十五年五月），何以未死而書名？此附春秋而不合者四也。

又曰：「諸侯未及期相見曰遇」。彼見傳書遇之說曰：『遇者，不期也』
（如隱公四年夏《左傳》、《公羊傳》）；而公會衛侯于桃丘，弗遇（桓公十
年秋），亦可謂未及期乎？又曰：「相見於鄰地曰會」。彼〔見〕春秋
之會無常地，因曰鄰地而會；于齊、于宋，亦鄰地乎？……此附春
秋而不合者五也。（卷一四，頁 29～30）

至於〈曲禮上篇〉，東發亦謂著成於漢世。經文云：

父母存，不許友以死。

此意，〈坊記〉亦有之，云：「父母在，不敢有其身。」鄭注：「爲忘親也。」
東發論其說，云：

許友以死，雖父母不在亦不可。蓋記禮者漢人，雜取後世豪俠之言。
（卷一四，頁 6）

是東發以爲〈曲禮上、下篇〉，皆成於漢儒之手也。

二、〈王制〉

《史記‧封禪書》云：「漢文帝使博士諸生刺六經，作王制。」若此言可信，則〈王制〉至早亦只是漢文帝時所作；而今本〈王制〉殆非文帝時元本。〈王制〉云：

> 天子五年一巡守，歲二月東巡守，至於岱宗，柴而望祀山川，覲諸
> 侯，問百年者。

東發論之，云：

> 天子五年一巡守至覲諸侯，出於虞書，可言刺經而作；餘於漢文時
> 五經未知何據。（卷一六，頁 6）

東發因多舉篇中出於漢人之手者而論之，〈王制〉云：

> 天子：三公，九卿，二十七大夫，八十一元士。

按：〈明堂位篇〉只言天子有三公、諸侯、諸伯、諸子、諸男等，與本篇所說多異；與《周禮》（天官宰夫）所載三公、六卿、大夫、群吏者亦不全同。東發云：

> 此書與明堂位皆漢人之文。（卷一六，頁 4）

〈王制〉又云：

> 命鄉，簡不帥教者以告。……元日，皆射上功。……不變，命國之
> 右鄉，簡不帥教者移之左。……不變，移之郊。……不變，移之遂。……
> 不變，屏之遠方，終身不齒。

此言於不肖士之處置，極為嚴厲。又云：

> 將出學，小胥、大胥、小樂正，簡不帥教者以告于大樂正。大樂正
> 以告于王。王命三公、九卿、大夫、元士皆入學。不變，王親視學。
> 不變，王三日不舉，屏之遠方，……終身不齒。

東發論學不肖而「屏之遠方」，實太過分，非古天子所忍為，故謂其說乃漢人傳述之言，云：

> 前章言士之不帥教學，屏之遠方，終身不齒。夫屏之遠方，極惡之
> 人罪惡不可赦者也。人之資稟有高下，而偶不可教，則亦出之於學，
> 聽其為庶民而已，……何至屏之遠方？夫既疑已甚矣，此章又謂屏
> 逐之罪，雖王子不免焉，不其又甚也耶？且德行在平日，豈一視學
> 之頃所能變，而於此乎決為已甚之罪耶？王制，漢人之文，不知於
> 古何據。……王制必刺經而作也，當曰朴作教刑（按：見《尚書‧堯
> 典》）；奈何舉四凶之罪，以為不帥教之罪耶？凡王制多漢人傳授之

言，而未必古有其事也。（卷一六，頁 14～15）

東發因論漢人傳述舊聞，增益成篇之狀，云：

> 大抵秦漢之書，多以先王遺說爲本，而雜以後世煩碎爲博。〈王制篇〉
> 不過因孟子數語，……從而增益，以廣舊聞。（卷一六，頁 23）

東發所謂漢人因孟子數語者，指《孟子·萬章下篇》「周室班爵祿」章也。

三、〈文王世子〉

〈文王世子〉一篇，旨在重視子弟教育。篇中章節錯雜，清方苞曾加以考訂。〔註7〕以其駁雜，更可證其爲秦漢雜家興起後之產物。東發列舉此篇爲漢人所記之證據凡六，多確鑿可從。〈文王世子〉云：

> 武王曰：西方有九國焉，君王其終撫諸？文王曰：非也。

東發云：

> 「君王」，乃戰國之稱，其傳之妄歟？（卷一八，頁 1）

不僅此也，東發且疑此篇之成已至漢代。本篇又云：

> 凡學世子及學士，……春誦夏弦，……秋學禮，冬讀書。

其說教學之時間及課程，與〈王制〉所載有所出入。東發既考〈王制〉爲漢人作品，因疑本篇亦出於漢世，云：

> 此言「春誦夏弦」。「秋讀禮，冬讀書」。王制言「春秋教以禮樂，冬夏教以詩書。」其時、其法皆不同，恐皆漢人誦聞古昔之言，未知孰是。（卷一八，頁 2）

本篇又云：

> 周公踐阼。

東發云：

> 周公未嘗踐阼：冢宰總政乃古禮。云「踐阼」，亦漢人誦聞之言。（卷一八，頁 6）

按：同篇上文云：「成王幼，不能涖阼，周公相，踐阼而治。抗世子法於伯禽，……欲令成王之知父子君臣長幼之道也。……」東發云：

> （成王）幼不能涖阼，周公相之而踐阼。……踐阼亦指成王，非指周公。（卷一八，頁 1）

同篇云：

〔註 7〕見《方望溪全集》卷一總頁 14～15，書考定文王世子後。

獄成，有司讞于公。其死罪，則曰：某之罪在大辟；其刑罪，則曰：某之罪在小辟。公曰：宥之。有司又曰：在辟。公又曰：宥之。有司又曰：在辟。及三宥，不對，走出，致刑于甸人。公又使人追之曰：雖然，必赦之。有司對曰：無及也！

東發論之云：

此謂臣執法宜堅，君用刑宜寬也。然……此事使人君偶有哀矜不忍而救之無及，可也。若立為此法，示欲宥之而不能，是虛文相欺，不可也。且臣有罪而君必赦，君有命而臣不受，於理皆未安。恐亦漢人誦聞古昔之傳或如此耳。（卷一八，頁8）

本篇載養老之禮，云：

（天子）始之養也，適東序，釋奠於先老，遂設三老五更群臣之席位焉。

東發云：

詩、書未嘗言三老，至漢此說方出，至後漢、元魏此禮方行。後漢竟以三公為三老，大夫為五更矣。（卷一八，頁9）

按：東發之說，雖未必盡是，其疑〈文王世子〉為漢人所作，則可信也。東發復就人情論之，亦謂本篇當出於漢人。經文云：

世子之記曰：朝夕至于大寢之門外，問於內豎曰：「今日安否？何如？」內豎曰：「今日安。」世子乃有喜色。其有不安節，則內豎以告世子，世子色憂不滿容。內豎言復初，然後亦復初。

東發云：

所謂「有喜色」，所謂「色不滿容」，此出於人情之自然，安得立法以使之？……且「內豎言復初，然後亦復初」，是子竟不得親侍其父之疾，始終但得之於內豎之口，亦非人情矣！嗚呼！是真漢人之言也。（卷一八，頁10～11）

四、〈禮器〉、〈郊特牲〉

〈禮器篇〉云：

因名山、升中于天，因吉土以饗帝于郊。升中于天，而鳳凰降、龜龍假。饗帝于郊，而風雨節、寒暑時。是故聖人南面而立，而天下大治。

東發云：

……要之，祥瑞應驗，則漢人之言也。（卷一八，頁31）

按：漢世君臣受陰陽五行說之影響，重視瑞應之說，故東發之言如此。

〈郊特牲篇〉云：

> 饗禘有樂，而食嘗無樂，陰陽之義也。凡飲，養陽氣也；凡食，養
> 陰氣也。

東發論其說出於漢人，云：

> 此明飲屬陽，作樂；食屬陰，不作樂；然考於商頌、周官，則食，
> 嘗未有不用樂，說者遂以為夏之制。然此禮文之末，漢人記舊聞耳，
> 不必泥也。（卷一九，頁1）

五、〈明堂位〉

東發論〈文王世子篇〉「周公踐阼」之說，以為出自漢人，前已言之。東發於明堂位，亦有類似之言。經文首稱「昔者，周公朝諸侯于明堂之位：天子負斧依，南鄉而立。」明著「昔者」，則此必為後人傳述之言。鄭注：「天子，周公也。」東發斥鄭注并經文皆漢儒過當之說，云：

> 周公相成王，漢儒以為代之而朝諸侯，傳聞既不審矣；鄭康成又竟
> 指天子為周公，何過耶！（卷二○，頁17）

同篇又云：

> 武王崩，成王幼弱，周公踐天子之位以治天下。六年朝諸侯於明
> 堂。……成王以周公為有勳勞於天下，是以封周公於曲阜，地方七
> 百里。

東發論之云：

> 周室班爵之制，諸侯不過百里。今曰地方七百里，周室無此制也。……
> 封爵當以孟子為正，……（孟子）周末先秦之書也。明堂位作於漢儒。
> （卷二○，頁17）

六、〈喪服小記〉、〈大傳〉

〈喪服小記〉云：

> 父為士，子為天子、諸侯，則祭以天子、諸侯；其尸，服以士服。
> 父為天子、諸侯，子為士，祭以士，其尸，服以士服。

東發云：

> 父為士，而子為天子，與父為天子，而子為士，乃後世事，人情所

不忍言，而漢人言之。若以義例明禮，似不若父爲大夫，子爲士之
説（按：見〈中庸〉）安也。（卷二〇，頁 23）

按：〈中庸〉云：「武王未受命，周公成文、武之德，追王大王、王季，上祀
先公以天子之禮。斯禮也，達乎諸侯、大夫及士、庶人。父爲大夫，子爲士，
葬以大夫，祭以士。父爲士，子爲大夫，葬以士，祭以大夫。」此謂「葬用
死者之爵，祭用生者之祿」（朱子注語）。所言不及天子諸侯，故東發以此爲出
於漢世也。

〈大傳〉云：

牧之野，武王之大事也。既事而退，……設奠於牧室。遂率天下諸
侯，執豆籩、逡奔走；追王大王亶父、王季歷、文王昌；不以卑臨
尊也。

東發謂其説乃漢人所爲，云：

不以卑臨尊，此漢儒之説，而非追王之本意。大王、王季、文王乃
武王之祖、父，豈待追王而後尊？雖未追王，而以祖、父下臨其子、
孫，亦豈得謂之「卑臨尊」？蓋三王皆肇基之主，而追王之，且尊
歸於祖、父，亦理當然耳。（自注：「用東萊補」）（卷二〇，頁 30）

七、〈雜記〉

〈雜記篇〉亦因簡策繁重而分爲上下篇。其下篇有云：

大夫、士將與祭於公，既視濯，而父母死，則猶是與祭也，次於異
宮。

此謂親喪雖痛，而祭事則尤爲尊嚴也。東發論其説不合人情，乃漢人傳述之
語，云：

將與祭，聞父母喪，猶卒祭，謂君命嚴而祭事重也；然人子之情當
如何？雖堅忍其痛而不哭，果能一其將事之誠否耶？漢儒傳聞古
説，幸於今無用，缺疑可也。（卷二二，頁 11）

八、〈祭義〉

本篇云：

宰我曰：「吾聞鬼神之名，而不知其所謂。」子曰：「……衆生必死，
死必歸土：此之謂鬼。骨肉斃於下，陰爲野土；其氣發揚于上，爲
昭明，焄蒿，悽愴：此百物之精也，神之著也。因物之精，制爲之

極，明命鬼神，以爲黔首則。」

「黔首」之語始見於《戰國策·魏策》及《呂氏春秋·孟秋記·振亂篇》。其
稱非孔子時所有，東發因黔首之辭，以〈祭義〉爲秦以後之作，云：

> 黔首者，秦所以名其民。此云宰我（政華按：當作孔子）之言，當考。
>
> （卷二三，頁 9）

按：《史記·秦始皇本紀》云：「分天下以爲五十六郡。郡置守尉監，更名民
曰黔首。」又：《說文解字》釋黔字云：「黎也。……秦謂民爲黔首；謂黑色
也。」東發之說，蓋本乎此。

> 同篇又云：
>
> 曾子曰：「……孝有三：小孝用力，中孝用勞，大孝不匱。……博施
> 備物，可以不匱矣。」

東發以爲曾子、孟子皆孔門後學，思想不當與孔子相違；〈祭義〉此說乃與孟
子思想相左，知其爲後人傳說之謬，因論云：

> 孟子嘗謂舜爲大孝，未嘗有待於外者。今此漢儒傳聞曾子之言，以
> 博施備物爲大孝，則有待於在外者，而後爲大，非其餘人子所可預。
>
> （卷二三，頁 11～12）

九、〈哀公問〉

> 本篇云：
>
> 公曰：「敢問何謂爲政。」孔子對曰：「政者，正也。君爲正，則百
> 姓從政矣。君之所爲，百姓之所從也。君所不爲，百姓何從？」

東發以爲此乃本《論語》而加以推衍者，云：

> 此章止用「政者，正也。」一語，而演爲問答之煩如此，漢世諸子
> 之文多類此；而此得列於輕耳。（卷二四，頁 4）

按：《論語·顏淵篇》載季康子問政於孔子，孔子對曰：「政者，正也。子帥
以正，孰敢不正？」本篇作者遂就《論語》加以引伸推衍耳。東發謂漢代諸
子文體多類此篇，其說甚的。

十、〈仲尼燕居〉

> 本篇言夔達於樂而不達於禮，與《尚書》之說不合。經文云：
>
> 子貢……對曰：「敢問夔其窮與？子曰：古之人與？古之人也，達於
> 禮而不達於樂，謂之素；達於樂而不達於禮，謂之偏。夫夔，達於

樂而不達於禮，是以傳此名也；古之人也。

東發以此爲漢人傳聞之言，云：

> 夔以樂傳後世，故不及乎職外之所能。是偏主於樂耳，其可謂之窮乎？既又美夔爲古之人，是與今之人不同；兼虞書：舜命伯夷典朕三禮，伯夷讓夔。是夔亦非不知〔禮〕而偏者。此漢人傳聞之言，特主於禮而言耳。（卷二四，頁8）

十一、〈表記〉

本篇云：

> 子曰：「事君，大言入則望大利，小言入則望小利。故君子不以小言受大祿，不以大言受小祿。」

張載、東發均不以爲然，東發云：

> 橫渠謂利非歸己之利。大言入則吾道可大行，是大利也。愚謂此病漢儒之說太卑，故陳高誼以張之耳。按本文所謂大利，明指大祿而言，未嘗及於行道；特以小言者不敢望大利爲安分，義各有在也。（卷二六，頁7～8）

按：鄭玄謂「入，或爲人」。則經文當讀爲「大言，人則望大利；小言，人則望小利。」東發不以鄭注改字爲然（詳後），因謂此爲漢人卑陋之說，非孔子所有也。

第三節　禮記與理學之關係

就理學本質言，爲新儒學；儒學之根源，厥爲經學。「經學即理學」之說，雖至明末顧炎武始揭櫫之，〔註8〕然其意則濫觴於宋人。朱子嘗論其集注論語與程子解經不同，云：「程先生解經，理在解語內。某集注《論語》，只是發明其辭，使人玩味經文，理皆在經文內。」〔註9〕錢穆釋朱子說，云：「理在解語內，是解者自說己理，乃解者之自有發明：此可謂之是理學。理在經文內，此非解者自持己理，特玩味經文而有得，爲之發明其辭，理皆是經文之理，非解者自持之理：此可謂之是經學。」因謂顧氏之說，「其淵源實亦朱子

〔註8〕 《顧亭林文集》卷三，頁10〈與施愚山書〉。
〔註9〕 《朱子語類》卷一九，總頁4232。

先發。」〔註10〕朱子又云：「四子，六經之階梯；《近思錄》，四子之階梯。」
又云：「或問近思錄。曰：熟看大學了，即讀語、孟。」〔註11〕所說皆經學與
理學之關係。

東發繼承朱子，《日抄·讀禮記》中頗有闡述。其注〈曲禮上篇〉「夫禮
者，所以定親疏、決嫌疑、別同異、明是非也。」云：

> 禮主乎辨，參差而不齊，疑似而難明，可否而莫之定者，皆取證於
> 禮。禮者，理也。（卷一四，頁2）

以理釋禮，雖始於戰國；〔註12〕而謂禮學與宋儒理學有密切關係，則東發表
彰最力也。

（一）學、庸二篇遞流爲理學

清陳澧嘗云：「〈中庸〉、〈大學〉，後世所謂理學，古人則入於《禮記》者。」
〔註13〕其說實淵源於宋儒。宋儒表彰學、庸不遺餘力；東發生於宋季，繼承
諸儒，可謂此說之集大成者。茲就〈大學〉、〈中庸〉二者論之。

一、〈大學〉

程子云：「〈大學〉乃孔氏遺書，〔註14〕須從此學則不差。」〔註15〕朱子
於《大學章句》大題下云：「於今可見古人爲學次第者，獨賴此篇之存；而論、
孟次之。」其推重此篇之意與程子同。其章句序又云：「河南程氏兩夫子出，
而有以接乎孟子之傳，實始尊信此篇而表彰之。」按：二程之前，仁宗御書
〈大學〉以賜新第進士，〔註16〕學者已稍稍重之，取以論政講學。〔註17〕至
司馬光《大學廣義》一卷出，而學者愈加鑽研。然均未若二程能探賾索隱耳。

〔註10〕《朱子新學案》第四冊，頁196〈朱子之四書學〉。
〔註11〕《朱子語類》卷一〇五總頁4237。
〔註12〕《管子·心術篇》云：「故禮者，謂有理也。」《荀子·樂論》云：「禮也者，
理之不可易也。」（《禮記·樂記》同）〈仲尼燕居篇〉云：「禮者，理也。」（《孔
子家語·論禮篇》同）
〔註13〕《東塾讀書記》卷九，總頁143〈讀禮記〉。
〔註14〕此意謂《大學》爲孔門後學所撰，而内含孔子之思想，非謂孔子作之也。明·
蔡清《四書蒙引》卷一，頁47有説。
〔註15〕《程氏遺書》卷二上頁4。
〔註16〕王應麟《玉海》卷三四，頁3〈聖文類御書門天聖賜進士大學篇〉條，謂天聖
八年四月丙戌賜進士王拱辰等御書大學，其後寶元元年、慶曆六年、嘉祐六
年賜新第進士亦然。
〔註17〕參《宋史·吳育傳》。育（西元1004～1058年）在二程前約三十年。

二程不僅表彰〈大學〉，且嘗次其簡編，發其歸趣。朱子繼而析經、傳，釐章、節，且補格物傳。其訓釋文義，發揮蘊奧，至死不休。〔註18〕蓋以〈大學〉為理學淵源，故其重視如此。

　　東發於朱子為四傳，《黃氏日抄・讀禮記》即有意補朱子於《禮記》無註之憾。《日抄》卷二十八〈讀大學篇〉「先錄記禮（按：即指《禮記》）本文，以存古昔，然後抄（朱子）《章句》於其後，以便誦習。」（卷二八，頁 1）東發此法，為宋儒主改本與主古本二派之調和。東發又斟酌朱子《大學或問》（七條）與《語錄》（二條）之可取者，附入卷中，云：

　　　　詳說將以反約也：由或問而反之章句，由《章句》而反之正文，此
　　　　晦庵本心也。（卷二八，頁 21）

東發又引董槐於「格物致知」一章之說，註於朱子《章句》之下（見卷二八，頁 12），云：

　　　　以試觀其合與否爾。（卷二八，頁 21）

按：董氏以「知止而後有定，……則近道矣。」四十二字，及前「此謂知本」四字，合聽訟章三十字，又：「此謂知之至也」六字，總計八十二字為格致傳，謂原本格致傳簡編錯亂，實不亡也。東發因據董氏說，移置經文，錄全篇白文於卷末，與朱子《章句》本駢列，以便讀者比觀，即此已足反映其重視此篇之一斑矣。

三、〈中庸〉

　　〈中庸〉，漢人已重視之，《漢志》六藝略著錄《中庸說》二篇可證也。其後，劉宋・戴顒有《禮記・中庸傳》、梁武帝有〈中庸講疏〉等，均見於《隋志》。唐・李翱復為之說（見所著〈復性書上、中篇〉）。入宋，而其地位日高，講論者益多。東發云：

　　　　至本朝周濂溪始得其要（按：見所著《通書》誠上、下與誠幾德諸條），至
　　　　二程先生、張橫渠、呂氏（大臨）、游氏（酢）、楊氏（時）、侯〔註19〕
　　　　氏（仲良）、謝氏（良佐）、尹氏（焞），始各推衍其義。（卷二五，頁 1）

自二程表彰〈中庸〉後，其門人及學者益加推究，〈中庸〉之義蘊日明，形成理學之重要來源。以故，不久即有石𡐖、朱子與衛湜等三家之集解出，東發

〔註18〕王懋竑《朱子年譜》卷四總頁 341，謂朱子於易簀前三日仍修改《大學章句》誠意章。

〔註19〕「侯」字原作「族」，此本四庫本《日抄》校正。

續云：

> 自是爲集解者凡三家：會稽石𡎺初集濂溪以下十八人之説。晦庵先
> 生因其集解，刪成《輯略》；別爲《章句》，以總其歸；又爲《或問》，
> 以明其所以去取之意，已無餘蘊矣。吳郡衛湜再爲集解，乃增入石
> 氏元本及附入石氏元所不集，與晦庵以後諸皆取之。（卷二五，頁1）

今三家之書俱存，〔註20〕中以朱子書影響最大。朱子表彰闡發之功最力，其
章句序云：「〈中庸〉何爲而作也？子思子憂道學之失其傳而作也。……（子思）
推本堯舜以來相傳之意，質以平日所聞父師之言，更互演繹，作爲此書，以
詔後世之學者。」朱子以〈中庸〉爲子思所作，説固可商；而其闡揚〈中庸〉，
則功不可沒也，是以東發《日抄》備錄其文，並贊之云：

> 晦庵以命世特出之才，任萬世道統之託，平生用力盡在四書，四書
> 歸宿，萃於中庸；其該貫精備，何可當也！……至若《中庸章句》
> 序道學淵源盡在此書，尤不容不朝夕吟誦。今自序及《章句》皆錄
> 于篇，所謂至當歸一，精義無二……。（卷二五，頁1）

東發於朱子中庸說之推崇可謂無以復加；而《日抄・讀中庸》一卷，則非僅
錄朱子說（含章句、或問、語錄及文集），即「若衛氏、賈氏（蒙）所集晦庵章句
後晚出諸說，間亦竊附一二，以示義理無窮，非敢偏一說，以俟來者考焉。」
（卷二五，頁1）

　　《日抄》雖盛讚朱子〈中庸〉之說，然亦間抒己意，不盡同於朱子。例
如：〈中庸〉云：

> 君子之道費而隱，夫婦之愚可以與知焉，及其至也，雖聖人亦有所
> 不知焉；夫婦之不肖可以能行焉，及其至也，雖聖人亦有所不能焉。
> 天地之大也，人猶有所憾君子語大，天下莫能載焉；語小，天下莫
> 能破焉。

朱子《章句》云：

> 君子之道，近自夫婦居室之間，遠而至於聖人天地之所不能盡，其
> 大無外，其小無內，可謂費矣。然其理之所以然，則隱而莫之見也。

〔註20〕《石氏集解》，朱子於孝宗淳熙十六年重爲刪定，更名《輯略》之後，時人有
　　　刪石書而亦名輯略者（見朱子《中庸章句》序）。後朱子章句獨行而朱編石氏輯略
　　　漸晦，今四庫全書本有二卷，而其中頗多芟節，非其舊者矣，說見《四庫提
　　　要》卷三五，頁27。

　　蓋可知可能者，道中之一事；及其至也，而聖人不知不能；則舉全
　　體而言，聖人固有所不能盡也。

〈中庸〉又云：

　　君子之道，造端乎夫婦，及其至也，察乎天地。

朱子云：「結上文」。東發於此說頗持異議，云：

　　愚意：「造端乎夫婦」，指即夫婦之愚不肖、能知能行者而言，非指
　　閨門正始而言。「察乎天地」，即指造化流行，上下各適其適，顯然
　　可見者而言，非指高遠深妙者而言。（卷二五，頁 11）

即此可見東發治學，能持客觀之態度，而不阿其所好也。

（二）其他篇章為理學家所取資者

一、〈曲禮〉

　　朱子嘗輯故書中可為學子入門者為小學一書，東發甚加重視。其書內篇
多引《禮記》之文，中以〈曲禮〉、〈內則〉、〈玉藻〉三篇為多。〈曲禮〉開首
即謂：

　　毋不敬，儼若思，安定辭；安民哉！

東發本程頤、呂大臨及朱子說，云：

　　主一之謂敬。……毋不敬，正其心也。儼若思，正其貌。安定辭，
　　正其言。安民哉，正己而物正者也。毋不敬，總言主宰處；儼若思，
　　敬之貌；安定辭，敬之言；安民哉，敬之效。（卷一四，頁 1）

按：宋儒主敬之說，當受〈曲禮〉之影響。東發既以「敬」貫穿本章，又以
之釋下文「坐如尸，立如齋」，云：「盡其敬也。」又釋下文「主人與客讓登；
主人先登，客從之。拾級聚足，連步以上。」云：「拾級聚足，此等事，但敬
事自至如此，非著心安排。」（卷一四，頁 7）自伊川提出「涵養須用敬」之後，
敬字逐為理學之要旨，故東發〈讀曲禮〉力加闡述也。

　　〈曲禮上〉又云：

　　敖不可長，欲不可從，志不可滿，樂不可極。

東發釋之云：

　　敖不可長，欲消而絕之也。欲不可從，欲窒而止之也。志不可滿，
　　欲損而抑之也。樂不可極，欲約而歸於禮也。四者皆克己之事；克
　　己始能復禮。

按：東發有意合四者以歸於孔子「克己復禮」之說。克己復禮功夫，爲理學家修爲論之重要主張，故同篇下文「毋側聽，毋噭應，毋淫視，毋怠荒。遊毋倨，立毋跛，坐毋箕，寢毋伏。斂髮毋髢，冠毋免，勞毋袒，暑毋褰裳」，東發亦以「克己復禮」說之，云：

> 此於視、聽、游、行、坐、立、臥、起、衣、冠之際而自克，蓋禮者，筋骸之束。〔註21〕（卷一四，頁10）

同篇云：「禮不踰節。」東發釋「節」字，云：

> 節，理之則，不可過。（卷一四，頁2）

凡此皆東發以理學之立場以訓釋者，《禮記》與理學淵源關係之密切，此又其一也。

二、〈禮運〉

東發稱贊〈禮運篇〉，云：

> 〈禮運〉記五帝三王相變易，陰陽轉移之道，……雖思太古而悲後世，……終篇混混爲一，極多精語。（卷一八，頁11）

東發所謂「精語」，皆與理學有關，至許之爲「千萬世名言」。其一，東發釋「天秉陽，垂日星；地秉陰，竅於山川。」云：

> 天者，陽氣之所積，故曰秉陽。地者，陰氣之所聚，故曰秉陰。陰氣合陽於天上，〔註22〕則爲日星，是以其光下垂。陽氣合陰於地下，則爲山川，是以其竅上通。（卷一八，頁18）

理學家之宇宙論，多本易傳。本傳與易傳論宇宙生成之說相通，是以東發重之也。

東發又釋「聖人耐以天下爲一家，中國爲一人。」云

> 耐，古「能」字。……天下非一家而能以爲一家，中國非一人，而能以爲一人，在知其情；情之所合，則措天下之異而歸於同。（卷一八，頁17）

本篇又云：

> 聖人之所以治人七情，修十義，講信修睦，尚辭讓、去爭奪，舍禮何以治之？

〔註21〕語出〈禮運篇〉，云：「禮義也者，所以講信修睦，而固人之肌膚之會、筋骨之束也。」

〔註22〕上字原作下，此據四庫本《日抄》校改。

按：所謂十義，同篇上文謂父慈子孝、兄良弟弟、夫義婦聽、長惠幼順、君仁臣忠，是也。治七情、修十義，何謂宋儒恒言之「存天理，去人欲」說之具體注腳。東發總結所引經文之義，云：

> 制情立義，興利去患，納天下於相安相養之域，惟禮可耳。（卷一八，頁18）

東發又舉其論人之精語，云：

> 如論人，則謂人者，天地之心，謂天地之德、陰陽之交、鬼神之會、五行之秀氣〔也〕。

周敦頤〈太極圖說〉云：「二氣交感，化生萬物。……惟人也，得其秀而最靈。」與此若合符契，當受此說之影響。東發釋此語，云：

> 天以覆爲德，地以載爲德，人生於覆載中，則其形之所自生，固天地之德。獨陰不生，獨陽不成，人因其交會而生始具。……氣者，神之盛；魄者，鬼之盛。氣與魄聚則生，……人因其會聚而生始全。……五行之氣散布於萬物，而全得其最靈，故其生爲五行之秀氣。……德以理言，交會與秀，皆以氣言；理與氣合而爲人。人之所以爲人者，蓋天地、陰陽、鬼神、五行交相參而成者也，其可不自貴哉！（卷一八，頁18）

覘東發所釋，理學思想有出於《禮記》者，益明矣。

東發又云：

> 如論禮，則謂禮（按：經文下有「義」字）者，固人肌膚之會，筋骸之束〔也〕。

〈禮運下〉文續云：「所以養生送死，事鬼神之大端也。」東發云：

> 禮義，內可治心，外可修身，可養生送死於其明，可事鬼神於其幽。
>
> （卷一八，頁21）

禮義爲宋儒修爲論之主要德目，於修身治事皆不可或缺，故東發極言之。

綜上所述，是〈禮運篇〉於理學家之論造化、治道、修爲等方面，均有淵源之關係也。

三、〈樂記〉

〈樂記〉，旨在記樂之義（鄭玄《三禮目錄》語）。清・孫希旦《禮記集解》亦云：「樂以義理爲本，以器數爲用。古者樂爲六藝之一，小學、大學莫不以此爲教。其器數，人人之所習也，獨其義理之精，有未易知者，故此篇專言

義理而不及器數。自古樂散亡，器數失傳，而其言義理者，……賴有是篇之存。」東發蓋早會此義嘗摘錄其精語於《日抄》中，云：

> 如曰：人生而靜，天之性也；感於物而動，性之欲也。物至知知，然後好惡形焉。如曰：好惡無節於內，知誘於外，不能反躬，天理滅矣。皆近世理學所據以爲淵源也。（卷二一，頁7）

東發明謂此二段文字爲理學思想所據，因釋之云：

> 「人生而靜，天之性也」，指性之本體未感物者言之也。「感於物而動，性之欲也」，此所謂情也。「物至知知，然後好惡形焉」，所以明感於物而動之機也。……物至其前而知能知之，合其性之欲則好，違其性之欲則惡，此好惡所以形也。「好惡無節於內，知誘於外，不能反躬，天理滅矣。」此言情之所以流而性之所以失也。天理即指性而言，變性言理，理者，天之所賦而具於性者也。知者，我之知，而曰誘於外者，我之心知誘於外物，非知外也。於斯時也，人能反躬而求，則人生而靜者，卓然而可見，外誘無得而惑焉。故特言不能反躬，而後天理滅，所以警切之意深矣。（卷二一，頁9）

復舉其另一段精語，並說之云：

> 如曰：「天高地下，萬物散殊，而禮制行矣。流而不息，合同而化，而樂興焉。」又晦庵先生所深嘉而屢嘆（按：當作「歎」）者也。（卷二一，頁7）

禮樂爲儒家學說之要義，理學家論修持功夫，亦多主以禮樂教化，故東發重之也。

四、〈哀公問〉

本篇載孔子謂君子能敬其身，則能成其親。哀公問何謂成親？孔子對曰：

> 君子也者，人之成名也。百姓歸之名，謂之君子之子，是使其親爲君子也，是爲成親之名也已。……古之爲政，愛人爲大。不能愛人，不能有其身。不能有其身，不能安土。不能安土，不能樂天。不能樂天，不能成其身。

張載〈西銘〉，蓋就此要點而發揮者。〈西銘〉云：

> 乾稱父，坤稱母；予茲藐焉，乃渾然中處。故天地之塞吾其體；天地之帥吾其性；民吾同胞，物吾與也。大君者，吾父母宗子；……尊高年所以長其長，慈孤弱所以幼其幼。……存，吾順事，歿，吾

寧也。

故東發云：

> 張子〈西銘〉即事親以明事天之道；説蓋本此。（卷二四，頁6）

第四節　評禮記之失

東發論《禮記》，貶實多於褒。其所以褒之之故，除前述者外，又因其保有部分古文獻也。〈祭義篇〉云：

> 至孝近乎王，至弟近乎霸。至孝近乎王，雖天子必有父；至弟近乎霸，雖諸侯必有兄。

以王霸比附孝弟，頗爲詭異，然亦不無可取；東發引項安世説，云：

> 近王近霸，《禮記》此類，雖似可疑；然皆古之遺言，先儒口相授，其中多義訓，不可忽。（卷二三，頁7，註23）

此外，則東發謂《禮記》多漢人傳述之文，故多謬失。茲分述如次。

（一）《禮記》之説與孔子不同者

〈檀弓上〉載子夏問孔子如何居父母之仇，孔子云：「寢苫枕干不仕，弗與共天下也；遇諸市朝，不反兵而鬥。」問居昆弟之仇，孔子曰：「仕弗與共國；銜君命而使，雖遇之不鬥。」又問居從父昆弟之仇，曰：「不爲魁，主人能，則執兵而陪其後。」東發論之云：

> 意此亂世之事，記者傳聞之言；欲知孔門言行，當主論語。（卷一五，頁12）

《禮記》頗載孔門言行，有合者亦有不合者，東發謂當折衷於《論語》，其説是也。

〈檀弓下〉云：

> 唯祭祀之禮，主人自盡焉爾；豈知神之所饗，亦以主人有齋敬之心也。

東發論之云：

> 愚恐非所以訓，孔子曰：「祭如在。」（卷一五，頁28）

〈檀弓篇〉未言此爲孔子説，東發所以據《論語》而駁之者，蓋其平生尊孔，

───────────────

〔註23〕括號內爲項氏原文。項氏説見《項氏家説》卷六，頁14〈説經篇六〉。

以爲後期儒家有所議論，當以孔子爲準繩也。

〈禮運篇〉言大同之世有「人不獨親其親，不獨子其子，使老有所終，壯有所用，……」等語；論小康世有：「各親其親，各子其子，貨力爲己，大人世及以爲禮，……」等語。東發論不獨親其親之說，爲近於墨，論各親其親之說，乃近於楊，曰：「聖人豈楊、墨之道乎！」因又謂：「皆記者立論然爾；且稽之《論語》，吾夫子固未嘗若是其費辭也。」（卷一八，頁 12）按：呂祖謙曾謂蜡賓之嘆，前人（按：如程子）已疑其非孔子說；不獨親其親、子其子，則直爲墨氏之論。〔註24〕東發蓋承其說也。

〈玉藻〉云：

> 君在不佩玉，……居則設佩。大夫佩水蒼玉而純組綬。孔子佩象環
> 五寸而綦組綬。

按：孔子嘗爲大夫。依〈玉藻〉說，當佩大夫玉飾。鄭玄以爲孔子謙遜，燕居佩象環，云：「孔子佩象環，蓋以象之貴次於玉，故用以爲燕居之佩。」孔穎達又從而推衍之，以爲此乃孔子失魯司寇後，謙不復佩德佩也。東發不以鄭注、孔疏爲然，云：

> 孔子象環，豈自爲之制歟？記者傳聞而說者曲爲之議，似意（臆）
> 之耳。（卷二〇，頁 12）

（二）《禮記》所載有特例

東發以爲《禮記》所載，有爲特例而非常事者，若執以爲常例，則恐致膠。如〈檀弓下〉云：

> 人死，斯惡之矣；無能也，斯倍之矣。是故，制絞衾、設蔞翣，爲
> 使人勿惡也。始死，脯醢之奠；將行，遣而行之，既葬而食之，……
> 爲使人勿倍也。

東發謂此說乃喪死之一端，而非喪祭之原義。云：

> 孝子之於喪祭，於特爲人惡之、倍之而設；此特一端爾。（卷一五，
> 頁 33）

〈檀弓下〉又云：

> 天子崩，……虞人致百祀之木，可以爲棺椁者斬之；不至者，廢其

〔註24〕《東萊呂太史集・別集》卷八，頁 2〈與朱詩講（元晦）書〉。

祀，刖其人。

此說，東發不僅謂其為特例，且疑其太過，云：

> 必取祀木者，神祀處多樹木常時所不斬；天子崩，幽明之所共哀，
> 故斬取之也。然亦姑言其制云爾，天子棺椁未必待遠取諸百祀。不
> 至而廢祀，刖其人，亦恐記者言之過。木苟不至，豈神之罪而廢其
> 祀？！雖人之罪，亦何至于死？（卷一五，頁 42）

東發以為姑言其制，蓋亦以此為特例也。

〈月令〉（季冬）云：「命宰歷、卿大夫，至于庶民土田之數，而賦犧牲，以供山林名川之祀。」東發亦謂為特例，云：「如必盡天下之供輸以為祭，不幾於擾民也哉？」（卷一六，頁 50）

又：〈月令〉（孟夏）云：「行賞、封諸侯，慶賜遂行。」鄭玄云：「祭統曰：『古者於禘也，發爵賜服，順陽義也。』……今此行賞可也，而封諸侯，則違於古。……似失之。」東發從之，云：

> 封諸侯，非常典。亦恐姑言之耳。（卷一六，頁 33）

又：〈月令〉孟秋記誅伐之事云：

> 是月也，……天子乃命將帥，選士屬兵，……以征不義；詰誅暴慢，
> 以明好惡。

按：經文前段有「是時始行刑戮，順時氣」之言，東發以為特例，云：

> 凡皆順肅殺之氣言之，非必誅伐。誅伐因事不得已而行，豈因時舉
> 行之常典哉？（卷一六，頁 40）

凡此，皆東發所謂特例，而非常典也。

（三）《禮記》之說有悖於事理者

〈檀弓下〉云：

> 君臨臣喪，以巫祝桃茢執戈——惡之也；所以異於生也。

鄭注：「桃，鬼所惡。茢，萑苕，可掃不祥。」考王莽惡高廟神靈，嘗以桃湯灑廟壁（本陳澔說），即其例也。孔疏云：「臣喪未襲之前，君往臨弔，則以巫執桃，祝執茢，又使小臣執戈。所以然者，惡其凶邪之氣；必惡之者，所以異於生人也。若往臨生者，但有執戈，……今有巫祝，故云『異於生也』。」東發由臨喪之本意立論，而斥記禮者之失，云：

臣死，君親哭之，所以致忠愛；而乃惡之，非禮也，周之末〔註25〕
造也。（卷一五，頁30）

〈王制篇〉云：

方百里者爲田九十億畝，山陵、林麓、川澤、溝瀆、城郭、宮室、
塗巷，三分去一，其餘六十億畝。

東發云：

此……以諸侯百里之地而計之；然地勢不齊，未必如是之斬斬也，
亦云算法云耳。（卷一六，頁22）

〈王制〉又云：

天子之縣內，方千里者爲方百里者百，……方千里者九十六。

東發云：

此以天子縣內千里算開方法，亦非實有此國也。（卷一六，頁22）

〈王制〉又云：

王親視學。不變，王三日不舉，屏之遠方，西方曰棘，東方曰寄，
終身不齒。

鄭玄以寄爲投置，云：「寄於夷、狄，不屏於南北，爲其太遠。」東發從其說，
因論經文之矛盾，云：

〈王制〉，漢人之文，不知於古何據；屏之而曰寄，亦與終身不齒之
義似相反。（卷一六，頁15）

第五節　其他關於《禮記》之說

東發嘗論前人之《禮記注解》，云：

吳郡衛湜集禮記解，自鄭康成而下得一百四十六家，惟方氏、馬氏、
陸氏有全書，其餘僅解篇章；凡講義、論說嘗及之者，皆取之以足
其數，其書浩瀚，惟嚴陵郡有官本；岳公珂有集，亦然。皆未易徧
觀。賈蒙繼之，始選取二十六家，視衛、岳爲要，而其采取亦互有
不同，其書又惟儀眞郡學有錄本，世罕得其傳。（卷一四，頁1）

是東發以前之《禮記》注解，或失之太繁，不易省覽；或雖較簡而傳本罕觀，
皆不便於初學。東發因復爲之集解，並改進舊注之缺點。東發又云：

〔註25〕末字，原作未，據四庫本《日抄》改。

今因并合各家所集而類抄之。昔呂氏（祖謙）讀詩記簡要，而文為姓氏所隔；高氏（閌）《春秋集註》文成一家，而不知元注之姓氏為誰。僭竊參用其法，使諸家注文為一，而各出姓氏於下方；間亦節錄；或附己意。然所謂存十一於千百，不過老眼便於觀省。（卷一四，頁1）

東發雖謙云「或」附己意，而書中凡注曰「補」者，隨處可見；注曰「修」者（修正他人之說）亦時有之。二者計共五百餘條，雖未必每條均有創見，而可取者實亦不少。茲分訓詁與義理二項，舉其富有代表性者，加以敘述。

（一）關於章句訓詁者

一、糾鄭注改字之弊

鄭玄去古未遠，於諸經名物制度之訓解，頗為翔實，東發〈讀禮記〉從之者夥；惟好改字，於毛詩如此（詳第肆編第二章詩經學），於《禮記》亦然。東發輒隨文加以糾正，茲分述於後。

〈檀弓上〉云：

孔子少孤，不知其墓。殯於五父之衢。人之見之者，皆以為葬也。其慎也，蓋殯也。問於郰曼父之母，然後得合葬於防。

鄭氏讀「慎」為引，云：

慎當為引，禮家讀然，聲之誤也。殯引，飾棺以輤。葬引，飾棺以柳翣。孔子是時以殯引，不以葬引，時人見者謂不知禮。

東發解此章，云：

竊意古者墓而不墳，與山地俱平。孔子少孤，莫識其父墓之所在，故母死先殯之，問鄰母，得墓所在而合葬之。陸農師以慎讀如字，訓誠。張橫渠亦謂其殯周密如葬，皆得之矣。鄭氏改慎為引，蓋惑於野史鄙說，不知孔子決（按：當作「絕」）無飾偽為鈎鉅之術，以不言羔人，反揚父母之過也。（卷一五，頁3）

〈檀弓上〉又云：

孔子曰：「之死而致死之，不仁，而不可為也；之死而致生之，不知，而不可為也。是故竹不成用，瓦不成味，……其曰明器，神明之也。

鄭注：「味，當作沬。沬，靧也。」即洗面。依鄭意，瓦不成味，是謂瓦「有璺隙而不可靧浣也」（本明·王夫之《禮記章句》說）。東發不以為然，論之云：

瓦，陶器也。不成味，不可盛飲食也。恐不必改字。（卷一五，頁17）

〈檀弓上〉又云：

> 子游問葬具。夫子曰：「稱家之有亡。……斂首足形，還葬，縣棺而封。人豈有非之者哉？」

鄭玄云：

> 封當爲窆。窆，下棺也。

東發謂封，如字，言以土封之也，云：

> 縣棺，謂不設碑絼，手縣而下之。封者，復土以閉壙之名。不必改爲窆字。（卷一五，頁20）

〈文王世子篇〉云：

> 始立學者，既興器用幣，然後釋菜。

鄭注云：

> 興，當爲釁，字之誤也。禮樂之器成，則釁之。

東發云：

> 興器，古注改作釁器。……恐亦整起而將用之之意耳。（卷一八，頁3）

是以「起」釋興，而不從鄭氏改字之說也。

二、正舊說之誤

〈王制〉云：

> 有虞氏養國老於上庠，養庶老於下庠。夏后氏養國老於東序，養庶老於西序。殷人養國老於右學，養庶老於左學。

鄭玄云：

> 上庠、右學，大學也。……下庠、左學，小學也。

東發以爲經文自明，無須再分小大，云：

> 上與下，東與西，右與左，自有差次，已明，不必更添大小爲說。

〈月令〉（中央土）云：

> 其味甘，其臭香。

鄭玄注云：「土之臭味也。」東發駁其說，云：

> 土安得有臭味？竊意土爰稼穡，稼穡作甘，而其氣則香爾。（卷一六，頁38）

又：同篇（孟秋）云：

> 命理瞻傷、察創、視折、審斷決獄訟必端平；戮有罪，嚴斷刑。

陸德明釋文據鄭注；云：「一讀絕句，『決』字下屬。」是陸氏所見鄭本作「審

斷決，獄訟必端平」也。東發云：

> 傷者，瞻之而已；創則察；折則視；斷則審。……此蔡邕、高誘之
> 說。或以「審斷」屬下文，以「審斷決」為句，亦通；但下文「獄
> 訟必端平」，於上下文不類。若以「審斷」為上句，則「決獄訟，必
> 端平」，文稍協耳。（卷一六，頁40）

東發雖本成說（按：於高氏只從其斷句），而實亦有創獲也。

〈雜記下〉云：

> 小祥之祭，主人之酳也嚌之；眾賓兄弟，則皆啐之。……凡侍祭喪
> 者，告賓祭薦而不食。」

末句，鄭玄以為當作「告賓祭薦，而不食。」云：「薦，脯醢也。吉祭告賓祭
薦，既薦而食之；喪祭，賓而不食。」孔疏因之，謂喪禮既不主飲食，故薦
而不食。東發不以為然，糾正二氏之說云：

> 恐薦非指脯醢〔註26〕之物。謂薦用脯醢，則可；謂薦為脯醢，則不
> 可。蓋此章合以「先賓祭」為句，「薦而不食」為句，薦於神人而已
> 〔註27〕不食之也。與上文嚌之、啐之，意相續。（卷二二，頁11）

〈緇衣篇〉引〈君奭〉曰：

> 昔在上帝，周田觀文王之德，其集大命于厥躬。

按：第二句，今本《尚書‧君奭篇》作「割申勸寧王之德」。東發釋緇衣，云：

> 今書作「割申勸寧王之德」。申，重也。勸，勉也。云在昔上帝，降
> 割于殷，申勸文王之德，而集大命於其身。割，誤作周。申之為田，
> 勸之為觀，則字畫尤相近而易誤。寧王即指文王言之。（卷二七，頁6）

其說多能發前人所未發。距今六、七百年前而有此說，亦難能可貴矣

〈儒行篇〉云：

> 儒有上不臣天子，下不事諸侯；慎靜而尚寬，強毅以與人，博學以
> 知服近文章，砥厲廉隅。

「博學以知服近文章」一句，鄭注以「服」字絕句，云：「不用己之知，勝於
先世賢知之所言也。」蓋以服為服從之義。孔穎達則以服為畏服，云：「謂廣
博學問猶知服畏先代賢人。言不以己之博學淩跨前賢也。」東發則謂當作「博
學以知，服近文章。」蓋以為此與下句「砥厲廉隅」，皆四字為句也，其說云：

〔註26〕醢字原作醯，此本四庫本《日抄》校正；下同。
〔註27〕己字，各本《日抄》均作「已」，疑為「己」字之訛。

博學以知，博學而多知也。服近文章，服習親近於文章之事，如威
儀之中度、語言之當理，皆是也。……鄭氏以後諸家皆以「博學以
知服」五字爲句；唯呂氏、陸氏以「博學以知」爲句，今從之。（卷
二七，頁24）

後世說儒行之文者多家，然要以東發說爲最切合也。

（二）關於義理者

〈檀弓下〉云：

陳子車死於衛，其妻與其家大夫謀以殉葬；定，而后陳子亢至。以
告曰：「夫子疾，莫養於下，請以殉葬。」子亢曰：「以殉葬，非禮
也；雖然，則彼疾當養者，孰若妻與宰？得已，則吾欲已；不得已，
則吾欲以二子之爲之也。」於是弗果用。

東發重人道，反對殉葬，說此章云：

子亢度非可以口舌爭，故使二人身自爲殉，二人懼而自止。西門豹
止嫁河伯事，略類此。（卷一五，頁35）

因云：

人能以人之痛癢，反而切諸身，則害人之事息矣。（卷一五，頁35）

〈檀弓下〉載歲旱，魯穆公將暴巫、尪以祓之。東發贊縣子「求雨而暴巫、
尪，皆虐而不可爲」之說（卷一五，頁47）。亦此意也。

同篇又云：

子路去魯，謂顏淵曰：「何以贈我？」曰：「吾聞之：去國，則哭于
墓而后行；反其國，不哭，展墓而入。」謂子路曰：「何以處我？」
子路曰：「吾聞之也，過墓則式，過祀則下。」

鄭注：「哭，哀去也」又云：「居者主於敬。」東發從之，復贊子路、顏淵交
友以道，云：

子路問去之禮，顏淵告以去則哭墓，反則省墓。顏淵就問以居之禮，
子路告以過墓式車，過祀下車。……互相問交，相輔如此。（卷一五，
頁37）

同篇又載黔敖不食嗟來之食，曾子聞之曰：「微與！其嗟也可去，其謝也
可食。」鄭注：「微，猶無也。微歟，止其狂狷之辭。」孔疏：「狂者進取一
概之善，抑法夷、齊耿介。狷者直申己意，不從無禮之爲。而餓者有此二性，

故止之。」東發初謂黔敖失中道，故曾子止之，云：

> 「蒙袂」，則顏之厚。「輯屨」，則行之艱。「貿貿然來」，困餓濱死。
> 一言之失，至於自傷其生，非中道也。曾子所以歎其微；其折衷之，
> 以嗟之可去，謝可食也。

繼云：

> 然嗟而不去，不謝而食，世之有媿於餓者多矣。身雖一死，操存千
> 古，使施小惠者不敢挾之以自矜傲，竊幸苟生之人，脅肩諂笑之輩，
> 聞其餘風，心寒骨栗，豈不盛哉！苟從曾子之言，謝而復食，其餘
> 能幾？（卷一五，頁43）

按：東發於宋亡後隱居深山，卒餓而死，蓋不愧其說矣。

《中庸》之說，宋儒所特尚。自為東發所重，前已言之矣。其他篇章凡
與中道有關者，東發皆隨文闡揚，如〈檀弓上〉云：

> 子路有姊之喪，可以除之矣，而弗除也。孔子曰：「何弗除也？」子
> 路曰：「吾寡兄弟，而弗忍也。」孔子曰：「先王制禮，行道之人皆
> 弗忍也。」子路聞之，遂除之。

東發云：

> 言除喪有期，雖行道之人亦弗忍除。聖人設為中制，賢者當抑情而
> 就之。（卷一五，頁7）

又：月令中央土云：「其數五」，東發云：

> 天五生土，地十成之。但言五者，五，中數也。（卷一六，頁38）

月令又云：「其祀中霤，祭先心。」東發云：

> 祀中霤、祭先心，皆中也。

又：「天子居太廟太室」，東發云：

> 太廟、太室，南向之中央。（卷一六，頁39）

此外，〈禮器篇〉云：

> 君子太牢而祭，謂之禮；匹士太牢而祭，謂之攘。管仲鏤簋朱紘，
> 山節藻梲，君子以為濫矣。晏平仲祀其先人，豚肩不揜豆，澣衣濯
> 冠以朝，君子以為隘矣。

按：〈明堂位篇〉云：「山節藻梲，天子之廟飾。」管仲為之，是僭也。
東發說之，云：

> 中則得禮，僭則盜竊。管仲過奢，晏子過儉。（卷一八，頁27）

是謂管、晏皆未得中道也。

第六節　論《周禮》

（一）《周禮》之作者

　　《周禮》，鄭玄以爲周公所作（見天官冢宰「惟王建國」下注）。後世學者，多從其說。然漢武帝即嘗以其爲「末世瀆亂不驗之書」，何休亦以爲「六國陰謀之書」，臨孝存且曾爲十論七難以排棄之（見《周禮》賈公彥疏、〈序周禮廢興〉節）。至宋而疑者益多，鄭樵《禮經奧旨》（按：舊題如此）云：「（周禮）封國之制，不與武成、孟子合。」又云：「或謂使《周禮》果出於周，孟子答北宮錡、畢戰爵祿井地之問，胡不取之以爲據，而僅見言其大略，何邪？」（〈周禮辨〉節）東發本其說，《日抄・讀王制篇》云：

　　　　周室班爵之制，孟子生於周末，其詳已不復可聞，況漢人耶！王制
　　　　既與孟子不同，《周禮》出於漢末之劉歆，又與〈王制〉不同。（卷
　　　　一六，頁1）

惟《周禮》一書，宋人疑、信者參半，東發云：

　　　　如張橫渠則最尊敬之；〔註28〕如胡五峰則最擯抑之。至晦庵朱先生
　　　　折衷其說，則意周公曾立下規模，而未及用。近世趙汝騰按「惟王
　　　　建國，以爲民極」數語，意周公作洛後所爲。然亦不可考矣。（卷三
　　　　〇，頁1）

　　東發以爲《周禮》多漢人之言，因疑其出於劉歆之手。如：〈地官・大司徒〉謂諸公之地，封疆方五百里；東發論云：

　　　　云諸公地方五百里，則漢人之言，異乎孟子儉於百里之說矣。（卷三
　　　　〇，頁5）

又如：〈春官・大宗伯〉：「祀昊天上帝」，〈小宗伯〉「兆五帝」；東發云：

　　　　五帝，漢人之言，恐周無之也；夫帝一而已。（卷三〇，頁8）

按：自戰國中晚葉，鄒衍立五德終始說以後，始有五帝之說，至漢世，而其說益熾，故東發之言如此。因云：

────────────

〔註28〕《經義考》引張氏說，疑《周禮》不盡出於周公，而有後人增入之語；非一
　　　　意尊崇之者。

漢衰，而《周禮》出於王莽家之劉歆。〔註29〕

又云：

> 《周禮》實漢成帝時劉歆始列之《七略》，王莽時劉歆始奏置博士爾。
>
> （卷三〇，頁16）

按：東發雖謂《周禮》作於劉歆，惟又謂其書究爲何人所作，可以不必拘泥。

故云：

> 程氏謂有關雎、麟趾之意，然後可以行周官之法度。此爲于其本而
> 言之。學明乎此，則不必泥其紛紛者。（卷三〇，頁1）

蓋東發所重者義理；至於作者之考訂，則以爲末節也。

（二）論《周禮》之失

東發嘗論《周禮》不可用於行政云：

> 《周禮》始用於王莽，大敗。再用於王安石，又大敗。夾漈以爲用
> 《周禮》之過，非《周禮》之過。是固然矣；然未有用而效者，恐
> 亦未可再以天下輕試！〔註30〕（卷三〇，頁16）

其論《周禮》之失有二：設官紛冗，分職差互，一也。言事不合情理，二也。

茲分述之：

一、設官紛冗，分職差互

《周禮》設官紛冗重複，東發之前，陳汲《周禮辨疑》已論之矣，東發

引其說，云：

> 六鄉之民不過七萬五千家，今設官至萬八千九百三十人，爲大夫者
> 百八十人。六遂之民亦不過七萬五千家，而設官乃三千九百九十八
> 人，爲大夫者四十人。鄉、遂共十五萬家，官吏乃二萬三千人。

此乃就大較而言，而實不止此數，故東發云：

> 呂氏總計地官公卿大夫士通用三十萬夫，府史胥徒又不預焉，〔註31〕
> 則又不止陳氏所計二萬三千之數而已。（卷三〇，頁1）

以是東發極斥之，云：

> 盡畿內之人不爲民而盡爲官，亦無此數。（卷三〇，頁8）

〔註29〕《日抄》卷三，頁6〈讀孟子〉。

〔註30〕試字原作哉，依四庫本《日抄》校改。

〔註31〕《日抄》卷三〇，頁8又謂山虞、林衡、迹人等，亦不預焉。

東發以天官戲人為例，云：

> 此官除士府史胥之外，其徒三百人；今世取魚於市，不養一人，亦
> 足供膳。（卷三〇，頁3）

又如：天官膳夫，掌王之食飲膳羞；庖人，掌供六畜禽獸；內饔，掌割烹；
外饔，掌祭祀之割烹；烹人：掌供鑊鑊。東發論其重複太甚，云：

> 五官凡五百三十一人，均為飲食設；亦豈無可併省者耶？（卷三〇，
> 頁2）

除設官紛冗外，其分職亦繁複錯雜，略無系統。東發隨文指摘，且特立
「官之交互」一門總論其失。其引陳傅良《周禮說》，云：

> 如大史、內史掌六典灋、八則、八柄之貳，宜屬天官；乃屬春官。大、
> 小行人、司儀、掌客，宜屬春官；乃屬秋官。宰夫掌臣民之復逆矣，
> 則大僕、小臣、御僕之掌復逆，宜屬天官，乃屬夏官。宰夫掌治朝之
> 位矣，則司士正朝儀之位，宜屬天官，乃屬夏官。地官掌邦畿之事，
> 凡造都邑、建社稷、設封疆、既悉掌之矣；而掌固、司險、掌疆（按：
> 今闕）、候人，又見於夏官。天官掌財賦之事，自大〔註32〕府至掌皮
> 既悉領之矣；而泉府〔註33〕、廩人、倉人，又見於地官。自膳夫至臘
> 人，不過充君之庖者，悉領於天官；至外朝百官之廩祿、府史胥徒之
> 稍食、番上宿衛之給，乃見於地官。自內司服至屨人，凡王官服飾之
> 用，悉領於天官；而司服、司常、典瑞、巾車之屬，乃見〔於〕春官。
> 此其分職皆有不可曉者。（卷三〇，頁1～2）

《周禮》分職之失當，尚不止此，東發所論及者，更有下列數事：春官
世婦每宮卿二人，下大夫四人，中士八人，女府二人，女史二人，凡十八人。
東發云：

> 既曰世婦，而以卿、大夫、士為之，何也？《周禮》六官每官不過
> 一卿；而世婦每宮乃卿二人何也？天官既有世婦矣，此春官又有世
> 婦，何也？說者以春官者為外命婦；然外命婦各于其夫之家，而云
> 每宮何也？若內命婦，二十七世婦每宮二卿，是為五十四卿，何卿
> 之多也？既命卿、大夫、士矣，又有女府、史、奚凡二十人，又若
> 何而共事也？皆未可曉。（卷三〇，頁8～9）

〔註32〕大字原作「天」，此據元末明初人修補宋本《日抄》及《周禮》校正。
〔註33〕府字，原無，此據宋本《日抄》及陳書原文補。

又：春官大史掌邦之六典，小史掌邦國之志，與天官大宰、春官外史之職相似。東發於春官大史、小史下，云：

> 然大宰亦掌建邦之六典矣，外史亦掌四方之志矣。且二史列於巫祝、
> 馮相氏之間，亦不知何義。（卷三○，頁 10）

又：秋官野廬氏掌達國道路，至于四畿；蠟氏掌除骴；雍氏掌溝瀆澮池之禁；萍氏掌國之水禁；司寤氏掌夜時；司烜氏掌以夫遂明火於日，以鑒取明水於月；條狼氏掌執鞭以驅辟；修閭氏掌比國中宿互櫝者；冥氏掌設弧張。東發總論此九官，云：

> 此……九官，宜分屬天官、地官。（卷三○，頁 15）

又如：銜枚氏、伊耆氏、大行人、小行人、司儀、行夫、環人、象胥、掌客、掌訝、掌交、掌察、掌貨賄等十一官，皆為禮賓而設，東發論之，云：「豈無可併省者？」（卷三○，頁 15）

至於冬官，東發云：

> 今以五官所餘之數（按：天官小宰言六官之屬各有六十：今天官六十三，
> 地官七十九，春官六十九，夏官存六十三，秋官存五十九，合三百三十三。除
> 五官三百，餘三十三職也），合考工三十之數（按：今闕六職），自可足本
> 篇六十。（卷三○，頁 15～16）

東發因論全書設官分職之失，云：

> 五官之屬皆差互不倫，非特司空一官而已也。（卷三○，頁 16）

二、言事不合情理者

《周禮》所言，頗有不合事理者；如：地官司市，云：「夫人過市，罰一幕。世子過市，罰一帟。」鄭玄注云：「市者，人之所交利而行刑之處，君子無故不遊觀焉。若遊觀，則施惠以為悅也。……夫人、世子，……則使之出罰，異尊卑也。」東發疑之，云：

> 夫人、世子過市有罰，亦可疑。夫人、世子無遊觀市井之理；若出
> 而經從，何罪罰之？（卷三○，頁 6）

又：旅師掌聚野之鋤粟、屋粟、閒粟。鄭注云：「鋤粟，民相助作，一井之中所出九夫之稅粟也。屋粟，民有田不耕，所罰三夫之稅粟。閒粟，閒民無職事者，所出一夫之征粟。」東發不以為然，云：

> 恐粟各有享，野安得粟而旅師掌之？（卷三○，頁 6）

又：草人掌土化之法，鄭注云：「土化之法，化之使美。」蓋除草之屬也。東

發云：

> 蓋除草者，恐民各自除之，不待官。（卷三○，頁 6）

秋官小司寇之職，掌外朝之政，以致萬民而詢焉；一日詢國危，二日詢國遷，三日詢立君。鄭玄引鄭司農之言，曰：「致萬民，聚萬民也。詢，謀也。詩曰：詢于芻蕘，書曰：謀及庶人。」東發斥其不合情理，云：

> 此官亦可疑，萬民豈可致之外朝耶？如盤庚登進民于庭，止於國中
> 之民，猶可也。國危、國遷及立君，皆外諸侯之事，其民豈得而致
> 之耶？國之危與遷及立君，詢之卿大夫可也，而詢之民何耶？（卷
> 三○，頁 13）

又：朝士，云：「凡報仇讎者，書於士；殺之，無罪。」鄭注云：「謂同國不相辟者，將報之，必先言之於士（按：指朝士）。」東發謂其不當，云：

> 既書於士矣，士何不正其罪殺之；而縱其人自相仇殺耶！（卷三○，
> 頁 14）

觀乎以上所述，可知東發能以客觀之態度，作持平之論；遠非拘墟者所能企及也。

第四章　春秋學

　　東發生於宋季。其學近承考亭，而上探洙泗。比老，鑒於朱子於《春秋》無成書，遂爲之集解，以究聖人著作動機，標榜尊王攘夷、淑世教化之旨趣，冀用之於當世也。故於先儒之溺於褒貶凡例之說，而不明春秋義旨者，詆斥有加；於三傳之短長，悉加論列，謂當以經爲正。而其論春秋時魯國之盛衰理亂，尤寓深意焉。

第一節　論春秋主旨及其記事之法

一、孔子修春秋之主旨

　　孟子尊孔子，嘗贊爲自生民以來所未有（《孟子・公孫丑上》）。其推崇之原因固有多端，而孔子之修撰春秋，乃其尤要者。孟子以孔子作《春秋》與「大禹治水」及「周公之勳業」相提並論（詳見〈滕文公下〉）。孟子述孔子成《春秋》一書之重要，云：

　　　　世衰道微，邪說暴行有作，臣弒其君者有之，子弒其父者有之。孔
　　　　子懼，作春秋。……孔子成春秋，而亂臣賊子懼。

春秋時代，王綱不振，戰伐頻仍，幾無寧日。《春秋繁露・滅國篇》謂春秋時「弒君三十六，亡國五十二」，[註1] 此外，「諸侯奔走不得保其社稷者，不可勝數。」（《史記・自序》）此，孔子修撰《春秋》之時代背景也。東發論《春秋》

〔註 1〕清・梁玉繩《史記志疑》自序所統計，與此微異，謂弒君，依經實三十四，通傳數則三十七。亡國，合經、傳止四十一見。

成書之動機，即本於孟子，嘗云：

> 方是時，王綱解紐，篡亂相尋。孔子不得其位，以行其權，於是約
> 《史記》而修《春秋》，隨事直書，亂臣賊子無所逃其罪。〔註2〕

是東發以為孔子修《春秋》之原因有二：一則王綱解紐，修《春秋》所以尊
周王而抑諸侯，進而可以內諸夏而外夷狄。一則諸侯卿大夫篡亂相仍，修《春
秋》所以誅篡亂而存禮法。此二者又往往相互關聯。

（一）尊王攘夷

東發論治，主行王道，正誼謀利；乃春秋諸侯反是，五霸僭竊王權，發
號施令，固無論矣；甚至與天王戰，如：魯桓公五年秋，蔡人、衛人、陳人
從王伐鄭，王師敗績。《左傳》謂：先是周桓王奪鄭莊公政，鄭伯不朝。秋，
王以諸侯伐鄭，莊公禦之，戰於繻葛。三國皆奔，王師卒亂。鄭大夫祝聃射
王，中肩。祝聃請逐北，莊公曰：「君子不欲多上人，況敢陵天子乎？苟自救
也，社稷無損，多矣！」是夜，莊公使大夫蔡仲足勞王。據此，是亂起自桓
王之奪政；射王中肩者乃祝聃非鄭莊。莊公止大夫逐北，又使人勞王，是莊
公雖有抗王之罪，而初則為社稷也。東發一意尊王，故斥鄭莊「大逆不道」（頁
23），且引胡安國《春秋傳》，〔註3〕云：

> 戰于繻葛，而不書戰；王卒大敗，而不書敗：又以存天下之防也。（卷
> 七，頁19）

《春秋》由隱公至宣公間，周王凡七度使臣聘問魯侯。〔註4〕考聘禮本為
諸侯間交相問慰之禮，春秋中若齊侯使其弟年來聘（隱公七年夏）者習見。《禮記・
曲禮下》云：「諸侯大夫問於諸侯曰聘。」《白虎通・諫諍篇》云：「本諸侯之臣，
今來者為聘問。」此其一。《周禮》秋官大行人「時聘以結諸侯之好」，鄭玄注
云：「以王見諸侯之臣使來者為文也。」是以聘禮為周天子接受諸侯或番國使臣

〔註2〕 《日抄》卷七，頁1〈讀春秋〉。下文引《日抄》，但具卷、頁數。

〔註3〕 宋紹興改定祕書省四庫闕書自，著錄胡訥《春秋集三傳經解》十卷，而不著
訥子瑗之《春秋說》。《金華府志・朱正夫傳》言胡瑗嘗著《春秋辨要》。本條，
《宋元學案》卷一總頁18安定學案，誤採入。而文略有出入，云：「不書王
師敗績于鄭，王者無敵于天下。書戰，則王者可敵；書敗，則諸侯得禦，故
言伐而不言敗。」按：《日抄》引胡瑗之說，皆明著「胡安定曰」，如：卷一〇，
頁20是。

〔註4〕 隱公七年冬，使凡伯聘書，九年春使南季。桓公四年夏，使宰渠伯糾，五年
夏，使仍叔之子，八年春，使家父。僖公三十年冬，使宰周公。宣公十年秋，
使王季子。

之朝覲也。《管子・輕重戊篇》載管仲勸桓公行義，有云：「天子幼弱，諸侯亢強，聘享不上。」亦此意。此其二。合此二者觀之，實未有天子反聘列國者。今周王則不然，故《穀梁傳》云：「聘諸侯，非正也。」（隱公九年春）程頤《春秋傳》斥周王三聘魯桓，云：「魯桓公弒立，未嘗朝覲；而王屢聘之，失道之甚也。」（桓公八年春）是自《穀梁傳》以下諸家多責天子反聘諸侯爲非是。東發盱衡春秋時勢，謂周王有不得已者，而魯侯不報聘爲非，云：

> 是時王室微弱，諸侯強大。孔子作《春秋》，正以扶王室，豈有反責
> 天王之理？天王亦豈得已而下聘哉！（卷七，頁 11，參頁 221）

又謂趙鵬飛《春秋經筌》之說，以爲得實情，趙氏云：

> 春秋書天王下聘者凡八，〔註5〕責諸侯不朝而坐受天子之聘也。

東發因明論《春秋》之性質，云：

> 夫春秋，固尊王之書也。（卷七，頁 13）

周衰，夷狄入居中原，勢力漸張，時與華夏諸國會盟。如：隱公二年春，公會戎于潛。戴溪《春秋講義》云：「戎狄雜居中原，魯有疆場之交，不得不會之也。」東發不以戴說爲然，云：

> 亦公不能自強也。（卷七，頁 5）

戎於隱公七年冬，伐周凡伯于楚丘以歸。桓公二年九月，及戎盟于唐，《左傳》云：「修舊好也」，東發斥其謬，云：

> 隱嘗與戎盟，戎伐凡伯矣，今桓公再與戎盟，戎何信之有，而可云
> 「修舊好」耶？（卷七，頁 17）

按：東發尊王；凡伯爲天子之大夫，戎伐之，故斥之也。東發於外夷絲毫無所假借，於此可見一斑。反之，凡攻伐夷狄者，東發必興辭贊揚，如宣公十五年六月癸卯，晉滅赤狄潞氏，以潞子嬰兒歸。東發引戴溪說，謂晉有功於中原，又引趙鵬飛論晉所以立大功之故，云：

> 虜一戎首，脫一方之民於左衽。……終春秋之世，諸侯不復有狄患
> 者，晉之賜也。（卷一〇，頁 35）

（二）誅篡亂，存禮法

孟子述孔子之言，謂知我罪我，其惟春秋。春秋屢斥僭禮越分之行，知其意乃在誅篡亂，存禮法也。

〔註5〕趙氏合莊公二十三年春祭叔來聘計之。按：經文於此事未書周王所命，故上
　　　文未計入。

　　春秋時世衰道微，弒君弒父之事，層見錯出；而世子弒其君者三，〔註6〕其罪尤甚。故東發極斥之。其〈讀春秋〉，於文公元年十月，楚世子商臣弒其君頵，云：

> 商臣，後爲楚穆王。頵，則楚成王也。書商臣稱「世子」，以見其有父之親；書頵稱「君」，以見其有君之尊。商臣無父無君，大逆不道，禽獸不若也。（卷一〇，頁2）

東發論商臣之罪，殆與鄭莊之攻王等，皆叛逆也。又嘗引胡傳曰：「篡弒之賊，無所容於天地之間，身無存沒，時無古今，其罪不得赦也。」（卷一〇，頁20）

　　至如：文姜與其胞兄齊襄公有越軌之行，桓公責之，文姜以告於齊，襄公使力士彭生殺桓公（桓公十八年四月丙子）。東發謂文姜蓋預弒（卷七，頁29）。莊公元年三月，文姜遜于齊，《公羊傳》云：「內諱奔，謂之孫。」東發謂以預弒君，故奔（卷八，頁1）。二年十二月，文姜會齊侯于齊地禚，東發從左氏，謂書姦也（卷八，頁2）。四年二月，文姜享齊侯于祝丘，《左傳・杜預注》謂享禮用於兩君之相見，非夫人所行。東發引戴溪說，斥文姜之肆無忌憚，云：「甚矣！文姜之惡也。始焉孫于齊，猶有所愧。中焉會齊侯，已無所懼。今焉享齊侯于祝邱，其無忌憚甚矣！」（卷八，頁3）五年夏，文姜如齊師，趙鵬飛嘗斥其無恥，東發引其說云：「前日會于禚，享于祝邱，猶曰託享、會之禮也。今三軍之眾而掩然無忸怩之心，無恥極矣！」（卷八，頁3）七年春，又會于防。冬，再會于齊之穀。東發引戴溪說，斥之云：「一歲再會，稔惡極矣！」（卷八，頁5）齊襄卒於莊公八年十一月。十五年夏，文姜又如齊，東發引許翰《春秋傳》，論云：「禮防一弛，復起越境之恣，而遂成如莒之姦。」（卷八，頁9）十九年秋，文姜首如莒，東發引杜注云：「非父母國而往，書姦。」（卷八，頁11）次年二月，又如莒，東發斥云：

> 姜氏至是亦老矣，連年如莒，何甚也！（卷八，頁11）

按：文姜數如莒未必有姦，而其行不合禮法，則可必也。二十一年七月戊戌，文姜卒。東發總論之，云：

> 文姜之惡極矣！春秋始終以「夫人」之禮書之，……亦實書其事，而善惡自見耳。（卷八，頁12）

　　孔子曾許晉文公譎而不正（《論語・憲問篇》）。東發既論文公繼齊桓而霸之

功，又云：

> 其行事皆出智力，苟焉隨世以就功名；而世習既漓，諸侯卿大夫之
> 殺奪僭竊者，終不可盡禁。故孔子作《春秋》，筆削以裁之，曰：其
> 義則某竊取之爾！（卷九，頁33）

按：《春秋》本爲《魯史》之專名，並非各國歷史之通名。〔註7〕《左傳》昭公二年春，晉韓起聘魯，所見者爲「魯春秋」；《孟子・離婁下篇》云：「晉之乘，楚之檮杌，魯之春秋，一也。」故知《春秋》本魯國舊史，孔子據以修定，始於隱公，東發即主此說。孔子修定後之《春秋》，能使亂臣賊子懼；其價值蓋可與著作者相等，故後人遂以「春秋」專稱孔子所修之史。孟子謂其爲孔子所作、所成，即此意也。

二、春秋記事之法

清儒錢大昕嘗云：「史家紀事，唯在不虛美、不隱惡，據事直書，是非自見。若各出新意，掉弄一兩字以爲褒貶，是治絲而棼之也。」〔註8〕其說確切，蓋源出於宋人。宋儒此說，則係前代褒貶凡例說之反動，如東發云：

> 《春秋》無出於夫子之所自道，及孟子所以論《春秋》者矣。自褒
> 貶凡例之說興，讀《春秋》者往往穿鑿聖經，以求合其所謂凡例；
> 又變移凡例，以遷就其所謂褒貶。（卷七，頁1）

東發深於《春秋》，於《日抄》中暢述此旨。茲歸納其犖犖大者，略述如次：

（一）所書爲自然現象

桓公三年，《春秋》書有年。賈逵（孔穎達正義引）以爲桓惡，不宜有年；今有年者，記異也。孔穎達駁之，云：「君行既惡，澤不下流，遇有豐年，輒以爲異。是則無道之世，唯宜有大饑，不宜有豐年；非上天佑民之本意也。且言有、不宜有，傳無其說。」其說良是。乃程傳、胡傳等又主賈氏說，東發因論其失，云：

〔註7〕說者據《墨子・明鬼下篇》有周之春秋、燕之春秋等名；並引用《史通・六家篇》及《隋書・李德林傳》引《墨子》曰：「吾見百國春秋」之語；又：《國語・晉語七》、〈楚語上〉，並《史通》引《汲冢瑣語》載夏、殷春秋等，作爲論據，謂春秋爲諸國史通名。實則，上述文獻皆著作於戰國以後；而同時之另一部分資料，則以爲係魯史之專名。

〔註8〕《十駕齋養新錄》卷一三，頁7，〈唐書直筆新例〉條。

愚恐求之過也。謂桓不當有年，爲異而書，則螽（見桓五年秋）與大水（元年秋）、無冰（十三年夏），皆當爲桓之常，又何爲書？春秋豈專記人之凶荒，而不幸人之豐熟哉？各書其實爾。（卷七，頁18）

僖公三年正月至四月，不雨。六月，雨。《穀梁傳》釋不雨，曰：「閔雨也。閔雨者，有志乎民者也。」又於雨，曰：「喜雨也。喜雨者，有志乎民者也。」東發亦以爲孔子直書，云：

雨不雨關民命，故（春秋）因其實而書。幸六月之雨，足以救四月之不雨（按：去年十月已不雨）耳，豈爲僖公而書哉？（卷九，頁3）

又：宣公八年十月己丑，葬我小君敬嬴；雨，不克葬。庚寅，日中乃克葬。據《左傳》所載，文公妾敬嬴，生宣公。敬嬴嬖而私公子遂。宣公長而屬之遂，遂欲立之，叔仲惠伯不肯。十八年二月丁丑，文公薨。遂乃請於齊惠公，故是年秋，經書公子遂如齊。惠公許之，於是遂乃殺太子惡及其弟視；經文所謂「子卒」，即指此也。是敬嬴有殺嫡立庶之罪。其葬遇雨而不克，說者以爲天譴。東發引趙鵬飛說，論其附會云：「葬定公亦雨不克葬（定公十五年九月丁巳），豈亦天譴耶？嬴氏之惡不重於文姜，而文姜之喪不雨，豈天亦私文姜耶？其說不根甚矣！……雨不克葬，書無備耳。」（卷一〇，頁27~28）古無所謂天氣預報，而天有不測風雲；殯遇雨，不克葬，乃尋常事，非天之報應也。

（二）循常理以得其意

衛州吁於隱公四年二月戊申爲亂。九月，衛人殺州吁於濮，《左傳》稱：陳人執之，衛使人殺之於濮。十二月，衛人立晉。按：濮，向有衛地與陳地二說，王夫之《春秋稗疏》曾詳考之，謂當在陳、衛境上。《穀梁傳》謂殺州吁于濮爲孔子有意譏衛失賊。又：州吁殺而衛人立晉，胡傳以爲春秋設辭譏不當立。東發并非之，云：

凡謂譏者，亦書法之當然，而其惡自見；非特設辭以譏之也。（卷七，頁8）

文公七年春，公伐邾。三月甲戌，取須句，遂城郚。《穀梁傳》云：「繼事也」。東發云：

僖公嘗伐邾取須句，其後歸之（《左傳》二十二年春）。今文公問晉之難（本《左傳》說），復伐而取之。郚，魯下邑；因伐邾之師而遂城之以備邾。其陵虐小國，不恤民力，直書自見。（卷一〇，頁6）

昭公十一年四月丁巳，楚子虔誘蔡侯般，殺之于申。楚公子棄疾帥師圍

蔡。十一月丁酉，楚師滅蔡。經文各書其名，東發謂其意云：

> 按傳（《左傳》），蔡般雖弒立，而楚虔在申，誘至，般醉而殺之，刑
> 其士七十人。卒圍之，滅其國。夷狄行，無道已甚，先儒（指《公羊》、
> 《穀梁傳》等）謂春秋所以各斥其名。（卷一二，頁9）

（三）由反常之事，逆推其志

隱公九年春，天王使南李來聘。諸儒若程頤、張洽（《春秋集傳》），胡安國等，均責周王不能正諸侯不朝之罪，反遣使聘下，乃反常之甚者。東發亟論諸儒之失，云：

> 不思時至春秋，周之衰果何如哉！此何異祖父衰病垂絕，不責不孝
> 子孫之不養，而反責祖父之祈哀耶？

因又論春秋直筆，魯罪可知，云：

> 木訥曰：諸侯之抗，周室之微，極矣。聖人著天王再遣使之節（按：
> 首次見七年冬），所以誅魯不再朝之罪也。愚謂隨筆直書，而魯之罪自
> 見，諸儒反以罪周者，過耳。（卷七，頁13）

隱公十年春，滕侯、薛侯來朝。據《左傳》，滕、薛二君有爭長之事，可見隱公係「旅」見之。旅見，謂同時行禮。古時僅行於王室，故《禮記·曾子問篇》有「諸侯旅見天子」之語。滕、薛皆侯國，與魯相當，不得旅見。東發引趙鵬飛之言，云：

> 聖人書曰：「滕侯、薛侯來朝」，而魯侯之罪著矣。（卷七，頁14）

莊公四年二月，夫人姜氏（文姜）享齊侯于祝丘。《穀梁傳》以為夫人用享，乃過甚之事（見莊公二年十二月）。《左傳·杜注》以享為兩君相見之禮，非夫人所用。孔穎達為之疏證，云：「享是飲酒大禮，與會小別。定十年夾谷之會，傳稱：『齊侯將享公，孔丘拒之，乃不果享。』是享者，兩君相見之禮。」按：《春秋經傳》所書享（饗）凡五十七見（重複者不計），其合於禮法者五十有一，皆為王饗諸侯、卿，或諸侯饗諸侯、卿、大夫，或卿、大夫饗卿、大夫；亦即尊饗卑，及平輩互饗，而卑者不得饗尊者。周何論文姜之失，云：「試以卿大夫不得擅寵設饗以召君視之，是即尊卑有序，不得以卑饗尊之義也。夫人尊行國中，稱曰『小君』；終不同於國君也。」〔註9〕由此知文姜享齊侯為非禮，故東發從杜預，謂春秋「直書以見其失」。

〔註9〕《春秋燕禮考辨》，頁28～29。

（四）依事之先後，而見其意

隱公五年十二月，宋人伐鄭，圍長葛。東發引趙木訥說，云：「四年宋兩伐鄭，五年，邾請鄭伐宋，勝負已相當。今宋又伐鄭，圍其邑，憾何釋耶？」（卷七，頁9）六年冬，宋人取長葛。東發云：

> 去年冬圍之，今年冬取之，直書而宋之罪自見。（卷七，頁10）

桓公二年三月，公會齊侯、陳侯、鄭伯于稷，以成宋亂。四月，取郜大鼎于宋。據《左傳》，宋大夫華父督羨孔父嘉之妻美艷（見桓公元年），二年正月殺孔父而取其妻。宋殤公怒。華督懼，欲弒之，賂魯、齊等四國。三月，四國會於宋地稷，以成其亂。次月，魯因取賂鼎。東發引戴溪說，斥桓公之罪，云：「書成亂於前，書取鼎於後，不待貶而絕而惡自見。」（卷七，頁16）

（五）沿用魯史舊文

杜預《左傳集解》序，云：「仲尼因魯史策書成文，考其真偽而志其典禮，……其教之所存，文之所害，則刊而正之，以示勸戒。其餘，則皆用舊文。史有文質，辭有詳略，不必改也。」此論《春秋》有沿襲舊史記者。此其一。莊公七年四月辛卯，夜中，星殞如雨。《公羊傳》引不修春秋曰：「雨星不及地尺，而復。」又云：君子修之曰：「星霣如雨」。據此，是《公羊傳》著成時，尚得見《魯史》之舊文也。又：昭公十二年春，齊高偃帥師納北燕伯于陽。《公羊傳》曰：「伯于陽者何？公子陽生也。子曰：我乃知之矣。在側者曰：子苟知之，何以不革？曰：如爾所不知何？」何氏《解詁》云：「子，謂孔子。乃，乃是歲也。時孔子年二十三，具知其事。後，作春秋，案《史記》，知『公』誤為『伯』，『子』誤為『于』，『陽』在，『生』刊滅闕。」此見孔子有因舊而不改，以存信史者。東發謂春秋直筆，此更添一證也。僖公十九年，梁亡。《穀梁傳》：「梁亡、鄭棄其師。我無加損焉，正名而已矣。」楊士勛疏云：「仲尼修春秋，亦有因史成文，以示善惡者。……其梁以自滅為文，鄭棄其師之徒，是因史之文也。」《春秋》因魯史舊文，此又一證也。

桓公二年春，滕子來朝。滕始封侯，今稱子，其故，諸說不同。杜預云：「蓋時王（桓王）所黜」。此一說也。程頤謂滕「服屬于楚，故降稱子，夷狄之也。」胡安國以為貶其朝魯桓。二氏皆謂孔子貶之。此又一說也。程迥以為「小國自貶，以省貢賦」。〔註10〕此第三說也。戴溪說與程迥同，東發引之，

〔註10〕《朱子語類》卷八三，總頁3475，引程迥《春秋解》。

云：

> 小國爵尊而貢重者，多自貶以從其卑。春秋從而書之，不沒其實也。
> （卷七，頁 16）

東發主《春秋》「從其自稱」。按：稱滕曰「子」，春秋經傳習見。又或曰公，如古器滕虎敦是。《左傳》僖公十九年，文公二十年亦有滕宣公、昭公之名。又：《晏子春秋》云：「彼鄒、滕雉犇而出其地，猶稱公侯。」（內篇問上第八）皆其例也。今人陳槃庵先生云：「古王、公、侯、伯、子、男之稱，並不如後儒所想像之整齊畫一。比例不勝枚舉。」〔註11〕允爲明達之論。綜上所述，是滕封侯爵，國弱則稱子，強則稱公。魯史從其自稱，孔子因之以入《春秋》也。

（六）非直書無以表其實

莊公十二年八月甲午，宋萬弒其君捷及其大夫仇牧。諸家對仇牧譏貶不一，杜注：「仇牧稱名，不警而遇賊，無善事可褒。」《公羊傳》及《穀梁・范氏集解》則或賢其不畏強禦，或嘉其衛君。又：或以宋爲國氏（《穀梁傳》），或以書「及」爲壯其節（《公羊傳》），議論紛紛。東發說之，云：

> 聖人不過書其實，何有義例？若書「萬」，而不書「宋」，則爲何國之事？既弒其君，又殺其大夫，不書「及」，則將何以爲文？弒逆如此，尚待義例而後見其罪也哉！（卷八，頁7）

僖公二十九年六月，會王人、晉人、宋人、齊人、陳人、蔡人、秦人，盟于翟泉。諸家多痛詆此盟，謂會不書公者爲魯諱也。如程頤云：「晉文連年會盟，皆在王畿之側，而此盟復迫王城，〔註12〕又與王人（王子虎）盟，強迫甚矣。故諱公，諸侯貶稱人，惡之大也。」依尋常情理，彰其惡方可懲戒其人；諱言之，適足以助長其惡。伊川說非也，是以東發評云：

> 公、穀二傳所載經文，皆作「公會」，〔註13〕而左氏於傳，亦作「公會」，獨左氏所傳之正經，無「公」字；其闕文未可知。會者既非諸侯（按：《左傳》謂會者爲晉狐偃、宋公孫固等），不書「人」而何書？聖人實書其事，善惡昭然。（卷九，頁29）

〔註11〕 《春秋大事表》列國爵姓及存滅表撰異冊一，頁 24 蔡國。
〔註12〕 翟泉，畿內地名，在王城東北二十里。
〔註13〕 會字，諸本《日抄》均誤作「及」。茲據經文改正。

三、春秋用夏正說

春秋爲編年史，其所用曆法，自來有五說：

一、用周正。如：杜預、程頤等均主此說。

二、文公、宣公以前用殷正，文、宣以後用周正。〔註14〕

三、夏時冠周月。即以夏時冠月，周正紀事。如：胡安國是。

四、用夏正。如：戴溪、清·胡天游（《春秋夏正》二卷）等主此說。

五、葉夢得以爲經用周正，而《左傳》用夏正。

東發從戴溪主夏正說，云：

> 岷隱戴氏在東宮講春秋，常以夏正爲說，於時事亦未見其甚背。竊
> 意三代雖有改正朔之事，而天時恐無可改遷之理。今所抄集，姑依
> 戴氏。（卷七，頁3）

正朔可改，天時不可易之說，乃東發討論春秋用曆之主要根據。其說可糾正諸儒以歲首（或稱「年始」）爲正月之謬。胡安國（昭公十七年冬，有星孛于大辰）傳亦云：「夏數得天，百王所同。其在商周，革命改正，示不相沿。至於敬授民時，巡狩烝享，猶自夏焉。」惟胡氏以爲春秋用周正，則有待商榷。茲就《春秋》中所載自然現象與人爲活動二者，敍述東發之說。

（一）由人事活動證明

桓公八年春正月己卯，烝。按：冬祭曰烝，自來典籍，皆無異說；〔註15〕惟《春秋經傳》有非多之烝，自來學者多論其非時，《穀梁傳》云：「烝，冬事也；春興之，志不時也。」東發從之，且云：

> 天時無可改易之理，聖人無謂冬爲春之事。商之建丑以異於夏，周
> 之建子以異於商，皆以革命欲整一人心，故以此月爲歲首，受朝饗
> 耳。……聖人作春秋，書春正月、夏四月、秋七月、冬十月、正以
> 順天時，正人事。……今以夏時參之，未見其有非時者。若此所書
> 「正月烝」，正以烝乃冬祭，春正月行之，非禮耳。春秋非夏正而何
> 哉？杜氏得汲冢書亦皆夏正（見《杜氏集解後序》）。（卷七，頁21）

同年夏五月丁丑，又烝。夏行烝，其非禮可知，《穀梁傳》仍斥其黷禮。東發亦引戴溪言，斥之云：

〔註14〕 日人新城新藏《東洋天文史研究》，頁359〈春秋長曆圖〉。

〔註15〕 詳《周禮》春官大宗伯、司尊彝，夏官大司馬；《國語·魯語上》；公羊桓八
　　　　年傳；《爾雅》釋天與《禮記》月令等。

春正月烝已非時，況五月而又烝乎！（卷七，頁22）

由上所述，可知春秋用夏正或周正，其關鍵實在二派學者對烝之合禮與否觀點不同所致。東發以爲春秋據實直書，桓公春、夏行烝，即如實記之，俾後人由所記，知所戒惕。此春秋之義，亦孔子之用心也。

桓公十四年秋八月壬申，御廩災。乙亥，嘗。御廩爲魯藏粢盛之所，《禮記・月令》所謂「神倉」是也。書災而嘗，《左傳》以爲書不害也。《公羊傳》責桓不如勿嘗，因謂春秋常事不書，書所以志非常之事。《穀梁傳》謂以災餘者祭爲不恭。劉敞《春秋權衡》辨穀梁不恭之說，云：「壬申之日災，乙亥之日嘗，嘗之粟出廩久矣，乃其未災者。」此據《禮記・祭統》「散齋七日，致齋三日」說之。東發引鄭樵云：

嘗，常事不書，爲御廩災而嘗，故書。〔註16〕

清・牛運震《春秋傳》亦云：「遇災後不改卜而遽嘗，則無誠敬之心。」東發論主周正者，云：

諸家乃以八月爲六月（如：胡傳），謂夏不當行秋嘗而譏之，不知嘗

以秋八月，此正可爲春秋用夏正之驗，何紛紛焉！（卷七，頁26）

桓公十六年冬，城向，《左傳》云：「書時也」，自杜預《春秋經傳》長歷謂本年閏六月之後，孔穎達正義據《詩經・鄘風》「定之方中，作于楚宮」，謂方者，未至之辭，故以定之方中爲方欲向中；因言水星可在十一月而正，桓公城向在十月，《左傳》謂書時實非。按：孔氏說蓋據經文下有「十一月」，因謂城向必在十月也，十月可以城築修繕，《詩經》、《國語・周語》中（參韋昭注）及《禮記・月令》（孟冬）皆有例證。而春秋不書月，諸家如：劉炫、啖助、張洽等主周正，故以爲非時，清・邵瑛撰《劉炫規杜持平》云：「春秋城築皆不月：雖會城不月，襄二十九年城杞是也；雖城成周不月，昭三十二年城成周是也。皆以其事不可以月紀之也。此城向亦然。」東發專駁主周正者云：

自漢儒主三正（按：《左傳》實始言之。註17）而公羊、杜預謂周之冬，

今（按：指夏曆）之秋，諸家遂一變其說，反以譏非時。不知周之改

〔註16〕鄭樵有說春秋之文，已佚。此條爲《日抄》卷七，頁26所引，《宋元學案補遺》卷四六〈玉山學案〉未輯，當據補。

〔註17〕《左傳》昭公十七年冬，載梓慎之言，云：「於夏爲三月，於商爲四月，於周爲五月。夏數得天。」《左傳》著成於戰國之世。故此說最早亦當始於戰國之世。

正，不過以建子之月行朝饗之禮，以示不沿商耳。天之四時豈可改也哉？（卷七，頁 28）

（二）就自然現象推知

桓公八年十月，雨雪。《公羊傳》：「記異也。何異爾？不時也。」蓋以周正爲說也。何休從而注云：「周之十月，夏之八月，未嘗雨雪。」何氏踵謬而加厲，東發引戴溪說，駁之，云：

> 孟冬之月，陰氣始凝，驟有雨雪，陰氣盛也。愚按……岷隱以夏正冬十月言之，理亦未嘗不明。嘻！果八月也？聖人恐未必誣天而書秋爲冬也。（卷七，頁 22）

按：雨雪乃自然天象，十月有之，雖似稍早，然亦非不可能，故《魯史》覺其異而書之，孔子沿之。何休求之過深，至以異常爲反常，是以東發譏其厚誣聖人。

桓公十四年正月，無冰。戴溪就人事活動言之，謂「無冰者，無藏冰也」，云：「去年十二月時燠（本《穀梁傳》說），無〔藏〕冰，今年之春無冰可出，春秋於是時而書之。」（見成公元年二月）其說以「無藏冰」釋「無冰」二字，有增文之嫌；而其意則爲東發所取，東發云：

> 諸家皆以周之正月爲今十一月（如：何休），十一月無冰爲災，故書。然使果十一月無冰爲災，則尚有十二月尤寒，冰之有無方於此決，未可遽以十一月無冰，則無冰決矣。蓋至十二月無冰，及春正月東風解凍，終於無冰，則無冰決矣，始以災而書爾。（卷七，頁 26）

莊公七年秋，大水，無麥苗。按：隱公元年八月，有蜚，春秋不書，《左傳》說之，以爲不爲災則不書。此以大水而無麥苗，故書。《左傳》孔氏正義、趙鵬飛等均主周正，謂秋爲夏正之五、六月，「麥且未刈，安得有苗？」東發駁之，云：

> 若春秋之秋果爲今之五六月，則麥已熟於四月，其刈之久矣。……麥種於秋，始種爲苗。秋有大水，故無麥苗耳。苗，凡物始生曰苗；麥苗，即麥之苗也。（卷八，頁 4~5）

宣公十五年冬，螽生。按：本年秋有螽。秋乃五穀收成之時，而有螽則災矣。螽，螽子也。是秋日之螽未死，冬又生子也。東發謂螽子非生於冬，今乃有之，春秋記其異也（卷一〇，頁 36）。是經文之冬，乃夏曆之冬，時五穀已登，故不書災；其非周之冬明矣。至於入冬而有螽，如哀公十二年冬；此，

乃氣燠故也。《左傳》乃謂司歷之過（即指失閏），呂大圭論云：「然明年九月螽，又十二月螽，恐不專為失閏。」東發由評《左傳》之失，而論及主周正說之妄，云：

> 左氏傳凡十二月螽，皆以為司歷之過，若以此月為蟲猶未蟄，則以秋為冬，差一時也，……民時亂而農功失矣。司歷之過，一至此乎？天下寧有此理哉！況螽乃災異；非候蟲之常，以時而蟄者也。今冬燠而有螽，將蔓延為來歲之災，尤災之甚者也。（卷一三，頁30）

綜合上述，知東發主春秋用夏正，於天時、人事均合。古人之所以誤主周正者，蓋不知正月係據天象而定，與後世改正朔之以某月為歲首（年始）者不同也。惟東發偶有不察而誤引主周正之說—如：程頤主周正說。隱公三年春王二月己巳，日有食之。東發引伊川云：

> 月，王月也。事在二月，則書王二月。（卷七，頁6）

伊川所謂王，明指周正，〔註18〕王二月，指周曆二月也。是東發誤引之矣。

第二節　論褒貶凡例之說

東發自序其〈讀春秋〉，云：

> ……愚故私摭先儒凡外褒貶凡例而說春秋者，集錄之，使子孫考焉。
> （卷七，頁1）

由此可知東發不取褒貶凡例說之一斑。考褒貶凡例之產生，乃源於說者以為春秋有大義，其義微而不顯，因有後世紛紛闡微之論。故欲述東發之論，當先論春秋之「義」與後儒所謂「例」。

一、論義例

上引晉韓起聘魯，見《易象》與魯《春秋》，曰：「周禮盡在魯矣！」此雖贊歎之辭，而《魯史》中含有禮在，則無疑也。又：《國語・楚語上》載申叔時謂士亹傅楚莊王太子箴以《春秋》，云：「教之《春秋》，而為之聳善而抑惡焉，以戒勸其心。」亦可證《魯史》有勸戒之義在也。《左傳》載宣公二年九月趙穿弑晉靈公，而董狐書曰：「趙盾弑其君」。又戴襄公二十五年五月，齊莊公為陪臣所弑，太史書曰：「崔杼弑其君」。孔子修《春秋》皆有取焉，

〔註18〕見《二程全書》卷四《程氏經說》，頁2〈春秋傳〉。

故孟子引孔子語，云：「其義，則丘竊取之矣。」

至於孔子所謂「義」之確切而整體之內涵爲何？則經無明文，致使後人頗加揣測，如：《莊子‧天下篇》云：「春秋以道名」，後人遂以爲名分即「義」也。近人熊十力先生釋「各分」一語，云：「從來解者皆以名分爲辨上下之等；此以帝制思想附會，實非春秋旨也。案：分者，分理；辨物之理，以正其名，是爲名分。」〔註19〕此似以正理爲春秋之旨也。《春秋繁露‧玉杯篇》云：「春秋明其志，……正是非，故長於治人。」董仲舒謂春秋長於治人之說，至其弟子司馬遷發揮至極，《史記‧自序》云：「春秋以道義。撥亂世反之正，莫近於春秋。……爲人君父而不通於春秋之義者，必陷篡弒之誅，死罪之名。夫不通禮義之旨，至於君不君，臣不臣，父不父，子不子。夫君不君則犯，臣不臣則誅，父不父則無道，子不子則不孝。此四行者，天下之大過也；以天下之大過予之，則受而弗敢辭。」《淮南子‧氾論篇》云：「周室廢，禮義壞，而春秋作。」此較《孟子》「詩亡然後春秋作」之言爲具體。漢人言春秋之義，多實有所持，如《漢書》卷五十三載王禹奏言「春秋之義，誅君之子不宜立，元（趙敬肅王子之名）雖未伏誅，不宜立嗣。」《潛夫論‧斷訟篇》云：「春秋之義，責知誅率。」《後漢書‧順烈梁皇后傳》謂「春秋之義，娶，先大國。」皆其例也。

漢以後所謂春秋之義，多受劉歆讓太常博士書與《漢志》所謂「微言大義」說之影響。「微言大義」四字，皮錫瑞云：「所謂大義者，誅討亂賊，以戒後世是也。所謂微言，改立法制，致太平也。」〔註20〕其說大義，本諸孟子以來儒者之說，實諸春秋經文而有合。至論微言，則源於公羊學，乃經文中若有若無者。熊十力繼皮氏而言尤詳明，云：「大義者，如於當時行事，一裁之以禮義，家鉉翁謂之因事垂法是也。……微言者，即夫子所以制萬世法而不便於時主者也，如公羊之三科九旨，多屬微言。」〔註21〕三傳之中，《公羊傳》、《穀梁傳》爲微言之大宗，《左傳》則詳於大義。大義與微言，亦有不可分之關係，蓋就其理言，曰微言；就此理之裁斷於事言，則爲大義。

東發於所謂微言，幾不屑一提，蓋其主尊王，則孔子爲「素王」之說（如《史記‧自序，趙岐孟子注》），絲毫不入於其心；於所謂大義，則駁斥其說之泰

〔註19〕《讀經示要》卷三，頁45。
〔註20〕《經學通論》第四冊，頁1，〈論春秋大義在誅討亂賊，微言在改立法制〉條。
〔註21〕《讀經示要》卷三，頁13。

甚者。

由褒貶而生凡例之說，《左傳》已開其端。杜預謂《左傳》：「其發凡以言例，皆經國之常制，周公之垂法，史書之舊章。仲尼從而修之，以成一經之通體。」凡例是否爲周初舊法，世遠莫可考知。杜預據《左傳》歸納，得五十凡，其《春秋釋例·終篇》云：「稱凡者五十，其別四十有九，蓋其母，弟二凡，其義不異故也。」此比附易繫爲之，蓋後世所制，孔子無之也。後學踵事增華，至於深文周納，劉勰已深識其弊，《文心雕龍·史傳篇》云：「褒見一字，貴踰軒冕；貶在半言，誅深斧鉞。」唐宋而下，日益以名教爲宗，於是褒貶凡例之說，嚴苛更甚，幾視春秋爲刑書罪典（如邵雍云：「春秋，孔子之刑書也。」）；無一而非亂臣逆禮、違道犯分之實錄，無一而非聖人特筆、決獄聽訟之至文。幸至宋末，東發一切掃除，而還其本眞。此宋學之幸，亦春秋之幸也。

二、褒貶凡例說糾謬

自來說春秋者，率以其爲孔子寓褒貶之書，謂經文書法，皆有義例。而漢、晉人所言義例不同，晉人且分新、舊例之說。杜預注《左傳·序》謂舊例（或曰本例），乃周公垂法，即五十發凡。新例（或曰變例），乃孔子之意。新例又有二類：其一，傳中諸稱書、不書、先書、故書，書曰等是；又一，則春秋經文所不書即以爲義者。後人於變例無可解處，又特設一例曰特例，以爲孔子特有之筆法。

今所知最早言春秋條例者，當推漢景帝博士胡母生。何休公羊解詁序云：「往者略依胡母生條例，多得其正。」胡母生條例久佚，何氏解詁處處用例，胡母氏實導其先。清·劉逢祿有《春秋公羊經何氏釋例》十卷，輯錄甚備。《穀梁傳》說例多與公羊同，詳備且過之。范寧撰《穀梁傳例》一卷，可資參考。《左傳》之例，由劉師培《春秋左氏傳古例詮微》一書，可以知其梗概。

王充已有反對凡例之言，《論衡·正說篇》云：「左氏傳桓公十七年冬十月朔，日有食之。不書日，官失也。謂『官失』之言，蓋其實也。史官記事，若今時縣官之書矣，其年月尙大，難失；日者微小，易忘也。蓋紀以善惡爲實，不以日月爲意。若夫《公羊傳》、《穀梁傳》之傳，日月不具，輒爲意使；夫平常之事有怪異之說，勁直之文有曲折之義；非孔子之心。」其說啓迪後儒至大。唐人啖助、趙匡雖不脫言例風氣，而其觀念已較爲進步，所指摘前

人之失，足以影響宋人，《日抄》頗有取資。陸淳輯有《春秋啖趙集解纂例》一書，如《纂例》卷一「啖趙取舍三傳義例第六」條，載啖助曰：「《公羊傳》、《穀梁傳》以日月為例，一切不取。其有義者，則時或存之，亦非例也。」又載趙匡曰：「公、穀說經，多云隱之、閔之、喜之之類；且春秋舉經邦大訓，豈為私情悲喜生文乎？……如此之例，並不取。」朱子於春秋雖無專著，然平日言論，亦以為凡例非孔子本意，攻擊之語頗多，如：《語類》卷八十三云：「春秋大旨其可見者，誅亂臣、討賊子、內中國、外夷狄、貴王賤伯而已，未必如先儒所言字字有義也。想孔子當時只是要備二三百年之事，故取史文寫在這裡，何嘗云某事用某法，某事用某例耶？且如：書會、盟、侵、伐，大意不過見諸侯擅興自肆耳。書、郊、禘，大意不過見魯僭禮耳。……如此等義，却自分明。」（總頁 3457～3458）其言平正通達，東發頗多採擇。

東發論褒貶凡例說之所由起，云：

> 聖人書法甚簡，隨字可以生說。此議論所以愈見其繁多，宜褒貶凡例之說得以肆行其間也。（卷七，頁2）

此種現象不止《春秋》一經，詩、易等皆然，故《春秋繁露・精華篇》云：「詩無達詁，易無達占，春秋無達辭。」重以漢文字，一字數義，遂致人各異解，而《春秋》尤甚。東發又云：

> 理無定形，隨萬物而不齊。後世法吏深刻，始於敕律之外，立所謂例；士君子尚羞用之，果誰為春秋立例，而聖人必以是書之，而後世以是求之耶！（卷七，頁1）

東發復論褒貶凡例說之有害經義，云：

> 自褒貶凡例之說興，讀春秋者往往穿鑿聖經，以求合其所謂凡例；又變移凡例，以遷就其所謂褒貶。……是則非以義理求聖經，反以聖經釋凡例也。（卷七，頁1）

故東發於凡例之說，辨之不遺餘力。茲分別述之：

（一）論書國與不書國

東發論云：

> 如國各有稱號，書之所以別也。今必曰以某事也，故國以罪之；及有不合，則又遁其辭。（卷七，頁1）

按：莊公十年九月，荊敗蔡師于莘，以蔡侯獻舞歸。《公羊傳》云：「荊者何？州名也。州不若國，國不若氏，……不與夷狄之獲中國也。」《穀梁傳》亦云：

「荊者，楚也。何爲謂之荊？狄之也。」考僖公元年七月，春秋書「楚人伐鄭」，杜注：「荊始改號曰楚。故凡此年以後之文獻，皆稱楚不稱荊。惟《左傳》於桓公三年、六年等處，先經而載楚事，乃作者以後世稱謂之荊爲楚舊號，依說文，荊、楚二字相互轉注，同義，並無厚薄之義。故東發以爲春秋乃據事直書，非有貶責也。

　　僖公二十一年秋，宋公、楚子等諸侯會于盂，執宋公以伐宋。冬，楚人使宜申來獻捷。捷不言宋，乃從上文而省。杜注：「秋伐宋，冬來獻捷，事不異年，從可知。」而諸家以義例說之，東發斥云：

> 諸家或以爲諱（如：《公羊傳》），或以爲貶（《穀梁傳》），或以爲存中國而
> 抑夷狄（范寧），各以意度也。（卷九，頁20）

（二）論書名與不書名

1、書名以示區別

　　史書記人姓名，乃事有必要；否則，必另有原因，而褒貶不與焉。東發論云：

> 人必有姓氏，書之所以別也。今必曰以某事也，故名以誅之；及有
> 不合，則又遁其辭。（卷七，頁1）

歷來說《春秋》而犯此失者甚多。如：桓公十五年五月鄭伯突出奔蔡，鄭世子忽復歸于鄭。《公羊傳》以爲「奪正也」。東發不以爲然，云：

> 突、忽並爭，不書名，何以別也？（卷七，頁27）

按：桓公十一年五月，鄭莊公卒。九月，宋人執其大夫祭仲，使立庶子突爲厲公；太子忽出奔衛。祭仲專政，厲公患之，本年五月反爲祭仲所逐而奔蔡。東發之說是也。他如：衛侯鄭與瑕（見僖公三十年秋），剽與衎（襄公二十六年二月）之爭立，《春秋》皆各書其名，東發亦謂孔子以有二君，故書名以別之（卷九，頁30，卷一一，頁46）。

　　《春秋》亦有名不待書，即知所指者，如：成公十六年秋，曹伯歸自京師。曹伯不書名，東發考成公十三年五月曹宣公卒，公子負芻殺太子自立爲成公。十五年三月癸丑，晉侯執曹伯歸于京師。明年秋，成公復歸於曹。《公羊傳》云：「執而歸者名。曹伯何以不名？……易也。其易奈何？……公子喜時，……內平其國而待之，外治諸京師而免之。」《穀梁傳》云：「出入不名，以爲不失其國也。」二說，東發皆不從，云：

竊意突、忽爭立，故出入必書名以爲別。曹成之位已定三年，不待書名以爲別耳，恐無他義。（卷一一，頁16）

2、書名不關褒貶

僖公二十五年正月，衛侯燬滅邢。夏四月癸酉，衛侯燬卒。三傳、《禮記‧曲禮篇》及胡傳等，皆謂燬滅同姓（姬）國邢，故於其卒書名以斥之。東發不從，引朱子（見《語類》卷八三，總頁3494～3495）云：

經文只隔「夏四月癸酉」一句，便書「衛侯燬卒」，恐是因而傳寫之誤。（卷九，頁23）

是以爲當書「衛侯滅邢」，書名爲衍文，與褒貶不相干。趙鵬飛專辨三傳等謂滅同姓書名說之謬；東發引述其言，云：

下有「衛侯燬卒」之文，後世傳授以類誤耳。春秋書滅同姓者有矣，而未嘗名：虞滅下陽（按：見僖公二年五月。下陽，虢邑；虢、虞併姬姓），楚滅夔（按：見僖二十六年秋，二國皆姓羋），皆同姓也，何以不名？楚子虔誘蔡侯殺之，此非同姓也，何以反名之？且書滅國，則其惡自著，同姓非同姓，後世自辨，不在書名而後知其滅同姓也。（卷九，頁23）

《公羊》、《穀梁》二傳有以書名爲褒之說，如：文公九年冬楚子使椒來聘。《公羊傳》云：「椒者何？楚大夫也。楚無大夫，此何以書？始有大夫也。」椒字，《穀梁傳》作萩，云：「楚無大夫，其曰萩何也？以其來我，褒之也。」是二傳皆以爲楚能以禮交中國而褒也。陸淳已疑其說，云：「他國非命卿⋯⋯來魯及事連魯者，皆書其名，詳內事也。」〔註22〕此謂書名乃記魯史所必須也。趙鵬飛又列舉反證，東發引之云：

宜申謀爲不道而見殺（見文公十年夏，《左傳》謂宜申謀弒楚穆王而見殺），春秋亦書曰宜申，豈進其謀逆耶？

然則，椒、宜申何以書名？東發從趙氏說，以爲「從其國之稱，書其實而已」（卷一〇，頁9）

3、不書名為闕文

春秋中有同類事而或書名或不書名，又有全不書名者。不書名，東發以爲史之闕文。如：隱公七年三月，滕侯卒。《左傳》：「不書名，未同盟也。凡諸侯同盟，於是稱名，故薨則赴以名。」趙匡論左氏薨赴以名之說，於情理

〔註22〕《春秋啖趙集傳纂例》卷八，頁10，〈名位例，諸侯之卿大夫士〉條。

不安，云：「豈有臣子正當創鉅痛深之日，為忍稱君之名？禮固不爾。且禮篇所錄，亦云寡君不錄而已。」因徧舉反證，以糾其謬，云：「春秋諸侯卒，不同盟者凡五十二人，九人不書名，餘竝書名。……九人卒不書名，檢尋事迹，並無朝會聘告處，所以不知其名耳。」〔註23〕是趙氏謂諸侯若無邦交，其卒也，魯不知其名，故不書。東發引其說，以判凡例說之不可信；復引程頤說以為不書名乃史之闕文也（卷七，頁10）。

　　然東發守此說而不堅，襄公六年三月壬午，杞伯姑容卒。此書杞伯名，而僖公二十三年十一月杞子卒。則不書名。東發引呂祖謙說，云：

　　　　邾、滕、杞微國，其卒或名，或不名，國微不備禮乎？（卷一一，頁
　　26）

按：此雖置疑詞，而東發引之，則似與闕文之說不一致。且《春秋》於邾子之卒皆書名，呂氏之說亦非是也。然桓公八年秋伐邾，東發引孫復說云：「不出主名，微者也。」引呂氏云：「微者也，其事不可得而詳也。」（卷七，頁22引）是指人微、國微，其事簡略易亡，是以春秋不得書其名而闕之。以此解彼，東發之說或可自圓乎？

（三）書「人」用意不一

　　《日抄・讀春秋》特立「凡例」一條，引石介之說以揭凡例說之矛盾。其一云：「稱人者貶也；而人不必皆貶，微者亦稱人。」（卷七，頁2）按：稱人示貶之說出《公羊傳》，《穀梁傳》則以為微之也。（如：僖公三十三年四月殽之戰）實則，二傳之說，前後亦不一，如《穀梁傳》他處又以為誅有罪（文公七年四月宋人殺其大夫），為進之（僖公十八年冬邢人、狄人伐衛）。至莊公四年冬，公及齊人狩于禚，《穀梁傳》謂齊人者齊侯也，曰人，卑也；《公羊傳》則以為諱。說多矛盾，是以東發論之。

　　東發謂春秋稱人，其義有三，即眾詞、微者與便文是也。茲分述之：

1、人，為眾詞

　　隱公四年九月，衛人殺州吁于濮。《公羊傳》：「其稱人何？討賊之辭也。」（《穀梁傳》說同）何氏解詁云：「明國中人人得討之，所以廣忠孝之義。」范寧云：「有弒君之罪者，則舉國之人皆欲殺。」東發從公、穀及其傳注之說，云：

　　　　說者謂稱「人」，眾詞。（卷七，頁8）

────────────

〔註23〕同註22卷三，頁10，〈薨卒葬例，諸侯卒〉條。

又如：文公十六年十一月，宋人弒其君杵臼。書「宋人」《左傳》云：「君無道也」；《公羊傳》：「大夫弒君稱名氏，賤者窮諸人。」《何氏解詁》：「賤者，謂士也。士正自當稱人。」按：春秋稱國人以弒其君者三，除此之外尚有齊人弒商人（文公十八年五月戊戌）與莒人弒密州（襄公三十一年十一月）。胡安國主《左傳》，謂君無道，罪在一國之人，東發云：

> 先儒謂昭公（杵臼）無道，國人所共棄，若眾殺之然也。（卷一○，頁16）

2、「人」，為微者之稱

隱公元年九月，及宋人盟于宿。《公羊傳》云：「孰及之？內之微者也。」（《穀梁傳》說同）東發從之，云：

> 內稱「及」，外稱「人」，皆微者也。（卷七，頁4）

是指結盟之使者，其地位卑微也。至於將官之卑微，東發亦以此說之。如莊公十四年春，齊人、陳人、曹人伐宋。東發引胡傳，謂將卑師少曰某人。按：此說，程伊川實先言之（見莊公十年十月「齊師滅譚」下）。宣公九年十月楚子伐鄭。東發分別君臣為將之稱呼不同云：

> 楚莊之立，加兵於鄭者凡四，而兩書楚子。……愚意書楚子者，君
> 為將也；書「楚人」者，大夫為將也。（卷一○，頁29）

3、書「人」以成文

莊公二十三年夏，荊人來聘。《公羊》、《穀梁》二傳皆以楚今始來聘，故書人以進之也。楊士勛疏更謂「不言楚人而云荊人者，傳稱州不若國；楚既新進，若稱國繫人，嫌其太襃。」二傳州不若國之說，東發斥之，已詳上述。東發復引趙鵬飛說，辨之云：

> 說者以為進之；聖人豈樂其僭聘問之禮哉？……若直書「荊來聘」
> 則若舉國皆來，於文不順，故書「人」以成文耳。不然，二十八年
> 荊伐鄭，何以復書荊？僖公十八年邢人、狄人伐衛，書人，亦豈進
> 之而書人耶！（卷八，頁13）

趙氏於僖公十八年多邢人、狄人等伐衛一事，詮解尤詳，云：

> 書「狄人」，便文爾。如襄五年戚之會，書「吳人」、鄫人，蓋不可
> 曰吳、鄫人也（此本《公羊傳》說）。故十四年向之會，復書吳而已。
> 今狄與邢伐衛書人，至二十一年狄獨伐衛，則復書狄而已。

僖二十九年六月，會王人、晉人、宋人，……秦人，盟于翟泉。

《左傳》謂會者為大夫，在晉為狐偃，宋為公孫固等，貶而稱人；程頤則謂

會者爲諸侯，云：「貶稱人，罪之大也」。東發不以爲然，云：

> 諸家皆痛詆此盟，謂……書人者，貶諸侯也。……會者既非諸侯，
> 不書人而何書？聖人實書其事，善惡昭然，未必陰爲譏詆如凡例之
> 云也。（卷九，頁29）

按：上述甲類書人爲衆詞，其事皆爲殺弒，併與魯無關。類此者究爲何人所
爲，今固不可考，孔子之時恐已不詳，故孔子只據魯史舊文直書之耳。且篡
弒之事，乃國之大辱，赴告者未必皆以實，其間或有諉罪於微者之情事，孔
子修《春秋》，欲爲教戒，既不能採不實之赴告，又不能考知其事主，僅能存
疑而泛書曰某國人弒其君、殺其大夫云云，藉「懸案以懲兇」耳。此雖無所
指名，而亂臣賊子亦不得而逃矣。〔註24〕若乙類、丙類，東發說亦合理。然
則，春秋書人，其義非一，前人執一以概其他，或以爲寓褒貶，皆非通論也。

（四）論稱爵不稱爵

東發又引石介說，云：

> （凡例謂：）稱爵者，褒也；而爵未必純褒，譏者亦稱爵。（卷七，頁2）

褒而稱爵之例，如：莊公十三年春，首書齊侯會宋人、陳人、蔡人、邾人于
北杏，東發云：

> 北杏之會，齊威（按：桓諱改）圖霸之始也。……衣裳之會十有一，
> 北杏實爲之首，故書爵，列於諸侯之上。（卷八，頁7～8）

桓公尊王攘夷，貢獻極大，孔子書其爵，理固宜然。石介所謂譏者亦書爵，
東發以文姜爲例，證成其說，云：

> 文姜之惡極矣，春秋終始以「夫人」之禮書之。然則，孰謂春秋奪
> 人之爵……哉？亦實書其事，而善惡自見耳。（卷八，頁12）

是書爵乃史文所必需，無關褒貶也。

襄公二十三年十月，晉人殺欒盈。欒盈不冠大夫，東發引黎錞《春秋經
解》云：

> 前書出奔（按：見二十一年秋），已非晉大夫。次書入晉（二十三年夏），
> 則晉之寇。此書「殺欒盈」，則討賊之辭也。（卷一一，頁43）

是不書爵爲貶也。至僖公二十九年六月會王人、晉人等盟于翟泉。不書「公」
程頤謂爲魯諱也，東發以爲實爲闕文，引《公羊傳》、《穀梁傳》經文及《左

〔註24〕此爲清康熙勅編《春秋經傳彙纂》於「文公十六年宋人弒其君杵臼」下之案
語，揆諸當時情勢，似乎合理。

傳》皆作「公會」爲證。已詳第一章，此不贅述。

綜上所述，是知稱爵與否，其情況不一，亦未可以偏概全也。

（五）論周王不書「天王」或「王」，上不著「天」字

東發引石介論凡例之說，云：

> 天王一也；或稱「天」以著其失，或去「天」以示其非。（卷七，頁2）

若石氏所指斥之例頗多，如：隱公三年秋，武氏子來求賻。東發引趙鵬飛之說，云：

> 示貶。……凡書求賻、求車、求金，皆誅諸侯不貢，而天下無王也，尚何責天王哉！」

東發以爲「孔子作《春秋》，正以扶王室，豈有反責天王之理！」（卷七，頁11）故謂其行文不書天王或不書天，乃爲脫文，非有義例。莊公元年十月，王使榮叔來錫桓公命。不書天，啖助以爲寵篡弒以瀆三綱，無天甚矣。陳傅良《春秋後傳》亦云：「桓篡立，終其身不請命，而追錫命，故王不書天。」是責周王不應追賜魯桓命也。東發以爲脫文，云：

> 孫氏（復）曰：不書天者，脫之。愚謂孫說是也，豈有貶天王之理？
>
> （卷八，頁1）

按：清康熙勅編《春秋經傳彙纂》案語謂：「或疑王不書天爲闕文，則榮叔歸含賵，偶一闕焉可也，不應召伯會葬又闕（見同年三月）。」說亦合理。然則，《史記・自序》謂董仲舒稱孔子作春秋意在「貶天子，退諸侯，討大夫，以達王事」之說，或不無可取。東發尊王太過，其說似尚待商榷也。

（六）論時月日例

《春秋》爲紀年之書，所謂「以事繫日，以日繫月，以月繫時，以時繫年」也，然經文書時常有闕略之現象，解釋此現象者，約有二說：一則以爲年遠代湮，魯史已不能詳知，而孔子沿之；一則以爲此種現象不應屢有，因以爲乃孔子筆削，以示褒貶。三傳多持後說，《公羊》、《穀梁》二傳尤然。劉逢祿撰《公羊何氏釋例》，歸納《公羊傳》及《何休解詁》得例三十有六，時月日例其第四也。《公羊》多論日，《穀梁》則兼乎時、月，故較《公羊傳》例爲繁。范寧爲略例百餘條（見《集解序》楊士勛疏引），清人許桂林有《春秋・穀梁傳時月日書法釋例》四卷，其第三卷述傳，專就時月日例分類研究，第四卷爲傳外餘例。至於《左傳》，劉師培曾輯漢人說，爲《春秋・左氏傳時月

日古例考》一卷，凡分例二十五種，又有附例，書於正例子目下。據劉氏所考，《左傳》本文僅有二例，即日食例及大夫卒例耳，他皆左氏學者所造，杜預《春秋釋例》，其尤著者。以上三書今俱存，此不贅引。

考春秋於四時，雖無事亦必書首月，是可知經中於時、日若有闕而不記者，當出於脫漏。

蓋因年代遠隔無由考得，遂闕之也。陸淳云：「自文公以前，書日者凡二百四十九，宣公以下書日者四百三十二，年數略同，而日數加倍，故知久遠遺落，不與近同。」〔註25〕東發之意，與陸氏同。云：

> 事必有月日，……此記事之常，否則闕文也。今必曰以某事也，……
> 故不月以外之，故不書日以略之；及有不合，則又爲之遁其辭。（卷
> 七，頁1）

茲以日、月、時之順序，詳述東發辨駁之說。

隱公元年三月，公及邾儀父盟于蔑。不書日，《穀梁傳》云：「其盟渝也」。類似之說，又見莊公九年、十九年等處，是以不書日爲渝盟，因立爲例。然此說則反例頗多，如：桓公元年四月丁未，公及鄭伯盟于越。此書日；至十年十二月丙午，齊侯、衛侯、鄭伯來戰于郎。則盟渝矣。又：桓公十二年七月丁亥，公會宋公、燕人盟于穀丘。亦書日；而同年十二月，及鄭師伐宋。不五月而渝盟。是以東發不從《穀梁傳》，云：

> 書月不書日，先儒以爲遠也。（卷七，頁4）

可謂要言不煩。朱子答弟子問春秋當如何看？云：「只如看史樣看。」（見《語類》卷八三，總頁3464）亦正此意也。

陸淳嘗云：「凡用日月，史體當耳，非褒貶之意。」〔註26〕此乃明達之論。桓公十四年，夏五。《穀梁傳》云：「孔子曰：……立乎定、哀以指隱、桓，隱桓之日遠矣。夏，五，傳疑也。」范氏集解以爲孔子承舊史闕文之疑者。是也。考春秋用夏正，以一、二、三月爲春，四、五、六月爲夏，秋、冬類推。其書法成例：每季三月若無事，則書首月而冠以時，如隱公六年書「秋七月」是。如首月無事，而次月有事，則於第二月上冠以時，如隱公元年書「夏五月鄭伯克段于鄢」是也。至僅第三月有事，則於是月上冠以時，如隱公元年書「冬十二月祭伯來」是。今觀桓公十四年四月及六月均無事，而「五」

〔註25〕見註22卷九，頁3〈日月爲例義〉。
〔註26〕同註25〈日月爲例義・序例〉條。

字上有「夏」字，則其下缺一「月」字無疑也。東發從《穀梁傳》以爲脫文；然其引孫復及胡瑗之辨《穀梁傳》，云：「（二氏）皆曰：聖人專筆削，豈不能刊正；後人傳之脫漏耳。」（卷七，頁26）此說與東發論春秋乃直筆，無筆削之說雖異，然以爲脫漏，意猶相近也。

莊公二十二年夏五月。秋七月，……。按：五月無事而書，與春秋例以四月爲首時者乖違。何休釋之云：「譏莊公取仇國女（按：齊襄弒桓公，而莊公娶齊襄女），不可以事先祖，奉四時祭祀，猶五月不宜以首時。」考莊公於是年冬始如齊納幣，次年夏如齊逆婦，其八月丁丑哀姜乃入。豈有未娶已譏之者？《左傳》（孔氏正義引杜氏釋例轉引）謂經文闕謬，當是。東發云：

> 先儒以爲下脫文；或「五」字誤。（卷八，頁13）

桓公十七年四月無事，石經本、宋本左氏經及公羊經皆不書「夏」字。東發云：

> 闕文也，穀梁（經）「夏」字。（卷七，頁29）

（七）省文、脫文非關義例

上文嘗述及春秋經文脫略之處，茲再述省文、脫文數例：

僖公元年十二月丁巳，夫人氏之喪至自齊。按：哀姜之淫亂，幾與桓公后文姜同，故《公羊傳》藉此經文不書「姜」字，大肆撻伐，云：「夫人何以不稱『姜氏』？貶。曷爲貶？與弒公也。然則，曷不於弒焉貶？貶必於重者；莫重乎其以喪至也。」按：經文只缺「姜」字，杜預謂闕字，是也。東發從之，復於次年五月辛巳葬我小君哀姜句下，云：

> 春秋書哀姜終之以禮如此，則上文「姜氏」偶闕「姜」字，而指以
> 爲貶者，亦過矣。（卷九，頁2）

省文之例，如莊公元年三月，夫人孫于齊。不稱「姜氏」，《左傳》以爲絕之，《穀梁》以爲貶。東發云：

> 明年仍書姜氏，此恐承上文省之耳。（卷八，頁1）

又：僖公十四年春，諸侯城緣陵。《左傳》以爲不列諸侯名乃闕文，《公羊》、《穀梁》二傳則主爲齊桓公諱。東發併皆不從，云：

> 諸侯，即會于鹹（按：去年四月，公會齊侯、宋公、陳侯、衛侯、鄭伯、許
> 男、曹伯于鹹）之諸侯。再言諸侯者，中隔「秋，大雩」及「公子友
> 如齊」之文也。不再敍者，前目而後凡也。（卷九，頁13）

按：省文之說，杜預已言之，見宣公八年六月辛巳，「仲遂卒于垂」下杜注·

東發從杜氏而說之也。

第三節　孔子之特筆

　　由前二章所述，東發謂春秋爲孔子據事直書之實錄；然《春秋》絕非全爲流水帳式之紀錄，史事固眞，而書史之法，則孔子可以靈活運用，以寓其深心。是則《春秋》之眞精神也。

　　本文第一章述東發論孔子修《春秋》之主旨有二：一則尊王攘夷，一則誅篡亂，存禮法。其論孔子之特筆，亦有此二者。（前章已論者，此不復贅）；另有設辭以別嫌者，如：文公十四年冬，單伯如齊，齊人執單伯，齊人執子叔姬。《左傳》謂單伯爲周大夫。而子叔姬是文公之女，嫁齊，生舍。舍立，見弒，叔姬不安於齊，魯訴於周。王使單伯使齊歸之，齊不道而皆執之。《公羊》、《穀梁》二傳謂並執者，淫也。按：兩書「齊人」，東發云：

　　　　正不欲以姬繫於單伯，而嫌於淫也。（卷一○，頁 14）

一、寓淑世之意

　　僖公九年冬，晉里克殺其君之子奚齊。十年正月，弒其君卓及其大夫荀息。下殺上曰弒（見《左傳》宣公十八年七月），奚齊及卓皆爲君，而《春秋》書法不同，東發謂孔子意在教化，云：

　　　　晉獻公殺世子申生，逐公子夷吾、重耳，而寵嬖孽奚齊，使荀息輔
　　　　之。獻公、荀息皆非也，故獻公卒，而里克殺奚齊。里克雖不應殺，
　　　　而奚齊不應立。里克心在立正，故不書「弒」，而書「殺其君之子」。
　　　　（卷九，頁 10）

又云：

　　　　里克既殺奚齊，……荀息與國人立奚齊之弟卓。卓立踰年，已爲君
　　　　矣，克又殺之，故書「弒其君」。高氏閎集註曰：殺奚齊不恕，則後
　　　　世忠臣無以行其志；弒卓不正其罪，則後世亂臣得以肆其姦。（卷九，
　　　　頁 10～11）

由此可知《春秋》確有書法，能於一字之異而寄託淑世之深意焉。

　　宣公三年秋，宋師圍曹。據《左傳》乃曹先伐宋，宋報之也，而春秋不書曹事。《左傳》載宋公子鮑弒昭公杵臼，自立爲文公，並殺弟須，盡逐武穆之族，武穆之子以曹師伐宋。（詳文公十六年十一月，十八年及本年傳）故宋師圍曹

者，實報武氏之亂也。高閎嘗論宋之罪，云：「武氏之亂，非曹人所致也。宋不能內睦九族，而興兵以圍人之國，不亦左乎！」說固是矣。東發引胡銓春秋集善，尤能見孔子淑世之心，胡氏云：

> 宋文弒立，已爲亂階，而欲治人之亂，故春秋不書曹師（伐宋），而特書宋師（圍曹）。」（卷一〇，頁 24 引）

宣公十七年十一月壬午，公弟叔肹卒。按：叔肹，惠伯字。春秋常例：於諸侯書名而不字。東發謂此獨書字者，引《穀梁傳》謂不義其兄以殺子赤（見文公十八年十月乙亥下）而立也。又：宣公與之財，則曰「我足矣」。織屨而食，終其身不食宣公之食。是以孔子褒之也（卷一〇，頁 37）

襄公二十三年十月，齊侯襲莒。左氏載「齊侯還自晉（按：是年秋伐晉），不入，遂襲莒。」按：《左傳》莊公二十九夏云：「凡師有鐘鼓曰伐。……輕曰襲。」是謂掩其不備而攻之也。春秋書之，高閎春秋集注云：「凡用兵皆聲討執辭，若乘人不備，掩而取之，則盜賊之事。」東發引黎錞說同（卷一一，頁 44），是也。《左傳》已載魯臧武仲以鼠喻齊侯，云：「抑君似鼠，夫鼠晝伏夜動，不穴於寢廟，畏人故也。」宋·家鉉翁《春秋集傳》詳說亦云：「著爵而書襲賤之也。」

二、內華夏而外夷狄

東發以爲孔子欲攘夷尊王，每於《春秋》書法中著以特筆，如謂《春秋》僅有齊桓、晉文二霸，即以此二公始終能匡周室，外夷狄也。而秦穆公、楚莊王，東發目之爲夷狄；宋襄公實力薄弱，且嘗邀楚結盟，故併皆排除於霸主之列。〔註 27〕茲舉《日抄》中二三例以明東發之說。

僖公九年夏，公會宰周公、齊侯、宋子、衛侯、鄭伯、許男、曹伯于葵丘。序王人於諸侯之上，陳傅良《春秋後傳》謂齊桓公三會天子：僖公八年正月會於洮，序王人於諸侯上而同盟焉；於葵丘則不同盟。而僖公五年夏於首止，非但不同盟，且專在帥諸侯以會王世子。因謂桓公知節制，能尊周室，故春秋予之也。東發引述其說，亦云：

> 愚謂此春秋書法之精也。（卷九，頁 9）

宣公十八年七月甲戌，楚子旅卒。不書葬，《公羊傳》：「何以不書葬？吳楚之君不書葬，辟其號也。」《何氏解詁》：「旅，即莊王也。葬從臣子，辭當

〔註 27〕詳見拙文〈黃震的春秋二霸說〉。

稱王，故絕其葬，明當誅之。」胡傳以爲不書葬乃孔子削之，東發從之，且
盛讚公羊之說，云：

> 釋經如此，義曉然矣，非凡例比也。〔註28〕

清・齊召南《春秋穀梁傳注疏考證》，謂孔子此舉意在尊王也。

第四節　論三傳

一、經傳歧異，以經爲正

　　東發春秋學以經爲主，於傳注可通者亦加採擇；由以上三章所述可以窺
知。至經傳有歧異處，則主張以經文爲正，蓋有取於程子「春秋，傳爲案，
經爲斷；以傳考經之事蹟，以經別傳之眞僞」之說也。劉安世謂：「當經自爲
經，傳自爲傳，不可合而爲一，然後通矣。」〔註29〕與東發蓋有見仁見智之
異也。茲就經傳歧異處，述東發之說如次。

（一）異　文

　　春秋經傳異文頗多，《日抄・讀春秋》以左氏之經爲本，而註明其餘諸經
傳異文於下；以經文爲正，多未加論辨。入清，而陳萊孝有《春秋經文》三
傳異考一卷，趙坦有《春秋異文箋》十三卷，朱駿聲亦有《春秋三家異文疏》
一卷，近陳新雄先生又成《春秋異文考》一書，皆能於異文加以論說，而有
所去取，此不具述。

　　哀公十年三月戊戌，齊侯陽生卒。《左傳》載公會吳子、邾子等伐齊。齊
人弒悼公赴於師，吳子三日哭於軍門之外，吳師乃還。經作卒，傳作弒，文、
意皆殊。杜預謂齊以疾赴，故經書卒。孔穎達引襄公七年十二月丙戌，鄭伯
髡頑卒于鄵；而三傳稱子駟使賊弒之，以瘧疾赴於諸侯爲證。按：髡頑之卒，
經文書「鄭伯髡頑如會，未見諸侯。丙戌卒于鄵。」諸侯會於鄬，鄭僖卒於
鄵，二者皆鄭地，若僖果被弒，而赴以疾，諸侯豈信之乎！故東發以爲當從
經文（卷一一，頁28）。齊悼之死，孫覺、葉夢得與趙鵬飛等均不信左氏，東發
許之，且云：

> 蓋（左氏）既謂吳伐齊，齊人弒悼公以說于吳，則吳子安得三日哭？

〔註28〕《日抄》卷三一，頁19〈讀公羊傳〉。
〔註29〕明・胡廣《春秋大全・序論》，頁22引。

無此理也。（卷一三，頁 25）

東發之後，若吳澄《春秋纂言》、明‧王樵《春秋輯傳》亦謂齊爲大國，何至悼君以說吳？此又一證也。故東發云：

凡經傳不同者，但當信經。（卷一三，頁 25）

又有經傳所言當事人不同者，如一、《左傳》（文公元年四月）載晉文公之季年，衛不朝晉而侵鄭。文公卒，襄公使使告於諸侯而伐衛，晉師及南陽，先且居勸襄公先朝王于溫，而以先且居與胥臣伐衛。是伐衛者非晉侯。然經文則明書「晉侯伐衛」。東發引葉夢得《春秋讞》云：「經言晉侯伐衛，則非先且居、胥臣矣。」《左傳》雖詳於記事，而此處所記則異於《春秋》。

二、宣公十年四月己巳，齊侯元卒，齊崔氏出奔衛。《左傳》謂崔氏指杼。趙鵬飛就元與杼之時代不相值而辨左氏之誤，東發引之，云：「自是至崔杼之逆凡五十有一年。古者四十而仕，五十而爵，則崔杼之弑蓋百歲矣。」（卷一〇，頁 30）清顧棟高《春秋大事表‧三傳異同篇》因謂崔氏「約略是崔杼之祖父，不必定其爲何人。」萬斯大《學春秋隨筆》嘗就字形考察，謂當指崔夭，引豐氏說，云：「豐氏因謂氏、夭，篆文相近，蓋崔夭也，傳寫誤耳。按：僖二十八年晉楚城濮之戰，《左傳》有齊崔夭，至是凡三十四年，其人宜尚存。書此以備參考。」豐、萬二氏之說頗可喜，而是否正確，則未易遽定。雖然，《左傳》以爲崔杼，其不可信，則可斷言也。

三、襄公三十一年十一月，莒人弑其君密州。《左傳》以爲弑君者爲密州子展輿。胡安國首發其覆，云：「經以傳爲案，傳有乘謬，則信經而棄傳可也。若密州之事是矣。左氏稱莒子生去疾及展輿，既立展輿，又廢之。莒子虐，國人患焉，展輿因國人以攻莒子，弑之，乃立。信斯言，則子弑其父也，而春秋有不書乎？！」東發亦謂當以經文爲正（卷一一，頁 50）。

經傳言地名不同者，如宣公九年秋，取根牟。杜預謂根牟爲東夷之國，公羊則以爲邾婁之邑，並云：「曷爲不繫乎邾婁？諱亟也。」此說，楊士勛《穀梁傳集解》不以爲然，云：「《公羊傳》……謂母喪未期而取邑，故諱不繫邾婁也。若言諱不繫邾婁，居母之喪，（根牟）縱非邾邑，豈容無諱？或當如《左傳》以根牟爲國名也。」東發從之，引戴溪說云：

書根牟而繫於邾，知其爲國，明矣！」（卷一〇，頁 28）

其說簡明，當可取信。

東發謂經傳互異當折衷於經文；然亦有經傳孰是孰非，殊難遽定，而亦

信經不疑者。茲舉二例如次：

莊公六年冬，左氏經書齊人來歸衛俘。三傳傳文俘字作「寶」字。東發云：

> 齊人主兵伐衛（按：見五年冬），故分俘獲於諸侯。俘，三傳皆作寶，
> 諸儒多從之，胡氏（安國）以「俘厥寶玉」爲說。合以經文爲正。（卷
> 八，頁4）

按：俘，寶二字孰是孰非，歷來說者綦多，然迄無定論，東發信經而捨傳，
似未免崇經太過也。

又如：宣公元年冬，晉趙穿帥師侵崇。公羊經傳及穀梁經崇字俱作「柳」。
《公羊傳》云：「柳者何？天子之邑也。曷爲不繫乎周？不與伐天子也。」劉
敞春秋權衡辨其非，云：「信如公羊之言，柳爲天子之邑，趙穿伐之，晉罪大
矣，春秋曾無文貶之乎？」東發從之，謂當以經文爲是（卷一○，頁21）。按：
崇，柳二字之異，說者亦殊紛紜。東發以經爲是，亦未見其必然也。

（二）異　說

經傳異說，較異文尤爲複雜。茲就東發所指斥者五例，分述於後：

一、僖公二十四年冬，天王出居鄭。《左傳》：「天子無出。書曰『天王（周
襄王）出居鄭』，辟母弟（叔帶）之難也。」《公羊傳》：「王者無外。此其言出
何？不能乎母也。」《穀梁傳》：「天子無出。出，失天下也。」是三傳同辭。
東發引趙鵬飛說斥三傳之悖經，云：

> 天王出居于鄭，志出入之實爾。三傳鑿爲異端，⋯⋯夫一視同仁，
> 王者之心，此謂無外也。豈謂王者一出而遂有外乎？一舉足而出，
> 天下遂非其天下乎！（卷九，頁22）

二、文公七年八月，公會諸侯、晉大夫于扈。《左傳》謂所會諸侯爲齊侯、
宋公等，並云：「公後至，故不書所會。凡會諸侯不書所會，後也。後至不書
其國，辟不勉也。」東發據經文論之云：

> 左氏以爲公後至而諱之，殊不可曉。且夫子明書「公會」，後世安得
> 自以爲公後至耶？（卷一○，頁7）

三、僖公元年正月，齊師、宋師、曹師次于聶北，救邢。《公羊》、《穀梁》
二傳皆以爲經雖書救，而實則未救，僅次其師耳。《公羊傳》：「救邢。救不言
次，此其言次何？不及事也。不及事者何？邢已亡矣。孰亡之？蓋狄滅之。」
《穀梁傳》謂非救而書救，係「遂齊侯之意也」。啖助、劉敞等皆從之。東發
駁之云：

經曰「救邢」，說者安得他爲之辭！（卷九，頁1）

清・徐庭坦《春秋管窺》由前後史實論之，云：「邢衛接壤，狄既入衛（見閔公二年十二月），邢必望風奔潰，適三師次于聶北，遂奔三師。師逐狄人，邢是以得遷夷儀，而三師城之（同年六月）。此齊桓救邢之實也。」是邢實未亡也。

四、成公十七年春，衛北宮括帥師侵鄭。《左傳》以爲鄭侵晉，衛救之。趙鵬飛摘其謬，以爲若依左氏則經應書救晉，今乃書侵鄭，何耶？東發從之，云：

此經文之所無。但據經文謂衛侵鄭，足矣。（卷一一，頁17）

五、文公七年四月戊子，晉人及秦人戰于令狐，晉先蔑奔秦。左氏載晉襄公卒，太子幼，趙盾謀立長君，使先蔑迎公子雍于秦。穆嬴抱太子曰啼于朝，盾不得已而立靈公，乃背先蔑而陳師拒秦，自將中軍，先蔑將下軍。及菫陰，盾曰：「我若受秦，秦則賓也；不受，寇也。既不受矣，而復緩師，秦將生心。……潛師夜起。戊子，敗秦師于令狐。己丑，先蔑奔秦。」按：左氏說雖詳而有可疑，東發引趙鵬飛說，云：「晉襄之卒，於是期年，襄公之葬久矣（按：六年八月卒，十月葬），豈晉至是始謀立君？左氏之說必不然也。」又云：「左氏初言先蔑在秦；次言先蔑將下軍，則蔑在晉。蔑既逆雍于秦，則必不肯將兵以拒秦；苟已將兵拒秦，豈容復奔秦耶？理無可通者，皆失之誣也。……趙盾乃修先君之怨，以爲是戰，晉辭爲曲，蔑不用命而奔敵矣。」東發乃據經駁傳云：

據經文之次第，則傳文誠不足憑，蓋全與經相背也。（卷一〇，頁6）

漢代三傳並立，而公羊尤盛。及至漢末，鄭玄兼採三傳，而范寧繼之，〔註30〕鮮有依經疑傳者。入唐，而啖助、陸淳始疑傳文，陸氏纂例即立有「三傳得失議」一目。韓愈寄盧仝詩云：「春秋三傳束高閣，獨抱遺經究終始。」流風所被，宋人疑傳者遂多。東發主經而辨傳之失，即承此風也。

二、論三傳短長

《日抄》卷三十一〈讀春秋三傳〉，嘗論三傳之性質並及其短長。其論《左傳》，云：

左氏雖依經作傳，實自爲一書，甚至全年不及經文一字者有之，焉在其爲釋經哉！經與傳等夷相錯，經所不書者，傳亦竊效書法以附

〔註30〕詳見皮氏《經學通論》冊四春秋，〈論春秋兼採三傳不主一家，始於范寧而實始於鄭君〉條。

見其間，其僭而不知自量亦甚矣，若夫浮誇而離，品藻不公，又在
所不論也。然因其舍經而別載行事，可以驗其曾見當時國史，故讀
《春秋》者不可以廢左氏。（頁17～18）

三傳之中，東發以《左傳》爲最可取。今本《左傳》非全爲釋《春秋》而設，
其中有無經之傳，有不釋經之傳，蓋如杜預所謂「傳或先經以始事，或後經
以終義，或依經以辯理，或錯經以合異：隨義而發」也。劉逢祿嘗考其前身
爲《左氏春秋》，至漢劉歆始合之於春秋，因謂之《春秋左氏傳》。（詳《左氏春
秋考證》）《漢書·楚元王傳》云：「初，左氏傳（按：當稱「左氏春秋」）多古字古
言，學者傳訓詁而已。及歆治左氏，引傳文以解經，轉相發明，由是章句義
理備焉。」劉歆既以《左氏春秋》爲《左傳》，則必當有所潤色，上述東發論
傳文異於經者，此當爲其原因之一。然其作者必曾見諸國之史，故言事特詳，
貢獻史學特大，胡安國有「左氏敍事見本求」（《春秋傳·敍傳授節》）之贊語，
呂祖謙《左氏傳說》亦謂由《左傳》中可以「看一代之所以升降，一國之所
以盛衰，一君之所以治亂，一人之所以變遷」（看左氏規模節）。前人謂左氏爲素
相（如：《論衡·超奇篇》）、素臣（如：杜預序），其說雖不無可商；然《左傳》有
功於春秋經則可以概見。故錢穆至謂：若僅就史學之立場而論，《左傳》之價
值，尚在《春秋》之上。〔註31〕

以故東發於《左傳》所載賢君賢臣事蹟、言論之有益世教者，多加鈎稽
摘錄。至如呂相絕秦之辭，且悉爲迻錄於《日抄》中，此可見東發之重視《左
傳》也。茲舉二例以見其一斑。

如：隱公二年九月，左氏經傳載紀子帛、莒子盟于密。帛、公羊穀梁作
「伯」，東發云：

　　左氏見國史，當從左氏。（卷七，頁5）

又：隱公三年四月辛卯，左氏經傳載君氏卒。君氏，《公羊》、《穀梁》二傳皆
作尹氏。東發云：

　　以君爲尹，不免改經文；恐且當從左氏。（卷七，頁6）

以上二處，東發未經詳論，即判定當從左氏，蓋因《左傳》與經文合，且左
氏時代較早，又親見國史，故以爲其說可據也。

東發論《公羊傳》云：

　　分春秋爲三世，以所見、所聞、所傳聞爲別（詳隱公元年冬，二年三月

〔註31〕《中國史學史名著》，頁38〈春秋三傳〉。

等處），宜不苟者；而所載事迹、人名、地理，間與左氏不同。左氏
及見國史，故依之以釋經。公羊不知何所主而然，意亦別有記載之
書而集之歟？世遠不知孰是。若以次而言，且當據左氏爾。（頁18；
下同）

此論公羊不如左氏。然亦嘗贊公羊「君子大居正」之義，云：

諸儒之主公、穀者，不于其事而于其義也。公羊大居正之語（見隱公
三年十二月），固可謂能執其義之要者。

然《公羊傳》亦有言而過當者，凡例褒貶之說已見前，他如東發所述，云：

至謂權為反經，謂百世可以復讎，則非義已甚而亂之萌也。

按：桓公十一年九月，宋人執鄭祭仲，突歸于鄭，鄭忽出奔衛。公羊氏載祭
仲不從宋人「出忽立突」之計，以為稍緩之可免國亡，公羊因許以知權云：「古
人之有權者，祭仲之權是也。……權者反於經，然後有善者也。」東發力斥
其說，云：

祭仲擅鄭，賣其君以利其身（說詳《左傳》），公羊氏反賢其知權，故
誤謂權者反於經。（頁18）

至百世可以復仇之說，見於莊公四年夏，紀侯大去其國。《公羊傳》以為齊襄
公滅紀也；春秋為賢者諱，襄公雖不賢，而此舉實為復九世祖哀公為紀侯所
譖之仇也；至謂百世亦可以復仇。東發論之，云：

人殺其父，子不與共戴天，此復仇之說也（按：《禮記·檀弓上》引孔
子曰）。（頁19）

又云：

譖非手刃之也，何名讎？況九世乎！齊侯未嘗有是心，春秋未嘗有
是言。……傳有之：敵惠敵怨，不在後嗣（見《左傳》文公六年十一月，
稱「前志」云云）。齊襄公殺魯桓公，桓、襄死，而莊公與齊桓盟（見
莊公十三年冬），春秋已不非之，易世故也。況九世，而言語無迹不可
名讎者乎！（卷八，頁3）

莊公九年八月庚申，魯、齊乾時之戰，公羊又以為莊公復齊襄殺桓公之仇，
東發亦大不以為然。按：是年春，齊人殺襄公無知，夏，莊公伐齊、納齊公
子糾，而小白自莒已先入齊，莊公不知退，而自取敗。東發引趙鵬飛說斥公
羊之誤，云：「為齊主昏矣（見元年十月），從齊伐衛矣（三年正月），受齊送俘矣
（六年冬），及齊圍郕矣（八年夏），豈今一旦背好而復讎？且莊公所納者正仇之

子，而名復仇可乎！」(卷八，頁6)

　　東發論《穀梁傳》，其說較簡，然亦中肯綮。其言曰：

> 其言經，略與公羊同。其云立乎定、哀，以指隱、桓，隱、桓之日
> 遠矣（見莊公十四年五月）者，亦公羊分世言經之意也。公羊以妾母
> 夫人爲禮，而穀梁黜之。公羊以宋襄之師文王不是過，而穀梁非之
> （僖公二十三年），所見似又過於公羊。(卷三一，頁23)

茲以東發所舉宋襄事詳之。宋楚泓之戰，《公羊傳》溢美宋襄公，東發屢斥其
妄，如謂宋襄「狂愚取禍，尚自稱仁義之師。劉氏（敞）意林以爲無異盜蹠以
分均爲仁，以後出爲義也。……木訥謂公羊遂以爲文王之戰，吾不咎其與宋
襄之過，而切憤其待文王之薄也。」(卷九，頁21) 又云：

> 宋襄狂愚，殺鄰國之君以代牲（僖公十九年夏，宋襄使邾文公用鄫子于次
> 睢之社）；而反欲以不鼓不成列爲仁。文王曾有是否乎？而誣之！(卷
> 三一，頁19)

　　以上東發論《穀梁傳》雖有時優於《公羊傳》；然就全書而言，《穀梁傳》
仍不及《公羊傳》。東發云：

> 然舉大體言，則視公羊又寂寥矣。(卷三一，頁23)

　　范寧雖注《穀梁傳》而不獨主《穀梁傳》，東發引范氏論三傳得失，云：

> 左氏艷而富，其失也巫。穀梁清而婉，其失也短。公羊辨而裁，其
> 失也俗。凡皆確論云。(卷三一，頁23)

第五節　論魯國之盛衰

　　東發擅長春秋學，對先後二百四十二年事之源委、演變關鍵等，知之甚
悉。且能提綱挈領，以明國勢之盛衰。其說分見於《日抄》各年下。復於每
君之末作扼要之評語。茲論述於次。

一、春秋託始於隱公之意義

　　魯史起自伯禽開國（詳參《左傳》昭公二年），而春秋斷自隱公。欲解釋此一
問題，首須考察隱公之爲人與行事。

　　隱公名息姑（據《世本》；《史記》無「姑」字），乃惠公庶長子，與允（後爲桓
公）爲同父異母兄弟。關於隱、桓二人之出身，據《左傳》與《史記‧魯世家》

所載，知惠公元妃孟子無子。孟子卒，惠公以妾聲子爲繼室，生息姑。息姑年長，將娶宋女仲子。仲子至魯，惠公愛其美而奪之，立爲夫人，生允。允以母貴立爲太子，頗受寵幸。《公羊傳》云：「立適，以長不以賢；立子，以貴不以長。」考息姑既非嫡子，亦不貴，惠公且欲立允（《穀梁傳》說）。在此三不利之情況下，息姑仍立爲君，其所憑藉者，唯年長與賢能（《公羊傳》說）二途而已。然隱公是否賢能，則大有商榷之餘地，茲就春秋所載論之：

一、隱公二年春，會戎于潛。八月，及戎盟于唐。魯爲中原望國，而與戎人盟會，東發以爲係自貶身價，不能自強之行爲（卷七，頁 5）。

二、七年冬，周桓王命凡伯聘魯。次年春，周王又使南季來聘。周再聘魯，而隱未嘗朝王。甚至平王崩，隱亦不會葬，不貢賻賵。其不行臣職無疑，是以東發斥之云：「尚何以名秉禮之國！」（卷七，頁 15）

三、元年九月，及宋人盟于宋。四年秋，會宋公、陳侯等伐鄭。此魯助宋而伐鄭也。然六年春，鄭人來修好；八年三月，鄭割祊邑與魯。自是隱公全力助鄭，故於十年夏聯軍伐宋，取宋郜、防二地。東發謂類此由連諸侯，而摟諸侯以伐諸侯之行，日後層見錯出，天下因以益亂（卷七，頁 15）。

四、魯人得鄭祊後，鄭人未服，乃於桓公元年三月，巧取魯許田。許田爲魯朝宿之邑，今爲鄭所得，益可見魯之不復朝周矣。是許田之失，實導源於隱公之窮兵貪地。戴溪謂鄭莊詐而魯隱愚；東發謂二國皆懷利以相接，說並是也。

五、春秋初年，齊與鄭爲友國，宋與衛爲友國。齊僖公將爲鄭修好於宋衛，乃於隱公八年七月，與宋衛盟于周地瓦屋。《穀梁傳》謂此爲春秋參盟之始，隱公陰助成其事。有參盟則有盟主，漸而出現所謂霸主——挾天子以令諸侯爲實，尊王攘夷爲名之國際政治形態。（卷七，頁 12）。自孟子以下之儒者，大抵皆貴王賤霸，東發尤不以霸者爲然。隱公助成參盟，有始作俑之失。

由此觀之，隱公乃一好大喜功，不尊王室且拙於謀國之人，終被弒身死（詳見《左傳》）。東發斥之宜矣。

綜上所述，知隱公未必爲孔子心目中之賢君，而以其爲春秋之始，《公羊傳》、《穀梁傳》二傳以爲由於隱公讓國。東發謂隱公實無此意；否則，何以在位十一年仍不禪讓（卷七，頁 14）；且謂其於鄭祊志在必得，豈肯退讓一國之

君位？二傳之說不可遽信。故又云：

> 春秋特因魯史而修之，非爲魯作也，爲天下萬世之王道作也。（卷七，
> 頁 3）

二、莊公以前

　　魯自伯禽受封，號稱望國，用天子禮樂。十四世而至隱公，當春秋之初。
隱公以庶長子即位，尚能維續舊觀。時齊爲大國，與鄭結盟（隱公三年十二月）。
宋、衛於四年夏同伐鄭。隱公初與宋盟（元年七月盟宋），後則從齊伐宋，陰助
齊霸。東發云：

> 春秋之初未有伯也，而伯之漸已萌。齊以黨鄭伐宋而求魯（六年五月
> 魯齊盟于艾。七年齊侯弟年來聘。八年三月鄭伯歸祊。十年夏三國伐宋），魯
> 以受鄭祊田，忘鄭狐壤見止之讎（見六年春《公羊傳》）而從齊。故前
> 乎此，惟兩君相會，至此而諸侯參會矣（八年七月齊與宋衛盟于瓦屋）；
> 前乎此，惟敵國相攻，至此而連諸侯伐宋矣。自參盟而有主盟；自
> 連諸侯，而摟諸侯以伐諸侯。故曰伯之漸已萌也。（卷七，頁 15）

東發謂霸者懷利相接，本源不正（卷七，頁 10），使天下不得治。故於隱公之助
齊，頗有微辭，如云：

> 向使齊不私於宋（按：疑當作「鄭」），而務使宋、鄭相安；魯不貪鄭
> 之賂，而不遽從齊：則天下其庶幾乎！然則，伯之萌，齊釐（僖）
> 之爲，而魯隱助之也。（卷七，頁 15）

東發復於所撰《古今記要》中，摘隱公之失凡六，除不朝王、會戎、入祊與
取郜、防等，如上所述外，尚有下列二事（《記要》卷一，頁 4）：

　　一、伐鄭、宋、許、邾。此以好戰喜功，致凌虐小國也。

　　二、觀魚。五年春觀魚于棠。此在今日視之，不過業餘消遣；而古人則
　　　　以爲親小事，耽逸樂，馴致廢政不顧也。

　　桓公弒立，蓋急於結援以自固，故鄭莊得以璧假許田（元年三月），桓從此
不朝周矣。又取郜大鼎于宋（二年四月），以成宋華督之亂，臧哀伯諫，不聽。
天子三來聘，亦不遣一介之使。凡此，東發既斥之矣，又論其不仁，云：

> 焚咸丘、伐邾，不仁也。（卷七，頁 30）

按：七年二月己亥，因火田而焚咸丘，東發引戴溪謂古者昆蟲未蟄，不以火
田；仲春之月，蟄蟲已啓，萬物孳生，豈容以火田耶？

　　東發又論桓公於外交亦無建樹，竟隕身異國，云：

　　　　三年，娶于齊。十年因爲班後鄭，鄭忽有功于齊，請齊伐魯，與齊
　　　　戰于郎，婚姻之誼幾絕。〔註32〕自齊僖卒而襄公立（桓公十四年十二
　　　　月），十五年，魯復會齊于艾。〔註33〕十七年，雖有奚之戰（《左傳》
　　　　載齊人侵魯疆，魯抗之），十八年再會于濼。姜氏與齊襄有禽獸之行，
　　　　桓公竟見殺于齊。（卷七，頁30）

桓公之死，東發謂文姜蓋預弒（卷七，頁29）。蓋帷薄不修，難以爲國，亦無以
爲外交也。桓公亦有志於諸侯，而卒無所成，東發究其故，云：

　　　　其間會宋公（十一年九月、十二年），陳（十五年十一月）、蔡（十一年九
　　　　月，十六年正月、四月），以圖糾合乎其大；盟杞侯、莒子（十二年六月），
　　　　以圖糾合乎其小。右不正之鄭突（十一年九月）、平鄭宋之交兵，六求
　　　　宋而不得一，轉而與宋仇。雖志在諸侯，而發不以正，徒擾擾爾。（卷
　　　　七，頁30）

　　莊公，東發論其不能防諫其母文姜之荒淫，又斥其忘父事仇，求婚于齊（莊
公二十四年），致夫人哀姜通于慶父，公歿而謀篡弒，二世殱焉。〔註34〕此亦莊
公「家法不設」故也。

　　此外，東發《古今紀要》中，復論莊公之失有三：

　　一、忘親釋怨，與齊狩于緜（四年七月）。

　　二、丹楹刻桷，以誇哀姜（二十三年秋丹桓宮楹，次年三月，文刻宮桷）。丹楹、
刻桷，《公羊傳》、《穀梁傳》二傳均謂非禮。《穀梁傳》云：「禮：天子諸侯黝
堊，……丹楹，非禮也。」范寧云：「丹之者爲將娶齊女，欲以誇大示之。」
刻桷，非正也。……加之於宗廟以飾夫人，非正也。」

　　三、君權旁落於私門。莊公有三弟：慶父（按：疑當是庶兄。〔註35〕），叔
牙、季友。慶父首主兵伐餘丘（二年夏），乃三桓之始。慶父殺子般，立閔公，
後二年又弒閔公，季友立僖公。季友忠賢，生而賜氏，俾世其卿（閔公二年九

〔註32〕此責齊魯雙方，《日抄》卷七，頁23云：「齊……忘婚姻之好，合〔鄭〕師來伐。」
〔註33〕《日抄》卷七，頁27引趙鵬飛說，謂齊彭生弒桓公之禍，肇因於此。是也。
〔註34〕莊公三十二年十月己未子般卒，慶父立閔公。立二年，而慶父弒之。哀姜皆
　　　　與知之。
〔註35〕慶父，《公羊傳》莊公二十七、三十二年以爲莊公弟，《史記》、東發（《古今紀
　　　　要》）均本之。蓋非是。《日抄》卷八，頁2以爲係莊公庶兄，是也。其說本《左
　　　　傳》杜註及孔疏引劉炫。又明・張溥《春秋法書解》、清儒《春秋傳說彙纂》
　　　　亦云。

月《左傳》）：私門遂強。（卷一，頁4）按：私門之強，由於君權不振。東發重君臣上下之節，故於天下則尊周王而抑諸侯，於諸國則尙公室而抑卿大夫。三桓公魯，東發指斥其僭越。故東發論魯由盛轉衰，實由於三桓。云：

> 三桓病政，祿去公室，魯之衰自莊公始矣！（卷八，頁23）

三、閔公至文公

閔公沖年即位，旋即被弒，東發謂其無是非之可議，云：

> 閔公生八歲，而慶父立之，立二年而慶父弒之。使內無季友，外無仲孫湫言於齊，〔註36〕魯且爲慶父所纂。閔公蓋可閔而未有是非之可議也。（卷八，頁23）

東發論僖公，有取於趙鵬飛之說，得失並列。東發云：

> 世之稱其賢者，以詩有僖公之頌，〔註37〕而《穀梁》釋春秋書「不雨」，爲公之閔雨（三年正月、四月），書「雨」，爲公之喜雨也（三年六月）。然頌乃臣子頌禱之辭，皆無其實。春秋書雨，書不雨者，特以其閔民事而書；後之讀春秋者因詩有頌，以賢待公，而意其爲閔雨、喜雨爾，亦豈其實也哉！（卷九，頁25）

僖公未必如頌所詠之賢，東發嘗說之，云：

> 若其滅項（十七年夏），伐邾（二十一年冬）取須句（二十二年春），取訾婁（三十三年四月），取濟西田（三十一年春），以楚伐齊（二十六年冬），及夫人姜氏會齊侯于陽穀（十一年夏）；皆其不賢之實。而始僭禮卜郊（三十一年四月），則春秋所書，尤不賢之大者也。

僖公立三十三年，有得有失。趙鵬飛以爲《詩經》頌其美，而《春秋》言其失，因折衷而爲之說，東發引之，云：

> 僖公中材庸主也。其先任公子友則賢，其後任公遂則否。天下有霸主，則僖有以自固；中國無霸主，則僖無以自立：方齊威之霸也，服強楚（四年）、定王室（八年經及《左傳》），僖嘗與其功；及宋襄之敗也（二十一年冬），……盟于薄，公亦與其辱（是年十二月癸丑）。方

〔註36〕《左傳》閔公元年冬，載齊湫來省難，歸齊，桓公擬攻魯，湫曰：「不可，猶秉周禮。」遂止。
〔註37〕駉，美魯僖公牧馬之盛。有駜，因燕飲而頌禱豐年，亦作於僖公時，王質《詩總聞》說。泮水，記僖公十三年或十六年克淮夷後，釋菜而饗賓也。至閟宮，則記四年侵蔡伐楚事。

晉文之未興也，僖以楚師伐齊（二十六年冬），爲楚人戍衛（二十八年春），實蒙惡名；及晉文之既興也（按：東發以爲興起於二十八年五月踐土之盟），兩會諸侯（於踐土及同年冬於溫），兩朝王所（二十八年五月及冬），亦獲善譽。初任公子友也，敗莒于酈（元年十月），以責保慶父之罪。如齊涖盟（三年冬），以求與伐楚（四年正月）之功。友之如齊，以修事霸主之禮，此雖出於友，而僖公實享其榮。〔註38〕終以任公子遂也，乞師于楚（二十六年夏）以伐鄰國（冬伐齊），帥師入杞（二十七年八月），以虐小邦。如京師，而遂如晉（二十九年冬），則不忠於周（見卷九，頁30）。既取邑而又伐鄰（三十三年夏公伐邾，取訾婁。秋，公子遂伐邾），則納君于〔註39〕惡。此雖出於遂，而公亦蒙其罪。因是知僖公爲中人也。（卷九，頁35）

東發以爲趙說爲折衷之論，因錄之以俟後人考焉。

文公之世，三家始專政，而東門氏尤橫，趙鵬飛曾論及，東發引之，云：

三家之強雖自僖公，而僖公之世未嘗敢專也。至文公之世，孟氏則公孫敖爲戚之會（元年秋），垂隴之盟（二年六月）。叔孫氏則得臣會晉伐沈（三年正月），敗狄于鹹（十一年十月）。季氏則行父如陳（六年夏）、如晉（六年秋），帥師城邑（十二年十二月）。東門氏則襄仲見於經者凡九，非會（如九年三月會諸侯救鄭）則盟（如文公十六年六月及齊侯盟于郪丘），非盟則如（如二年冬如齊），非如則伐（如僖公三十三年秋伐邾）。其橫尤甚於三家。（卷一〇，頁18）

四氏所以如此專橫，東發歸咎於文公之荒怠，復引趙鵬飛說云：

極其源，皆由文公怠懦不君也。即位之初，霸主之會、鄰國之好，未嘗親之，卒以大夫往。閏月不告月（六年），常月不視朔（十六年二月至五月），怠惰庸昏，不出寢門，何以國爲？宜諸大夫互結私援，外事大國，內懷國人，而自封殖；公室寖弱，而權移於人也。（卷一〇，頁18）

此外，《古今紀要》又條舉文公失政者二端：

一、天旱而不閔：文公元年十二月至次年七月不雨，又十年與十三年之正月至七月亦不雨。而文公不舉雩祀以祈雨，知其不閔民事。

〔註38〕《日抄》卷一〇，頁2以爲在文公元年以前，大夫出會皆君命也。

〔註39〕于字原作「子」，此據四庫本《日抄》改。

二、廟損不修：十三年七月太室屋壞，《日抄》亦云：「不修故壞。書不共（恭）也。」（卷一○，頁12）

由上所述，可知文公之失政，東發非之，宜矣。

四、宣公以後

東發於宣公十八年之政事，一言以蔽之，曰循私。蓋宣公以公子遂賂齊立己之私恩，終身從齊，絕不與諸侯交。東發云：

> 公子遂賂齊殺嫡而立宣公，（見文公十八年）故宣公平生內倚公子遂及歸父父子，而外事齊，〔註40〕絕不與諸侯交。晉之所以主夏盟不能堅（十二年六月晉爲楚敗於邲），楚所能奪陳、衛、鄭、宋而有之，由齊魯私自相親，未嘗預中國之公也。（卷一○，頁39）

宣公十四年冬，公孫歸父會齊侯于穀，東發斥其禮自大夫出。明年秋，仲孫蔑會齊高固于無婁。東發嘆云：

> 大夫與大夫會，亦不自諸侯生矣。（同註40）

馴而至於宣之末年，公孫歸父欲獨攬大政，聯晉謀除三桓，反爲季孫行父所逐（十八年十月經、《左傳》）。三桓專政又復舊觀。

成公以世嫡承嗣，十八年間，國家可謂無事。然成公反季氏作風，一以事晉爲務，因大舉伐齊（二年六月），卒亦無大獲，惴惴然度日而已。東發云：

> 作丘甲（元年三月，註41），用郊（十七年九月辛丑。註42），其失不少。
> 又：內制於行父，掃四大夫之師，以報歸父謀去三桓之怨（二年六月於鞌敗齊師），外制於強晉，得汶陽之田，而復見奪（詳二年八月、八年春）。弔景公之喪（十年五月丙午）而輒見止（七月晉人止公，公留晉九月，至次年三月始返），如沙隨之會而不得見（十六年秋經及《左傳》），亦惴惴度日爾。（卷一一，頁19～20）

〔註40〕《古今紀要》卷一，頁4，謂宣公即位之月，逆女於齊以自固。
〔註41〕《左傳》謂因齊難故也。蓋指三桓懼公孫歸父以齊伐魯，故多徵兵力以傳之也。杜預云：長轂一乘，戎馬四匹，甲士三人，步卒七十二人，此甸所賦。而魯今使邱出之。按：《周禮》以四邱爲甸。今使邱供甸，是加四倍之斂（劉敞說）。東發云：「變法增賦，故書。」（卷一一，頁1）
〔註42〕周何〈春秋「用致夫人」解〉，嘗釋用郊云：「用者，借用其禮也。……借用郊禮之豐儀，行之九月之他祭耳。」《公羊》、《穀梁》二傳（僖公八年七月）皆謂用者，不宜用也。

襄公享國三十有一年，亦云久矣，而內外受制，不能自立。東發述其重大行事，云：

> 襄公四歲即位，權在仲孫蔑、叔孫豹、季孫行父及其子。季武子作三軍，以分公室（十一年正月，註43）。然自即位至十五年，皆晉悼公再伯之十五年，國以無事。悼公既沒，困於齊（十六、十七、十八年秋）、邾（十七年冬）、莒（十二年三月），晉平公爲之平齊（十九年冬）、邾（十九年正月）、莒（二十年正月），稍吐氣矣。及平公與楚盟於宋、與楚弭兵（二十七年七月），楚遂橫行中國。公兩事晉楚（二十八年八月仲孫羯如晉，十一月公如楚），見辱於楚（二十九年正月公仍在楚，《左傳》謂二十八年十二月楚康王昭卒，楚使公親襚；公惡之。）得脫而歸（二十九年五月）。不自痛恨，反效夷言，作楚宮（三十一年六月），卒沒于楚宮。是豈能自立者哉！（卷一一，頁50～51）

昭公在位，多於襄公一年，抑鬱失志，政績尤下。終而客死異國，乃魯十二公中之尤弱者。東發云：

> 昭公十九歲猶有童心。〔註44〕既立，事晉，晉以政不在公，寧失公而不失其大夫，七如晉而五不得入。〔註45〕及不勝其憤而攻季氏（二十五年九月《左傳》），寧如齊而不如晉，齊晉皆莫救，而客死乾侯。（按：

〔註43〕三軍之辭，說者甚多。《公羊傳》謂三軍即三卿，《穀梁傳》謂：作，爲也。古者諸侯一軍。《左傳》謂「三分公室，而各有其一」。後世言魯三軍者，約有三說：一、胡傳據魯頌「公車千乘」、「公徒三萬」等語，謂舊有三軍，今廢之而三家各有其一。二、杜預以爲魯本無中軍，唯上下二軍；有事，三卿更帥以征伐。今季氏始假立中軍，以專其民人。按：上蓋因後昭公五年有舍中軍之舉而云然。三、鄭樵以爲宣、成以來，魯有五卿，卿各專一軍；及季氏逐東門氏，又將逐臧孫紇，東門與臧孫氏弱不能軍，故三家分爲三軍而專之。是謂魯至是合併五軍爲三軍也。東發《日抄》述第二、三兩說，以爲第三說較合情實（卷一一，頁21）。後又謂魯初有二軍，至季氏始作中軍爲三軍，而三家分之（卷一二，頁4，《古今紀要》同），則又從第二說。其讀《公羊傳》（昭公五年）則謂季氏於三軍之外，私立中軍，四分公室而有其二（卷三一，頁19）。則又別立一說矣。諸說雖不同，而謂季氏僭竊則一也。

〔註44〕襄公三十一年九月孟孝伯卒，昭公年十九。《左傳》載批評昭公之言，云：「是人也，居喪而不哀，在慼而有嘉容。」比及葬，三易衰，而昭公衰裳如故衰。以是知其猶有童心。

〔註45〕二年冬、十二年夏、十三年十月、二十一年冬，公如晉，皆至河乃復，二十八年三月、二十九年春公如晉，次于乾侯。是不入晉者有六次，東發蓋未計末一次。而二十三年冬，公亦至河，有疾乃復，東發亦不予計入。

晉邑）鳴呼悲夫！（卷一二，頁25）

按：自昭公謀攻季氏，孟孫、叔孫二氏棄甲，昭公如齊之後，春秋凡兩書公如齊（二十七年春、十月），三書公如晉，兩書唁公（二十九年春齊使來、三十一年四月晉使來。東發謂不納公而來唁，非矣，卷一二，頁23）五書居鄆，四書公在乾侯，以至于薨。（卷一二，頁21）東發引其本師王文貫說，謂：「齊取鄆居公，鄆畏齊不敢叛。既舍齊而之晉，故鄆亦叛之，自此一邑亦無有，而終于乾侯矣。悲夫！」（卷一二，頁23）

定公中興，有以自立。東發慶幸之，云：

定公當昭公失國之後，親征伐、親會盟。用孔子以相夾谷（十年夏《左傳》。〔註46〕）用子路墮三都（十二年夏），三桓爲之稍戢。公薨而哀公立，三桓復橫。然則，定公其十二公之自立者歟！（卷一三，頁17）

定公雖能自立，然亦有失；即勞民是也。十三年夏築蛇淵囿。東發引許翰《春秋傳》曰：「圍成弗克（十二年十二月），歸而力此，何振之有？」更引趙鵬飛說云：「成公築鹿囿（十八年八月）、昭公築郎囿（九年冬），定公築蛇淵囿，一國而爲囿者三；且築而虞之，芻蕘雉兔者何爲哉！」（卷一三，頁12）。又：十四年秋城莒父及霄，東發復引趙氏曰：「一時而城二邑，勞民甚矣。」（卷一三，頁14）

定公雖能持國柄，貶抑三家；然陪臣則代三家而崛起，如季氏之陽虎、公山不狃、叔孫輒，侯犯之於叔孫氏是也。東發因謂定公之暫復兵權，正是「下陵上替，魯之變愈降爾」（卷一三，頁6）。是以孔子既行，而三家復張，哀公立而仍爲彼所制也。哀公之世，大夫之專橫可由伐邾一事見之；東發引趙鵬飛說，云：

定公之世撫邾甚厚，邾亦事魯甚勤（由定公十四年秋邾子來會，次年正月來朝，可知）。邾、魯之好，實出於定公，諸大夫不欲也，故公未瞑目而城漆（定公十五年冬）。哀公即位，席未溫，而何忌伐邾（元年冬），明年三大夫並出而取其田。以邾近於魯，利土地也。（卷一三，頁17）

不僅此也，三年五月季孫斯、叔孫州仇帥師城啓陽，趙氏又云：「蓋地在今沂州，地近邾。……疑邾之伐我，故帥師城邑以脅之，此備邾也。」（卷一三，頁19引）同年十月，叔孫州仇，仲孫何忌果帥師圍邾。六年冬，仲孫何忌獨伐邾，

〔註46〕東發引《左傳》載夾谷之會，孔子相，却萊夷，辭野享；齊人謝過，歸其侵疆鄆、讙、龜陰之田。而又引葉夢得、朱子之說，謂夾谷之事乃匹夫之勇，智者所不爲，孔子豈爲之乎？

東發云：

> 三家同利邾，而何忌爲甚。（卷一三，頁22）

哀公之失，東發以爲尚有二端：

一、勞民虐隣：四年夏城西郛、五年春城毗，六年春城邾瑕。凡哀公之築城，杜預皆謂備晉，趙鵬飛駁之，云：「晉越齊、衛而後至魯，魯何虞而備晉？」是當爲備邾也。趙氏云（六年城邾瑕）：「奪其險以要其服，如城鄭虎牢（襄公二年冬）之類也。今城邾瑕，而多伐邾。明年又伐邾，以邾子來。邾失其險，無以抗魯也。」（卷一三，頁21引）合上述三家之利邾，可知魯虐弱隣之一斑矣。

二、親夷狄而攻華夏：僖公至宣公時楚強，魯事楚。哀公時吳強楚衰，魯改事吳，如七年夏，公會吳于鄶。東發云：

> 蓋邾，吳之與也，魯將伐邾，而會之。

《左傳》且載吳求百牢（按：天子僅十二牢），魯不得已而予之；吳盟于城下而還。十年二月，公會吳伐齊。東發引王文貫說，云：「魯爲吳伐，盟于城下。今又會吳伐齊，是不能令而受命也。僖與宣嘗用楚伐齊，……猶借之以釋憾。今會吳伐齊，直爲吳之役而已。助夷賊夏，魯周公伯禽之風於是掃地。」（卷一三，頁24～25）終哀公之世，春秋四書「會吳」，蓋吳欲圖霸，而魯助之也。哀公親夷狄，當孔子親見之世，故據魯史修春秋，以尊王攘夷爲己任，哀公之作爲殆有以啓之歟？

第陸編　黃震之諸子學

第一章　辨偽書

　　治學之目的，在求眞知。古籍浩繁，眞偽雜陳。四部偽書，以子爲盛，〔註1〕故歷來辨偽者多致力於斯。

　　辨偽之學，自孟子「不盡信《書》」始。其後韓非重視參驗、司馬遷考信於六藝，凡此，皆能啓發後人辨偽之觀念。泊班固著《漢書・藝文志》，有指某書爲偽託者，〔註2〕爲辨偽工作之濫觴。其後，風氣益開，〔註3〕偽書因多佚而不傳。乃魏、晉之世，偽作之風復熾。〔註4〕唐韓愈因主讀書須先明辨正偽，〔註5〕其友柳宗元所判偽書，已有《文子》等六種。〔註6〕至宋而歐陽修、王安石與蘇軾輩出，由懷疑古人經說，進而及於傳統所謂經書之作者，〔註7〕辨偽之風復振。朱子於諸經，多置疑詞，〔註8〕於諸子亦然；四傳而得東發，益踵武前修。東發所辨偽書，徧及經、子四部，而以子書爲主。《日抄・讀諸子》凡五十四部，或辨其眞偽，或論其學說，鉅細靡遺，蓋已竭其心力矣。其辨偽方法甚爲進步，不僅遠邁考亭，即於近人亦不多讓。惜未有闡發之者，爰成斯編。

〔註1〕本明・胡應麟（西元1551～1602年）說，見所著少室山房筆叢（以下簡稱「筆叢」）卷三二，頁13丁部四部正譌下篇。

〔註2〕例如：諸子略小說家伊尹說二十七篇，又黃帝說四十篇下，班固自注。

〔註3〕班固之後，有馬融疑河內女子所獻《尚書・泰誓篇》，見《後漢書》卷九〇上〈馬融傳〉。臨孝存、何休等駁斥《周禮》。皆其例也。

〔註4〕參羅根澤〈尹文子探源〉，見《古史辨》第六冊，頁256。

〔註5〕見《韓昌黎文集校注》卷三，總頁99〈答李翊書〉。

〔註6〕即辯《列子》、《文子》、《鬼谷子》、《晏子春秋》、《亢倉子》與《鶡冠子》等，詳《柳河東集》卷四總頁47～50。

〔註7〕詳參屈導師翼鵬先生《書傭論學集》，頁237～242〈宋人疑經的風氣〉。

〔註8〕除疑《周禮》外，朱子並疑《尚書》古文及書序。於《詩經》雖不疑，然於〈詩序〉，則作有系統之掊擊，著有《詩序辨說》。

第一節　辨僞書之方法（一）

東發於度宗咸淳四年輪對，剴切陳詞，有云：

> 夫天下之說，有眞有僞，有正有邪。邪者未能洞照，則正者非實得；
>
> 僞者未能盡絕，則眞者尚雜粹。〔註9〕

此爲東發諸子學之總綱。學說之善惡，固不可不察，而書之眞僞，尤不可不辨。東發治學謹嚴，混珠之作，務在棄絕，以防學者陷溺於僞書。故於諸子，必先辨其書之眞僞，繼而論其說之正邪。易言之，即以辨僞書作爲論學說之基礎也。

東發治學，信則傳信，疑則闕疑，有得於孔門之教。〔註10〕如〈讀孔子家語〉云：

> 家語莫考纂述何人，相傳爲孔子遺書。〔註11〕觀相魯，儒行及論禮、
>
> 樂等篇，揆諸聖經，若出一轍；乃各篇中，似尚有可疑處，蓋傳聞
>
> 異辭，述所傳聞又異辭。（中略）或有疑是書爲漢人僞托，此又不然。
>
> 然盡信爲聖人之言，則亦泥古太甚。夫去聖已遠，何從質證？〔註12〕

年世暌隔，無由驗證，爲辨僞工作之一大拘限。東發能明世異時移之故，而闕其所疑，故有一義未明，則不置然否。如：〈讀列子〉云：

> 其書八篇，雖與劉向校讎之數合，實則典午氏渡江后，方雜出於諸
>
> 家，其皆列子之本眞與否，殆未可知。〔註13〕

據張湛序所云《列子》之來歷，離奇而駁雜。〔註14〕以其駁雜，未能必其盡是；以其離奇，又似爲後人依託。是以東發疑之也。

東發致疑之子書，除上述外，尚有《商子》、《愼〔註15〕子》、《申鑒》、《劉子》、《抱朴子》與陸賈《新語》等，〔註16〕計八部。此非其辨證功夫不密，

〔註 9〕　《日抄》卷六九，頁 5〈戊辰輪對箚子第二箚〉。

〔註10〕　《論語・爲政篇》有「多聞闕疑」之語。

〔註11〕　《漢志》有二十七卷；《隋書・經籍志》存二十一卷，王肅解；《唐書・藝文志》（以下簡稱「唐志」）則又僅存十卷。皆未著撰者。

〔註12〕　見《日抄》卷三二，頁 1。又參同書卷四二，頁 2〈讀（張）橫浦日新〉。

〔註13〕　《日抄》卷五五，頁 10〈讀列子〉

〔註14〕　《列子・張湛序》謂其父避亂江南，時家傳僅存〈楊朱〉、〈說符篇〉與〈目錄〉計三卷。後又得四卷於劉正輿家，得六卷於趙季子家，因爲參校，乃成八篇之本。

〔註15〕　各本《日抄》「愼」字均誤作「眞」字。下同。

〔註16〕　均詳下辨諸家僞書，並參第三節所列表。

乃由其辨僞態度謹嚴也。

　　明胡應麟嘗揭舉八種覈驗僞書之法，云：

　　　　覈之七略，以觀其源。覈之群志，以觀其緒。覈之並世之言，以觀
　　　　其稱。覈之異世之言，以觀其迹。覈之文，以觀其體。覈之事，以
　　　　觀其時。覈之撰者，以觀其人。〔註17〕

辨僞法則之提出，此爲最早，東發所用方法，實已暗合其說。近人梁啓超《古
書眞僞及其年代》所論辨僞方法，多本胡氏之說，而益加推闡，頗爲詳密；
〔註18〕其與東發，尤多契合。茲依道、儒、法、兵、雜家，以及仙、緯書之
序，分述東發辨僞之說，然後加以歸納，庶可見其辨僞方法之一斑。

一、辨道家僞書

　　東發辨《鬻子》之僞，嘗以《漢書·藝文志》爲據，以斷其僞作時代。
考劉歆《七略》爲中國書志之始，班固據以成《漢志》，故《七略》雖亡，猶
可於《漢志》見其梗概。《日抄·讀鬻子》云：

　　　　（唐）逢行珪序其書曰：「（鬻）熊，楚人。年九十見文王，王曰：『老
　　　　矣！』熊曰：『（中略）使臣坐策國事，尚少也。』文王遂師之。」〔註
　　　　19〕故其書首之以「文王問」。此必戰國處士假託之辭，蓋自《漢（書）·
　　　　藝文志》已有其篇目。〔註20〕

按：孟子嘗斥戰國處士橫議，東發然其說，〔註21〕以爲今本《鬻子》之議論，
頗類戰國處士；而《漢志》已著錄，〔註22〕因定其書出戰國處士之手。此說，
後世唯胡應麟從之。〔註23〕明楊愼云：賈誼《新書》所引七條，今本《鬻子》
俱無；又《昭明文選》注引一條，今本亦無。〔註24〕《四庫提要》因疑唐以
來好事者所僞託。〔註25〕東發因《漢志》已著錄，而定爲戰國時所僞託，殆

〔註17〕見《筆叢》卷三二，頁13丁部四部正譌下篇。
〔註18〕屈導師翼鵬先生《古籍導讀》，頁68。
〔註19〕東發所引逢氏序文字稍有更易。
〔註20〕《日抄》見卷五五，頁14〈讀鬻子〉。
〔註21〕《古今紀要》卷一，頁39〈戰國紀要〉別立「處士橫議」一門以斥之。又參
　　　　《日抄》卷五二，頁5～6〈讀戰國策〉。
〔註22〕《漢志》諸子道家類有《鬻子》二十二篇。
〔註23〕《筆叢》丁部卷三一，頁4「四部正譌」中。
〔註24〕《升庵外集》卷四八，頁6〈子說鬻子條〉。
〔註25〕《四庫提要》卷一一七，頁3〈雜家類一〉。

未深考也。

《關尹子》，宋陳振孫嘗以其書雖見於《漢志》，然隋、唐志等已不復著錄；今本乃徐蒇得於孫定。孫氏何所傳受，則不可考。〔註26〕東發以其來歷可疑，而定其僞，云：

（劉向）序以爲關尹喜之書，漢有方士來上。則其僞可知矣。〔註27〕

按：《關尹子》前有所謂劉向序錄者，言其書出現原委，云：「蓋公授曹相國參。相國薨，書葬。至孝武皇帝時，有方士來，以七篇上。」〔註28〕蓋公授書事，史所不載；稱方士所上，亦頗離奇。故東發乃斷言其僞也。

《文子》之僞，班固已言之，〔註29〕乃北魏李暹序云：

文子姓辛，名鈃，葵邱濮上人，號曰計然。范蠡師事之。本受業於老子，錄其遺言爲十二篇。〔註30〕

此以爲文子於周平王時（按：其書稱周平王問）嘗師老子，而又以爲春秋戰國間范蠡所師事。東發力辨其僞，凡舉四證。其一即駁李氏序之謬，云：

孔子後於周平王幾二〔註31〕百年，及見老子。安有生於平王之時者，先能師老子耶？范蠡，戰國人，又得尚師平王時之文子耶？〔註32〕

東發謂孔子及見老子，此說雖有問題；〔註33〕然其辨李序之謬，則甚是。文子與老子既不同時，二人思想亦互異，東發云：

老子所談者清虛，而計然所事者財利。

徵諸《老子》書與《史記‧貨殖列傳》，知東發之言是也。東發復云：

其書述皇、王、帝、霸，而霸乃「伯」字，後世轉聲爲「霸」耳。

〔註26〕《直齋書錄解題》卷九，總頁279。

〔註27〕《日抄》卷五五，頁13〈讀關尹子〉。

〔註28〕見四部備要據墨海金壺校刊本《關尹子‧序》，頁1。

〔註29〕《漢志》諸子略道家類《文子》九篇自注：「老子弟子，與孔子並時，而稱周平王問，似依託者也。」

〔註30〕見四部備要據守山閣叢書本校刊文子，余有丁序引〈李暹序〉。

〔註31〕《日抄》原無「二」字，元刊本《日抄》有「一」字；《永樂大典》卷一〇八二六，頁24引作「二」字。按：孔子生於周靈王二十一年（西元前551年），上距周平王之薨（西元前720年）爲百七十年；幾二百年也。故大典所引蓋是，當據補之。

〔註32〕《日抄》卷五五，頁12〈讀文子〉。下引同。

〔註33〕歷來辨證《老子》者甚多，至清‧汪中（西元1744～1794年）《述學‧老子考異》出，而定其書爲戰國時周‧太史儋所作。予嘗就有關老子之原始資料，綜而論之，成〈綜論老子其人其書〉一文，刊於《幼獅月刊》三十六卷2期。

平王時未有霸之名。

按：霸字，許慎《說文解字》云：「月始生魄然也。」《尙書‧康誥》及〈顧命篇〉有「哉生霸」之語，均用其本義。段玉裁注說文，以爲後世「魄」行而「霸」廢，俗用爲王「霸」字，實「伯」之假借字也。是知東發所說良是。東發復謂文子中，有相坐之法與減爵之令，并託爲老子言。〔註34〕實則，秦孝公十二年商鞅變法，始有其制。〔註35〕東發因判其僞。至僞作此書者，東發以爲即其注者默希子。此說思未的也。（詳下）

東發嘗因《莊子》中有「六經」一詞，而疑其非盡出自莊周，云：

六經之名始於漢，而《莊子》之書稱六經，意《莊子》書亦未必盡出於莊子。〔註36〕

按：六經一詞，究起於何時，迄未能定。屈師翼鵬先生以爲《禮記》有〈經解〉一篇，徧論諸經。《禮記》雖編成於漢世，而六經之名，則戰國晚年以來已有。〔註37〕〈經解篇〉有「易曰：『君子愼始！差若毫釐，繆以千里。』」等語（當是易傳），不見於漢以來所傳易經。因疑其作於秦焚書前。〔註38〕後以樂經亡佚，〔註39〕故名五經，如陸賈《新語‧道基篇》、〈術事篇〉等所稱者。《史記‧儒林傳》不記樂經之授受，武帝建元五年（西元前136年）且僅立五經博士。樂經何時亡佚，雖不可考；然六經之名，當起於秦焚書前。東發以爲六經一名出於漢，因言《莊子》中凡六經一詞之篇（如：〈天運〉、〈天道〉與〈天下篇〉等），皆出於漢。此說然否雖尙待商榷，然上述《莊子》諸篇，雖非莊周自著，宋以來辨之者已多，東發之說，蓋有啓迪之功焉。近人郎擎霄嘗論之云：

東發斯種疑古之論最精闢，爲開後世考證學之先河也。〔註40〕

《史記》言莊子中有關亢桑子事，皆空語無實。〔註41〕今本《亢倉子》謂周靈王嘗禮致之，又拜其爲亞尹。〔註42〕東發駁其「妄自標榜以欺世」，

〔註34〕《文子》卷下〈微明篇〉。《日抄》「減」字漏刻爲「咸」。
〔註35〕《史記》卷六八〈商君列傳〉。
〔註36〕《日抄》卷五五，頁3〈讀莊子〉。
〔註37〕見所著〈二戴記解題〉，刊於《中央研究院民族學研究所集刊》第32期總頁303。
〔註38〕本屈導師翼鵬先生說。
〔註39〕樂經後佚，係今文家說。
〔註40〕見所著《莊子學案》，頁339。
〔註41〕《史記》卷六三〈莊周傳〉。
〔註42〕〈致禮事〉見《亢倉子》卷一，頁10，〈拜官事〉見同卷，頁17～18。

皆僞作者所捏造。〔註43〕其〈政道篇〉又有「自鄉而縣，自縣而州」〔註44〕之語。按：《左傳》宣公十一年（西元前 598 年）載楚莊王殺夏徵舒，滅陳。欲以爲楚縣，因申叔諫而止。「乃復封陳，鄉取一人焉以歸，謂之夏州。」此爲鄉、州、縣並稱之始。然既非常制，亦與後世自鄉、縣，以至於州之制度不同。東發因判《亢倉子》所稱，乃後世之區畫。又判《亢倉子》「被以青紫章服」之語，亦爲後世之品式。〔註45〕《亢倉子·賢道篇》有「吾誰私兮，羌忽不知其讀」之語，〔註46〕乃楚辭體。〈政道篇〉及他篇中，字多用古文，〔註47〕東發斥之，以爲「欲以自蓋其今文而益彰者也」。

世傳有河上公老子注，晉葛玄序其書云：

> 河上公者，莫知其姓名也。漢孝文皇帝時，結草庵于河之濱，常讀老子道德經。文帝好老子之言，（中略）有所不解數句，時天下莫能通者。聞侍郎裴楷說河上公誦老子，（中略）即從詣之。（中略）須臾，河上公即拊掌坐躍，冉冉在虛空中，（中略）即授《素書》、《老子道德經章句》二卷。〔註48〕

按：河上公蓋即《史記》所載之河上丈人。漢初蓋公治黃老言，曹參嘗於惠帝元年（西元前194年）師事之，〔註49〕《史記》稱其六世本師爲河上丈人，〔註50〕其時代約當戰國晚年。葛氏序謂其與漢文帝同時，東發既覺其非，又謂裴楷乃晉人〔註51〕非漢人；並推證河上公必無授書文帝事，云：

> 不知漢文帝在位二十二年，僅常勞軍及郊雍，未嘗幸河上。

《史記》載文帝十四年（西元前166年）冬，伐匈奴，勞軍隴西、北地、上郡及渭北。次年四月幸雍，郊見五帝。又越年（西元前164年），亦郊見渭陽五帝廟。〔註52〕東發所說甚是，文帝絕不可能與先秦之河上公謀面也。唐劉

〔註43〕 《日抄》卷五五，頁 13〈讀亢倉子〉。下引同。
〔註44〕 見《亢倉子》卷一，頁 13，下引「被以青紫章服」句同。
〔註45〕 《日抄》「被」字，原作「被」，此據《元刊本日抄》校改。
〔註46〕 《亢倉子》卷一，頁 29。
〔註47〕 如卷一，頁 10「（近古以來）敦方靜退者鱻，姦者出言，長於忠言」之語。《周禮》天官庖人鄭玄注：「鱻，鮮也。」是鱻、鮮，古今字。
〔註48〕 《日抄》卷五五，頁 1〈讀老子〉。下引同。
〔註49〕 《史記》卷五四〈曹相國世家〉。
〔註50〕 見卷八〇〈樂毅列傳〉。
〔註51〕 裴楷字叔則，《晉書》卷三十五有傳，其人約生於魏齊王芳正始初年，至晉惠帝元康末年在世。
〔註52〕 俱見《史記》卷一〇〈孝文本紀〉。

知幾云：若文帝親受書，則書當入祕府，何以七略無有著錄？〔註53〕清俞
樾亦謂：以注附經，西漢無此例。〔註54〕是葛氏序甚鄙陋，〔註55〕東發因
斥云：

> 其說全類市井〔註56〕小說，略不知古今！

二、辨儒家僞書

先秦子書自著者甚寡，後學編集其書，亦多未能立其條例，使首尾連貫。
作僞者復加竄易，故思想益不能一貫。柳宗元嘗以思想系統而辨《晏子春秋》
爲齊地墨者所爲，東發然之。〔註57〕又《曾子》中亦雜有《老子》之說，如
〈制言上篇〉有「良賈深藏若虛」〔註58〕之語，東發首以此而判其僞。〔註59〕

史、漢〈陸賈傳〉載陸氏所著《新語》，謂欲以崇詩、書說高祖，〔註60〕
然今本《新語》此意甚微。東發首啓疑竇，云：

> 若賈本旨謂：天下可以馬上得，不可以馬上治之意，十二篇咸無取
>
> 焉。則此書似非陸賈之本眞也。〔註61〕

按：近人孫次舟亦謂：其書既非奏議體裁，又非臣下對君語氣，僅泛論成敗
得失，揆諸史籍，有所不合；因疑其僞。〔註62〕此可與東發說相互發明，《新
語》之書，益可疑矣。

東發以董仲舒《春秋繁露》爲子書，而辨其僞。首就《漢書·董氏傳》載
其「說春秋事得失，聞舉、玉杯〔註63〕、蕃露、清明、竹林之屬，（中略）數十
篇，十餘萬言。」及唐顏師古注：「皆其所著書名」等語爲準；又考《隋志》、《唐
書藝文志》與宋仁宗勅編之《崇文總目》等，僅著錄十七〔註64〕卷，八十二篇；

〔註53〕《唐會要》卷七七總頁 1408〈論經義〉。

〔註54〕見《九九消夏錄》卷三，頁 6，俞氏謂：至馬融作〈周禮傳〉，始以注附經；
　　　因亦疑老子河上公注之僞。

〔註55〕同註 53。

〔註56〕「井」字，《日抄》原誤作「并」。此據《元刊本日抄》校改。

〔註57〕《柳河東集》卷四總頁 49～50〈辯晏子春秋〉。《日抄》卷六〇，頁 4〈讀柳文〉。

〔註58〕《史記》卷六三〈老子傳〉引，以爲老子告孔子語。

〔註59〕《日抄》卷五五，頁 6〈讀曾子〉。

〔註60〕見《史記》卷九七，《漢書》卷四三〈陸賈傳〉。

〔註61〕《日抄》卷五六，頁 14〈讀陸賈新語〉。

〔註62〕見《古史辨》第四冊，頁 119 孫氏所著〈論陸賈新語的眞僞〉一文。

〔註63〕「杯」字，《日抄》形誤作「林」，此據《春秋繁露》校改。

〔註64〕各本《日抄》，均誤作「七十」，此依《隋志》改作。

〔註65〕其後高宗朝《中興館閣書目》，則止存十卷，三十七篇。〔註66〕因言：

> 合此三說觀之，是隋、唐、國初，繁露已未必皆董仲舒之舊。中興
> 後，繁露又非隋、唐、國初之繁露矣。〔註67〕

時代愈晚，篇數愈少，或因散佚，固未可遽定其僞；然以篇名爲書名，則其僞託之成份甚大。東發又云：

> 新安程大昌讀《太平寰宇記》及杜佑《通典》，見所引繁露語，言：
> 「今書皆無之，因知今書之非本眞」。又讀《太平御覽》（云：）「古
> 繁露語特多。御覽，太平興國間編葺，〔註68〕此時繁露尚存，今遂
> 逸而不傳。」。〔註69〕

古本繁露爲《太平御覽》等所徵引者，而今本無其文，是今本當有脫佚。東發從程氏之說，是也。

劉向《說苑·敍錄》，嘗言校讎此書時，已除去與《新序》重出者，故凡所輯均可觀。而今本則不然，東發云：

> 桑谷之祥，既以爲太戊，又以爲武丁。於書則武丁乃鼎雉之事耳。
> 〔註70〕龍蛇之章，既以爲介之推，又以爲舟之僑。於傳則僑乃戮於
> 城濮之役耳。〔註71〕

此言一事兩傳，而必有一誤者。此類情事，宋黃朝英靖康湘素雜記已列舉三則，〔註72〕葉大慶《考古質疑》復摘九則。〔註73〕東發之後，清葉時學所舉至一百九則。〔註74〕至其與《新序》重出而異者，東發亦舉其說，云：

〔註65〕《隋志》卷一春秋類，《舊唐書》卷四六經籍上春秋類，《新唐書》卷五七〈藝文志〉甲部春秋類，《崇文總目》卷一，頁25春秋類。

〔註66〕其書已佚，此見近人趙士煒《中興館閣書自輯考》卷一，頁19春秋類。

〔註67〕上引東發之語，均見《日抄》卷五六，頁24～25。

〔註68〕詳見所著《演繁露》卷一，頁2〈祕書省書繁露後〉。唯「葺」字作「輯」。《太平御覽》引繁露計有四十四處，哈佛燕京社所編引得頁98有輯。

〔註69〕《日抄》卷五六，頁25〈讀春秋繁露〉。按：東發所引程氏語，略有改易。

〔註70〕《說苑》卷一，頁12～13〈君道篇〉，載武丁以桑穀生於朝爲亡國之兆，因修德以立國，卒能轉禍爲福。同卷，頁12則以此事屬太戊。《尚書·高宗肜日篇》載飛雉升鼎耳事，係高宗身後事，見屈導師翼鵬先生《尚書釋義》，頁52～53。東發仍舊說，以爲高宗事，而誤加牽合。

〔註71〕見《說苑》卷六，頁3～4〈復恩篇〉。宋葉大慶《考古質疑》卷四，頁2～3，亦以其事應屬介之推。《日抄》卷五六，頁20〈讀說苑〉。

〔註72〕見是書卷七總頁頁39，《四庫提要》卷九一，頁17僅引其首二則。

〔註73〕見卷四，頁1～6有八則，其中第三則分爲二，故計有九則。

〔註74〕《四庫提要辨證·子部》，頁25〈新序〉引《葉氏攷山筆話》（卷五）。

鴻鵠六翮之喻，《新序》以爲固〔註75〕桑告晉平公，《說苑》以爲古
乘告趙簡子。〔註76〕不屑扶君之事，《新序》以爲虎會事趙簡子，《說
苑》以爲隋會事晉文侯。〔註77〕君不能致士之說，《新序》以爲大夫
對衛相，《說苑》以爲田饒對齊相。〔註78〕宗衛解衣就鼎，以諫佛肸
之說，《新序》以爲田單，《說苑》以爲田基。〔註79〕

兩書同定於一人，而互異如此，實令人費解。如紋錄不誣，則《說苑》必經
後人附益也。東發又摘其自相矛盾者一則，云：

嚴則喑〔註80〕聾之訟，一以爲公叔文子告楚，一〔註81〕以爲晏子告
齊。〔註82〕

今本《說苑》所以如此駁雜，即因十五篇爲後人所補之故也。考《崇文總目》
載《說苑》僅存五篇，曾鞏校其書求得十五篇，以足劉向二十篇原數，〔註83〕
致有重複、異同與矛盾，如上所言者。東發因謂其未必皆劉向之本眞。〔註84〕
其說良是。

　　《日抄》論《文中子》雜有《老子》說，云：

要其指歸，大要亦不出《老子》慈儉之說，於聖門未有得焉。〔註85〕

王通於隋、唐間爲儒者所稱，亦自效法周公所爲，〔註86〕其說當不雜道家思
想。而今本《文中子》多用《老子》，東發詳言之，云：

〔註75〕各本《日抄》「固」字作「因」，此據《新序》校改。
〔註76〕詳見《新序》卷一，頁9～10〈雜事一〉。《說苑》卷八，頁10～11〈尊賢篇〉。
〔註77〕《新序》卷一，頁5～6〈雜事一〉。《說苑》卷八，頁14～15〈尊賢篇〉。
〔註78〕所引《新序》文，未詳所出。《說苑》見同註71頁12。
〔註79〕《新序》卷八，頁2～3〈義勇篇〉。《說苑》卷四，頁9～10〈立節篇〉。
〔註80〕《日抄》「暗」字漏刻作「音」，此據《新序》與《說苑》校正。
〔註81〕《日抄》「一」字原作「說苑」二字，《元刊本日抄》既無「一」字，亦無「說
　　　苑」二字。依上下文，疑原刻本《日抄》脫「一」字，清刊本《日抄》乃補
　　　「說苑」二字。
〔註82〕《說苑》見卷七，頁2〈政理篇〉，又卷九，頁19〈正諫篇〉。
〔註83〕見《元豐類稿》卷一一總頁95〈說苑目錄序〉。
〔註84〕按：先是陸游引李德芻之言，謂官本《說苑》二十卷，《闕反質》一卷；曾鞏
　　　乃分卷一九〈修文篇〉爲上、下卷以足之。後高麗進一卷，遂足（見《陸放翁
　　　全集》《渭南文集》卷二七總頁164〈跋說苑〉）。敦煌後出唐寫本殘卷，共存一百八
　　　十五行，每行二十字至二十二字不等。此可據以校曾氏本之脫誤與異字等。
　　　參見近人裴云唐寫本《說苑·反質篇·讀後記》（載《文物》西元1961年第3期，
　　　頁18～19）。
〔註85〕《日抄》卷五五，頁5〈讀文中子〉，下引同。
〔註86〕《舊唐書》卷一九〇上篇〈王勃傳附〉。

其主標枝野鹿之說，謂：上無爲，下自足；至治之代，人老死不相
往來。則翼老子之說，而不之考也。

按：《莊子·天地篇》引赤張滿稽：「至德之世，不尚賢，不使能，上如標枝，
下如野鹿。」之言，以狀無爲之效。文中子之說出於莊子書，而其意又祖乎
老子也。東發又云：

甚至借聖門以掩釋、老之弊，謂：「（孔子曰：）『詩書盛而秦滅，非
仲尼之罪。虛玄長而晉亂，非老莊之罪。齋戒修而梁亡，非釋迦之
罪。』〔註87〕」

文中子既多道家語，且以與儒、釋並列，此殆非王通所宜有，故近人亦以其
書爲通門人所記語錄。〔註88〕此其一。書中引孔子語，而言及秦滅、梁亡之
事，尤可疑。此其二。東發以此二證，而斥其僞。

漢人如班固、趙岐等已據文體而辨僞書。〔註89〕梁啓超嘗云：此法妙而
難喻。蓋文體因人、因世而異，後人或有依做者，其手法縱屬高強，亦終難
逃辨僞家之銳眼；且僞託者往往於無意間流露其時代色彩或個人行文風格。
朱子辨《尚書》今、古文，又疑其大小序，均用此法。〔註90〕朱子甫歿，而
東發繼起，態度尤爲謹愼，如上述辨《亢倉子》雜有楚辭體是也。東發又疑
《申鑒》，云：

大抵辭繁理寡，體亦不一。政體第一，時事第二，多舉凡目，頗用
汲冢周書之體。俗嫌第三，雜言第四，第五，多用或問，頗效楊雄
法言之體。（中略）文亦頗卑弱，與其所著漢紀不類，未知果悅之眞
否？〔註91〕

《四庫提要》從東發之說。〔註92〕東發辨《申鑒》，唯由乎文體，蓋以熟悉文
體，故不煩密論細考也。

〔註87〕《文中子·問易篇》。
〔註88〕日人三浦藤作《中國倫理學史》，頁264。
〔註89〕班固說，如：《漢志》諸子略雜家類謂：〈大禹〉三十七篇，其文似後世語。
　　　　趙岐則以孟子外書之文不能弘深，而疑之，見舊題孫奭孟子注疏前附趙氏孟
　　　　子題辭頁4。
〔註90〕詳見《朱子語類》卷七八總頁3213～3215。按：朱子所謂「大序」，係指子安
　　　　國序；小序，即百篇書序。
〔註91〕《日抄》卷五七，頁6～7〈讀申鑒〉。「凡目」，原作「凡自」，此據四庫全書
　　　　本《日抄》校改。
〔註92〕《四庫提要》卷九一，頁20。

三、辨法家僞書

東發辨法家僞書，僅及《管子》。所以辨之者，乃因其書龐雜矛盾也。依常理而言，同一人必不持自相矛盾之兩說，故凡矛盾之說，其中必有一僞，甚或二者俱僞。子書中以《管子》矛盾處最多，屢載而屢異。宋葉適《習學說言》與《周氏涉筆》均謂其非一人一時之作。〔註93〕東發熟誦《管子》，嘗摘其矛盾處，云：

> 其書載鮑叔薦仲，與求仲於魯，及入國謀政，與戈廩鴻飛，四時三
> 弊，臨死戒勿用豎刁、易牙、開方等說，屢載而屢不同。〔註94〕或
> 本文列前，而解自爲篇；或併篇；或無解。或云：「十日齋戒以召仲，
> 觴三行而仲趨出」；又云：「樂飲數旬而後諫」。〔註95〕自相矛盾，若
> 此不一。故曰龐雜重複，似不出一人之手。〔註96〕

《管子》本文與註解各自獨立者，如形勢與形勢解；其說解併於正文者，如〈心術篇〉；而無解者如七法、八觀等是。故其龐雜，開卷可知。而其內容之錯雜矛盾，經東發之辨而益彰。清陳澧亦以其書，除《史記》採入本傳者外，餘甚駁雜，因詳錄其類似法家、名家、老子、告子與農家之語，凡九處，而嘆云：「蓋一家之書，而有五家之學矣。」〔註97〕是知《管子》確非一人一時之作矣。

第二節　辨僞書之方法（二）

四、辨兵家僞書

胡應麟嘗謂兵家僞書之多，僅次於道家（同註1）。《日抄》中評論所讀兵書，計有孫子與吳七等七部；而所辨者，僅及《六韜》、《三略》與《素書》三部。東發嘗讀《唐太宗李衛公問對》，因及辨三略六韜之傳授，云：

〔註93〕 葉氏說見《習學記言》卷四五，頁1。周氏涉筆見《文獻通考》卷二二一〈經籍考〉三九，總頁1737引。

〔註94〕 鮑叔薦管仲等事，〈大匡篇〉所載凡二說，〈小匡篇〉又另有一說，三說互異，未知孰是。四時五政（《日抄》「五政」作「三弊」）之說見〈四時篇〉。管仲臨死戒齊桓公勿用豎刁等事，見〈戒篇〉與〈君臣下篇〉。

〔註95〕 齊桓公十日齋戒，以召管仲事，見〈中匡篇〉。

〔註96〕 《日抄》卷五五，頁9〈讀管子〉。

〔註97〕 《東塾讀書記》卷一二，總頁197～198。

　　（李）靖言：「張良學太公六韜三略」。〔註98〕此殆因圯上老人授書
　　而言，竊意韜、略乃後世附會，未必太公之書。〔註99〕

三略之名，始見於魏‧李蕭遠〈運命論〉，〔註100〕《隋志》以之與《六韜》共
題爲黃石公作。〔註101〕唐人誤以爲《漢志》周史六弢即今本六韜。〔註102〕上
節謂《史記》、《漢書》均不載圯上老人（按：即指黃石公）嘗作兵書，是知《隋
志》、問對妄題韜、略之作者。太公雖有兵書見錄於《漢志》，然班固已疑之。
〔註103〕此其一。《周氏涉筆》疑六韜太公遇文王事，尙不足信，況其談兵哉！
〔註104〕此其二。又黃石公授張良兵法事，「誰見而誰傳之？」豈其爲張良一人
之言乎！〔註105〕此其三。合此三說觀之，是問對與《隋志》之說實不可信。故
東發以爲「乃後世附會」也。東發復舉其書中有後代事實，云：

　　春秋伯王始有結連與國，深入人境者。今其書（按：指六韜，下同）
　　稱「必得大國之〔註106〕與，鄰國之助」。〔註107〕又云：「行數百
　　里，人倦馬休」。〔註108〕太公時有之乎？又謂：「取天下者，若逐
　　野獸，天下皆有分肉之心」；〔註109〕此襲用秦失其鹿，天下共逐
　　之語。〔註110〕而「贅壻」者，秦始有之；〔註111〕其書亦稱贅壻。
　　〔註112〕（三略）且自謂：「爲衰世作」，〔註113〕則不能自掩其爲後

〔註98〕見唐太宗《李衛公問對》卷上頁7。
〔註99〕《日抄》卷五八，頁2〈讀唐太宗李衛公問對〉。
〔註100〕《昭明文選》卷五三，頁5。
〔註101〕見《隋志》卷三〈子部兵書略〉。
〔註102〕陸德明《莊子‧徐无鬼篇》「六弢」釋文引異本作「六韜」，顏注《漢志》儒
　　　　家類「周史六弢」同。考二書之性質及作者實不同。
〔註103〕《漢志》諸子略道家類有太公二百三十七篇，其中有兵八十五篇，班固自注：
　　　　「或有近世又以爲太公術者所增加也。」
〔註104〕周氏涉筆之說，見《文獻通考》卷二二一〈經籍考〉四八總頁1787引。〈談
　　　　兵事〉見《六韜》，頁20〈龍韜〉。
〔註105〕本日人中井積德說，見《史記會注考證》卷五五〈留侯世家〉引。
〔註106〕「之」子，各本《六韜》多誤作「而」字。
〔註107〕《六韜》，頁42〈豹韜少眾篇〉。
〔註108〕《六韜》，頁36之37〈龍韜火戰篇〉，原作「人馬疲倦」。
〔註109〕斯語，徧查《六韜》而未得，姑闕之。
〔註110〕見《漢書》卷四五〈蒯通傳〉。實則春秋時已有此喻，見《左傳‧襄公十四年》
　　　　（本程大昌《演繁露續集》卷五，頁6說）。
〔註111〕《史記》卷六〈秦始皇本紀〉。
〔註112〕《六韜》，頁44～45〈犬韜練士篇〉。
〔註113〕《三略》，頁5〈中略〉。

世之僞，明矣。〔註114〕

東發愈辨愈勇，凌厲發越。所摘《六韜》四事，其時代皆後於太公，足證其爲後人所僞矣。東發又以爲上古乃一盛世，無衰颯頹喪之說。三略自謂：爲衰世作，故東發判其爲僞。不僅此也，《六韜》以車、騎、步分爲三，〔註115〕東發以其爲後世兵制，云：

> 春秋荀吳始嘗舍車而步，〔註116〕漢以後始有騎將。〔註117〕

是六韜非出於太公也。東發又揭舉《六韜》雜抄孫、吳諸書，實無主見，云：

> 六韜言猶豫狐疑之戒，乃吳子所已言也。〔註118〕言山兵者，即吳子之谷戰。〔註119〕言澤兵者，即吳子之水戰。〔註120〕十四變，即吳子之十三擊。〔註121〕十一卒，即吳子之五練。〔註122〕銳〔註123〕教戰，即其士先教戒之說。〔註124〕分險，即其過敵谿谷之說。〔註125〕雨不張蓋等語，出《尉繚子》書。〔註126〕火戰等說，亦備《孫子》一書。〔註127〕而涓涓不絕等語，〔註128〕又編集古書者也。

葉適及《周氏涉筆》等，嘗言《六韜》有抄自孫、吳兵書者，〔註129〕東發分別臚列其證，並判《六韜》爲一雜書，掇拾牙慧。其說良是。

〔註114〕《日抄》卷五八，頁3〈讀黃石公三略六韜〉。
〔註115〕《六韜・犬韜》有〈戰車〉、〈戰奇〉（即騎），〈戰步〉三篇。
〔註116〕原書缺漏。
〔註117〕賈誼《新書》有「戰騎居前，陷騎居中，遊騎居後」之說。然王應麟《漢書・藝文志考證》卷五，頁6〈周史六弢條下〉，引唐氏云：騎將起於戰國之時，蓋晚於孫、吳也。
〔註118〕《六韜》，頁21〈龍韜・軍勢篇〉。《吳子》見〈治兵篇〉。
〔註119〕《六韜》，頁40～41〈豹韜・鳥雲山兵篇〉。《吳子》見〈應變篇〉。
〔註120〕《六韜》，頁41～42〈豹韜・鳥雲澤兵篇〉。《吳子》見〈應變篇〉。
〔註121〕《六韜》，頁44〈犬韜・武鋒篇〉。《吳子》見〈料敵篇〉。
〔註122〕《六韜》，頁44～45〈犬韜・練士篇〉。《吳子》見〈圖國篇〉。
〔註123〕「銳」字，《日抄》原作「說」，此據《元刊本日抄》校改。
〔註124〕《六韜》，頁45～47〈犬韜・教戰篇〉。《吳子》見〈治兵篇〉。
〔註125〕《六韜》，頁42～43〈豹韜・分險篇〉。
〔註126〕《尉繚子》卷一〈戰威篇〉作「暑不張蓋」，《日抄》作「雨不張蓋」，「雨」字蓋爲「雨」字之譌。《日抄》所引《六韜》，則未詳所出。
〔註127〕《六韜》，頁36之37虎韜有〈火戰篇〉。
〔註128〕《六韜》，頁5〈文韜守土篇〉，其「絕」字作「塞」。
〔註129〕葉氏說見《習學記言》卷四六，頁10～11。周氏涉筆所說，見《文獻通考》卷二二一〈經籍考〉四八總頁1789～1788引。

　　《史記》、《漢書》載張良受圯上老人所傳者爲太公兵法，〔註130〕而非《素
書》。《素書》之名，起於晉葛玄序所謂《河上公老子道德經》章句（詳上），
謂河上公授漢文帝。宋張商英序其書，題黃石公作，以授張良；復言其出現
來歷，云：

　　　　亂晉有盜發子房冢，於玉枕中獲此書。

此蓋因晉太康年間，汲郡所出《竹書紀年》與《穆天子傳》等事而附會之。
故東發斥張氏之鄙說，並謂其書乃亂世之書，而非太公所作兵法也。〔註131〕

五、辨雜家僞書

　　唐人袁孝政注劉子云：書出劉晝孔昭。東發因其書以「世」爲「代」，
〔註132〕乃避唐太宗李世民之諱，因判其僞；且疑其出於袁氏。〔註133〕按：
近人余嘉錫嘗據敦煌寫本辨之云：

　　　　是書原出六朝（中略），敦煌寫本遠在唐前，復蚤袁氏加注之日矣。

　　　　則是書之不容矯託，斷可識也。〔註134〕

考敦煌本《劉子新論》殘卷，〈崇學篇〉與〈辨樂篇〉均有「世」字，不避唐
諱，當爲六朝舊文。〔註135〕是東發之說非是。東發又誤以劉晝不見於史傳，
因疑《劉子》爲袁氏所僞。胡應麟論其失，云：

　　　　（劉晝）傳載〔註136〕《北史》〔註137〕甚明；又嘗爲高才不遇傳，袁
　　　　孝政序正據晝傳言之。（中略）黃東發直以袁孝政作，託名于晝，則
　　　　亦未然。〔註138〕

則東發辨劉子，不免千慮之一失矣。

〔註130〕《史記》卷五五〈留侯世家〉，《漢書》卷四〇〈張良傳〉。
〔註131〕《日抄》卷五六，頁13～14〈讀黃石公素書〉。
〔註132〕明程榮校刊漢魏叢書本，其中「世」字凡十三見，而「代」字則無一見。蓋
　　　　已爲程氏所復原矣。惟宋修道藏本〈法術篇〉：「湯武殊治，而名施後代。」
　　　　尚可見其避太宗諱也。
〔註133〕《日抄》卷五五，頁19〈讀劉子〉。下引同。
〔註134〕《四庫提要·辨證子部四》，頁44。
〔註135〕《劉子殘卷》第三五六二號〈崇學篇〉有學爲禮儀，彫以文藻，則世人榮之。」
　　　　〈辨樂篇〉有「三王異世，不相襲禮。」之語，均不避唐諱。見王重民《巴
　　　　黎敦煌殘卷·敍錄》第一輯。
〔註136〕《筆叢》原作「弌」，疑爲「載」字之缺刻。
〔註137〕《北史》卷八一；又：《北齊書》卷四四亦有傳。
〔註138〕《筆叢》卷三二，頁12丁部四部正譌下。

六、辨其他僞書

　　杜撰之僞書，固多有之；而抄襲之作，亦復不少。若甲書抄自乙書，則可斷言甲書必成於乙書之後，此亦辨僞之一法也。〔註139〕東發辨《陰符經》之僞，即以此法，嘗論其書云：

　　　　言用兵而不能明其所以用兵；言修煉而不能明其所以修煉；言鬼神而不能明其所以鬼神。蓋異端之士，掇拾異說，而本無所定見者也。
　　　　豈其所以爲陰符歟！〔註140〕

東發深識文理，其論《陰符經》之僞，兼及造僞者之心術，故有「豈此其所以爲陰符歟」之嘆也。

　　東發辨《乾坤鑿度》等二書，云：

　　　　《（乾坤）鑿度》不知誰作，矯黃帝而爲言。云：庖犧氏之先文，黃帝演古籀文，〔註141〕而蒼頡修爲上下篇。（中略）又有〈周易乾鑿度〉，
　　　　〈周易坤鑿度〉二篇，而皆矯孔子而爲之言，竊取繫辭餘。〔註142〕

古書未得其主名而妄題之，往往厚誣古人。黃帝、孔子必不爲鑿度之書也。

　　《易通卦驗》之僞，其性質與《鑿度》同，東發亦說之，云：

　　　　（易通）卦驗有於七經，於河洛之目，〔註143〕於理無所考，而亦矯孔子爲之辭。首云：「太皇之先，與耀合元，精五帝期，以序七神」。
　　　　此不過爲無所考以相欺。大率爲卦氣發，然僻書耳。〔註144〕

卦氣之說，出於西漢孟喜，〔註145〕喜傳焦延壽，延壽傳京房，〔註146〕至京房而與易緯相參。〔註147〕然迄隋二帝，則并讖緯而焚之。〔註148〕後有出現者，益非孔子時所應有。東發首發其覆焉。

〔註139〕參近人羅根澤〈鄧析子探源〉一文，載《古史辨》第六冊，頁205。
〔註140〕《日抄》卷五八，頁4〈讀陰符經〉。
〔註141〕《鑿度》原作「庖犧氏先文，黃帝演籀」，東發所引稍有改易。
〔註142〕《日抄》卷五七，頁7〈讀乾坤鑿度〉。
〔註143〕見《易緯》、《通卦驗》上卷。原書不具頁數。
〔註144〕《日抄》卷五七，頁8〈讀易通卦驗〉。
〔註145〕屈導師翼鵬先生《先秦漢魏易例述評》，頁77卷下「以象數解易之始」節。
〔註146〕《漢書》卷八八〈儒林傳〉。
〔註147〕本近人顧實說，見《僞書通考》，頁101〈乾坤鑿度條〉引《重考古今僞書考》，
　　　　頁7，民國十五年上海大東書局本。
〔註148〕《隋志》卷一〈經部・讖緯類小序〉。

緯書出於漢哀、平、莽新之際。〔註149〕東發辨《易緯稽覽圖》之僞，云：

> （緯）出漢世。此書言：至今大唐（肅宗）上元二年（西元761年）乙
> 亥，卦起中孚。不知何人作也。〔註150〕

文中明標後世年化，其僞不待辨而明。

《古三墳書》，宋世出現於唐州比陽道（今河南泌陽）民家，宋晁公武以爲張商英所得，〔註151〕陳振孫則以爲毛漸所傳。東發本孫氏說，而辨其僞，云：

> 孔安國作書序，明言孔子去三墳，而斷自唐、虞二典爲書。今信安
> 毛漸乃稱元豐七年（西元1084年）奉〔註152〕使京西，得《古三墳書》
> 於唐州比陽道民間。（其）爲僞固不待辨而知。〔註153〕

今傳孔安國書序，蓋東晉梅賾所僞託；〔註154〕所言孔子去三墳之說，然否雖未可遽定，而《三墳書》，世無傳者。毛漸言其出現來歷又頗離奇；又其書形墳綴以政典之文，毛氏以《古文尚書‧胤征篇》，嘗引政典「先時者殺無赦」等二語，因謂形墳爲黃帝坤乾易。東發從唐孔穎達正義，以政典爲夏之國法，〔註155〕而非黃帝易。按：東發雖不疑《古文尚書》之僞，然〈胤征篇〉所引政典之文，實見於《荀子‧君道篇》引書語，而稍加改易，更題「政典曰」者也。〔註156〕毛氏之說顯然有誤，是以東發判其書爲僞。

東發辨諸子僞書，既如上述。茲歸納其辨僞方法於後：

（一）由書之內容矛盾與龐雜重複，而判其僞或可疑，如：辨《說苑》
　　　與《管子》等。

（二）由其人與其書之時代不符，而斷其僞或可疑，如：辨《文子》、《三
　　　略》、《素書》與《易緯稽覽圖》等。

（三）後人妄題書名，則其書必僞，如：辨《乾坤鑿度》與《易通卦驗》

〔註149〕見《漢書》卷九九上〈王莽傳上篇〉，並參陳振孫《直齋書錄解題》卷三，總頁75。六緯之說，始見於《漢書》卷七五〈李尋傳〉；尋，成帝末，哀、平時人。

〔註150〕《日抄》卷五七，頁8〈讀易緯稽覽圖〉。

〔註151〕《郡齋讀書志》卷一下總頁83。

〔註152〕各本《日抄》均作「奏」，疑係誤刻。

〔註153〕《日抄》卷五七，頁9〈讀古三墳書〉。

〔註154〕見屈導師翼鵬先生《尚書釋義》，頁13〈敘論〉。

〔註155〕《僞古文尚書》孔穎達正義云：「胤侯，夏之卿士。引政典而不言古典，則當時之書。知是夏后爲政之典籍也。」

〔註156〕《荀子‧君道篇》引書云：「先時者殺無赦，不逮時者殺無赦」〈胤征篇〉引《荀子》，「逮」字易爲「及」，並題以「政典曰」云云。

等。

（四）由使用後代事實、法制、文體與名詞等，而定其僞。使用後代事
　　　實者如：《六韜》；使用後代法制者如：《文子》、《亢倉子》；使用
　　　後代文體者如：《亢倉子》與《申鑒》；使用後世名詞者如：《文子》、
　　　《莊子》。

（五）僞造事實者，其書必僞，如辨《亢倉子》、《老子河上公注》與《文
　　　中子》等。

（六）因書之來歷不明，而判其僞或可疑，如：辨《古三墳書》與《關
　　　尹子》等。

（七）由其書抄襲古書舊文，而疑之，如：辨《管子》、《六韜》與《陰
　　　符經》。

（八）由書之思想議論不合，而判其僞或可疑，如：辨《鬻子》、《文子》、
　　　《曾子》、《新語》與《文中子》等。

（九）前人已明言其僞，而從其說，如：辨《春秋繁露》。

東發先胡應麟約三百年。辨僞法則雖至胡氏始提出，然歸納東發所用方法，
已有上述九點，幾皆暗合胡氏之說。如：辨《文子》、《韜略》與《亢倉子》
等，皆至今不可易者，益可見東發辨僞成績之卓著矣。

第三節　黃氏辨僞之成績

　　東發辨僞之方法，既如上述。其實事求是之精神，與夫取證之充實，即
七百年後之今日視之，仍多不刊之論。茲將其說，與曾受其影響者——宋濂、
胡應麟、與梁啓超之說，〔註157〕列為簡表，以便比較。

判　　語	黃氏日抄	諸　子　辨	四部正譌	《古書真偽及其年代》與《諸子考釋》等。
鬻子	戰國處士依託	其徒所記，漢儒補綴	僞殘	原書恐已依託，今傳本全僞
老子	孔子及見其人	疑	戰國末人作	
關尹子	僞	僞	僞	唐以後人僞

〔註157〕下表所列，《黃氏日抄》以〈讀諸子〉五卷為準。梁氏之書易得，不煩一一註
　　　　明。至宋、胡二氏之說，則採自梁氏《古書真偽及其年代》附錄〈宋、胡、
　　　　姚三家所論列古書對照表〉。

文子	非辛鈃作，疑注者默希子所僞	非計然所著	駁雜	原書依託，今本唐人所僞
列子	非皆列子所作	後人會萃而成	眞雜以僞	晉人僞
莊子	非盡出於莊周	盜跖、漁父、讓王篇疑後人勦入		內篇眞，外、雜篇有竄附
亢倉子	僞	僞	僞益	唐以後人僞
鶡冠子	眞	眞	僞雜以眞	魏晉以後僞
老子河上公注	僞			
抱朴子	疑僞	眞	眞	
孔子家語	闕疑			僞
曾子	僞	非曾子自作		後人輯遺篇遺說而成
荀子	眞	眞		內四、五篇有後人竄附痕跡
孔叢子	眞	僞	眞疑僞	晉人僞造，有依託孔臧語
陸賈新語	疑僞			似隋唐間僞補
賈誼新書	眞			原佚，今本似補綴改竄而成
春秋繁露	第二次僞本		訛	眞，然較漢志已佚多篇
新序	眞			眞
說苑	殘斷錯誤，未必皆眞			眞
楊子《法言》	眞	眞		眞
論衡	眞			
申鑒	疑僞			
文中子	後世附會	僞	眞僞相雜	僞
聲隅子	宋黃晞作	眞		
管子	駁雜，非出於一人	非管子自作	眞僞相雜	戰國末雜抄類書，誤題書名，內部份有僞
商子	闕疑	眞		戰國末法家雜著，部分有僞，且誤題書名
眞（慎）子	殆慎到之書	眞		部分僞，部分殘

韓非子	真	真		初見秦篇後人錯入
墨子	真	真		內三、四篇有竄亂
鄧析子	真	真		原書爲戰國人依託，今本魏晉後所僞
尹文子	真	僞		似劉向前依託
公孫龍子	真	真		殘缺且有竄附
六韜	非太公作	後人依託	僞	依附周史六弢之名而僞撰
三略	同上	同上	非圯上老人作，僞雜以真	
孫子	孫武所作	真	無可疑	非孫武作
吳子	真	真	戰國人掇其議論而成	
尉繚子	真	真	無可疑	今本恐屬兵家
司馬法	真	疑亦非僞	真雜以僞	
黃石公素書	非黃石公授張良之太公兵法		僞，非黃石公作公，作	
唐太宗李衛公	真	後人依託	僞	
問對				
子華子	真	僞	僞	僞
呂氏春秋	真			真
淮南子	真	真		真
劉子	非劉晝作，疑注者袁孝政所僞	非劉晝作	非劉晝作	
化書	齊丘作	僞竊	竊	
子家子	宋頤養正作			
陰符經	僞		僞	戰國末人作，誤題黃帝之書
乾、坤鑿度	僞託黃帝作		僞中僞	
周易乾、坤鑿度	僞託孔子作		僞	
易緯稽覽圖	僞			
易通卦驗	僞託孔子作			
周易參同契	非魏伯陽作			

周易參同契考異	朱子作			
古三墳書	僞		僞	
所辨書數	五十四	三十四	二十七	三十三

由上表統計。東發所論列之書凡五十四種，遠超過宋、胡、梁氏三人之所爲。其辨證結果，正確可從者二十種。是其於辨僞工作，可謂勤而有得矣。然其辨《列子不雜佛學》，又擬《抱朴子》太過，乃最爲人所不解者。《日抄·讀列子》有云：

> 列子才〔註158〕穎逸而性冲澹。（中略）其靜退似老聃，而實不爲老聃；
> 老聃用陰術，而列子無〔註159〕之。其誕謾似莊周，而亦不爲莊周；
> 莊周侮前聖，而列子無之。不過愛身自利。〔註160〕

東發駁斥道家，於列子最輕，以其不用陰謀，不侮聖人也。然《列子·周穆王篇》有王駕八駿見西王母事，與《穆天子傳》合，則此篇之成，當在晉太康間穆傳出土之後。〔註161〕又：〈仲尼篇〉且自稱「列子」，皆非列子本眞之證。此二篇中記有釋氏粗淺之說，張湛序所謂「與佛經相參」者也。〈仲尼篇〉載商太宰問聖人於孔子，歷舉三皇五帝，孔子皆不許，而獨許西方之人，曰：

> 西方之人有聖者焉，不治而不亂，不言而自信，不化而自行，蕩蕩
> 乎民無名焉。兵疑其爲聖。

自高似孫、清·姚際恆，〔註162〕以至於今人，皆疑所謂西方聖人即指佛。東發謂其說似寓言，云：

> 孔子決（絕）不黜三五聖人，顧泛指西方爲聖。且謂西方不化自行，
> 蕩蕩能無名，蓋寓言華胥國之類，絕與寂滅者不侔，亦非指佛也。

西方之聖與〈周穆王篇〉之西極國化人相類。東發以其皆爲寓言人物；否則，亦晉之好佛者所竄入。故其總結云：

> 使此言果出於列子，不過寓言。不宜因後世佛偶生西域，而遂以牽

〔註158〕「才」字，《日抄》原脱，此據《元刊本日抄》及《永樂大典》卷一○二八六，頁1所引補。

〔註159〕「無」字，《日抄》原誤刻作「旡」，《元刊本日抄》作「無」，是也。

〔註160〕《日抄》卷五五，頁10〈讀列子〉，下引同。

〔註161〕《僞書考》，頁706引馬敍倫《天馬山房文存》。按：《列子》之僞證甚多，馬氏及黃雲眉《古今僞書考補證》，頁250～255各舉二十事。說雖未盡洽，而《列子》書有後人附益材料，則無可疑。

〔註162〕高氏説見《子略》卷二，頁6〈列子〉。姚氏説見《古今僞書考》，頁55。

合。使此言不出於列子，晉人好佛，因列子多誕，始寄影其間，冀
〔註163〕爲佛氏張本爾，何相參之有哉！且西域之名始於漢武，列子
預言西域，其說尤更可疑。

列子先莊子，莊子稱之。其書亦見於《漢志》，〔註164〕雖爲道家之書，而東發
不甚責之，與對待佛、老等之態度殊異。是以先疑其文誕似莊子寓言，繼而
疑其爲晉人附益。《日抄》他處嘗謂：佛、禪自《列子》出，非《列子》出自
佛經。〔註165〕其說雖不足信，然綜觀東發評論諸子（詳下），可以覘知其所以
「維護道統，駁斥異端」之用心。此種用心，於今雖已不足取，於當時，則
有中流砥柱之功。

　　東發辨《抱朴子》寓有輔助教化之意。《抱朴子》乃葛洪所作，明載於史
傳中。〔註166〕東發辨其爲僞，語重心長，頗耐尋味。《日抄·讀抱朴子》開首
即云：

　　《抱朴子》其僞書哉！不然，葛稚川何獨誤天下後世之愚不肖者耶？
　　〔註167〕

《日抄》下文論其所以誤人之故，末復迴應首句。東發以爲莊子眞人、至人
之寓言，猶未盡誤世；而《抱朴子》之長生術，則誤天下之愚不肖者多矣。
謂：所謂長生術，實乃違反自然死生之常理。析言之，則其導引之術，欲使
人養胎息；房中之術則將致使人縱於情慾；又其金丹大藥之說，教人服金石
而求延年。凡其立意固善，而其實則反成速死之具，貽誤甚大。故東發疑其
爲僞書。〔註168〕東發疑之太過，固無足取；然其淑世之心，則亦足多矣。

　　東發辨僞書之成就既大，其影響亦甚爲深遠。後世於東發之說，宋濂多
持異議，胡應麟則多表贊同。胡氏嘗云：

　　余少閱諸子書，（中略）於誦讀之暇，徧取前人詮釋辯難之舊，以及
　　（中略）《黃氏日抄》（中略）之評諸子者。（中略）復稍傳作者履歷之

〔註163〕「冀」字，《日抄》原作「翼」，此依《元刊本日抄》及《永樂大典》卷一〇
　　　　　二八六，頁4所引校改。
〔註164〕《漢志》諸子略道家類有《列子》八篇。
〔註165〕如《日抄》卷三八，頁1～2〈讀朱子語類〉，卷五一，頁12〈讀蘇子古史〉，
　　　　　又：卷六五，頁3〈讀黃涪翁文集〉。
〔註166〕詳《晉書》卷七二〈葛洪傳〉。
〔註167〕《日抄》卷五五，頁17〈讀抱朴子〉。
〔註168〕同註168頁17～19。

概，會爲一編。〔註169〕

由上列所列比較表，知胡氏所辨古書中，與東發意見相同者達十五部，可見其受東發影響之深矣。

茲舉東發辨《文子》爲序者默希子所作爲例，以見後人受東發影響之一斑。東發既以四證斷定《文子》之僞（詳上），復疑其書爲注者所託，云：

> 僞爲之者，殆即所謂默希子，而乃自匿其姓名歟！其序盛稱唐明皇垂衣之化，則其崇尚虛無，上行下效，皆失其本心爲可知。（中略）書之每章必託老子爲之辭，然用〔註170〕《老子》之說者，文衍意重，淡於嚼蠟；否則，又散漫無統，自相反覆。謂默希子，果有得於老子，吾亦未〔註171〕之信。〔註172〕

東發之假設，證據未充實。宋濂不以爲然，云：

> 是書非計然（按：即指文子）所著也。（中略）黃氏屢發其僞。以爲唐徐靈府（按：即默希子之姓名）作，亦不然也。其殆文姓之人，祖老聃而託之者歟？〔註173〕

按：東發之說，與宋氏之致疑，同爲假設之辭，本可並存。而宋氏則是己非人，未見公允。舉此一例可見宋氏反對東發說之一斑。胡應麟亦不以東發說爲然，云：

> 《文子》九篇（中略），柳子厚以爲駁書，而黃東發直以注者唐人徐靈府所撰。余以柳謂駁書是也，黃謂徐靈府撰，則失於深考。案：班史〈藝文志〉道家有《文子》九篇，注云：「老子弟子，與孔子同時，而稱周平王問，似依託者。」則漢世已疑之。及考梁目，《隋志》皆有此書。則自漢歷隋至唐未嘗亡，而奚待於徐氏之僞？〔註174〕

其所糾東發之失，甚爲中肯；然覘其言語氣象，則甚溫厚和平：斯爲東發之諍臣矣。于大成引唐人類書及古注多種，以證東發說之誤，並推測其著成時代，云：

〔註169〕《筆叢》卷二七，頁1丙部九流緒論引。
〔註170〕「用」字，《日抄》原作「周」，此據《元刊本日抄》及《永樂大典》卷一〇二八六，頁24所引校改。
〔註171〕「未」字，《日抄》誤作「謂」，此據《永樂大典》（同註164引）校改。
〔註172〕《日抄》卷五五，頁12〈讀文子〉。
〔註173〕《諸子辨》，頁24～25。
〔註174〕《筆叢》卷三一，頁4「四部正譌中」。

考唐人類書，若《北堂書鈔》、《藝文類聚》、《群書治要》、《初學記》、《白帖》、《意林》、及《後漢書注》、《文選注》，皆屢引其書；又貞觀十年魏徵上疏（《貞觀政要·誠信第十七》。《通鑑》在十一年）亦引之，所引並與今本合。自馬會元、白醉吟二書外，諸書皆書出默希子前，益知黃氏之說爲弗足信矣。（中略）姚立方（《古今僞書考》）疑爲李暹爲之，王先生（叔岷。〈斠證序〉）謂是「魏、晉好事之徒爲之」，〔註175〕雖無確據，要時代當近之。〔註176〕

此說甚諦。

〔註175〕《諸子斠證》，總頁493〈文子斠證〉，頁1

〔註176〕《文子集釋·自序》，頁17～18。

第二章　論諸子學說之理論基礎

東發生於宋季，蒿目時艱，以爲國勢岌岌可危；而士人多陷溺於談空說性，興革乏人，遂力求經邦濟世之實學，以維護道德倫常爲己任。凡所立說，皆有本有源，可於其諸子學見梗概焉。

諸子爲入道見志之書，﹝註1﹞然爲之泰甚，則言人人殊，各自爲方，高者流於虛誕，卑者溺於功利，爲害至巨。﹝註2﹞故東發既明辨其書之眞僞，復又評論其說之正邪。嘗嘆諸子百家，辭繁理寡。﹝註3﹞說雖未免失過嚴，然正可見其持論之堅，立意之謹也。茲先述其立論基礎——亦即東發之思想觀念；然後述其對諸子之評論。

第一節　宇宙觀

凡偉大之思想體系，必有其卓越之形上理論。思想家探求自然與人生之眞諦，窮其根源，建立其形上學，而後其體系始稱完備。故形上學之探究，於哲學之建立，恆爲先決條件。﹝註4﹞西洋之形上學（Metaphysics）一詞，含義甚廣，大抵可分爲宇宙本體論（Ontology）與宇宙開闢論（或稱宇由生成論，Cosmogony）。前者係探求自然事物之終極原理，例如：《老子》之探求道體是。

﹝註1﹞ 本《文心雕龍·諸子篇說》。
﹝註2﹞ 《日抄》卷八二，頁5〈餘姚縣學講義〉。
﹝註3﹞ 《日抄》卷三三，頁2〈讀周子太極通書〉。
﹝註4﹞ 參德人 Albert Schweitzer（史懷哲）The Decay and The Restoration of Civilization（《文明的衰敗和復興》），頁 5～10，又：其書第五章〈文明與宇宙論〉，有專章討論。

後者，則在探索世界形成之組織型態諸問題，〔註 5〕如：《老子》以道爲創生萬物之動力，而說明其化生過程問題是也。

東發平生致力於日用之學，頗反對學者高談性命造化，作形上思考。其於宇宙理論，多本前儒之說，而罕持異論；且所申述者，皆有功於道統之說也。

孔子罕言性與天道，〔註 6〕蓋因孔子多以形而下之方式，表現其哲學思想也。〔註7〕《周易・繫辭》所謂「太極」或「道」，類似希臘哲學家亞里斯多德所謂「第一原動不動者（Proton Kinoun Akineton）」；傳統儒家以之爲宇宙本體。東發對道體所作描摹，與道家不同，道家注意其混沌性與不可思議性，〔註 8〕東發則承宋儒如朱子之說，以爲道即「理」。〔註9〕其言云：

> 夫道即日用常行之理。不謂之理而謂之道者，道者，大路之稱，即其所易見，形其所難見；使知人之未有不由於理，亦猶人之未有不由於路。故謂理爲道。而凡粲然天地間，人之所常者皆道矣。〔註10〕

按：道字，金文作 𧗟（散盤）𧗞（曾伯簠）等形，《論語》所稱「道」字，亦皆與「路」有關，《說文解字》直訓爲「所行道也」。是「道」之本義爲「路」，引伸而有理法、律則之義，以其爲人日常所共由者也。東發既以道爲日用常行之理，則凡事物之中，均具有是理；就其本體而言，只是一理，非於事物之上別立一物曰「理」者。此亦即程、朱等理一分殊說之大要也。〔註11〕道爲人日常所當行之路，自然而然，因亦謂之「天理」。〔註12〕《易・繫辭》又形容其總體性與終極性，而曰「太極」。〔註13〕周敦頤因太極本無形體，故又

〔註 5〕 節譯自美國・世界百科全書(The World Book Encyclopedia)1971 年版「Metaphysics」一詞下。

〔註 6〕 《論語・公冶長篇》。

〔註 7〕 鄔昆如《莊子與古希臘哲學》中的道頁 38 本論第一章「道」。

〔註 8〕 如《老子》第二十五章所述。

〔註 9〕 《日抄》卷三六，頁 6〈讀朱子徽州休寧縣廳新安道院記〉（見《朱子大全》卷八〇，頁1），又《論語・述而篇》「志於道」下朱子集註。按：《莊子・繕性篇》雖有「道，理也。」之說，然其上文爲「德，和也。」故清・宣穎「理」爲順，是也，見所著《莊子南華經解》。

〔註10〕 《日抄》卷五五，頁 17〈讀抱朴子〉。

〔註11〕 詳參《朱子語類》，頁 1 總頁 65～66，又：卷二七總頁 1089。

〔註12〕 同註 10。

〔註13〕 朱子亦云太極只是萬物之理，因其極至，故名曰太極。見《語類》卷一總頁65。

名之曰「無極」。〔註14〕

　　宇宙之本體既是理，而宇宙開闢前之狀態，則混然一氣，流行不已。張載云：

> 氣块然太虛，升降飛揚，未嘗止息。〔註15〕

東發贊此說思索甚精；〔註16〕蓋因橫渠所言，即太虛之中固有氣在，而理亦寓於其間也，〔註17〕故凡天地之定位、四時之運行，與夫萬物之生化，皆因稟有是理而然也；〔註18〕朱子因有物物一太極之說，〔註19〕東發從之。〔註20〕

　　《易・繫辭上篇》云：

> 易有太極，是生兩儀，兩儀生四象，四象生八卦。

八卦復演爲六十四卦，古人以爲天地萬物之賾，皆可以由此探知。周濂溪《太極圖說》言太極創生萬物之過程綦詳，爲宋儒宇宙開闢論之濫觴。云：

> 無極而太極，太極動而生陽，動極而靜；靜而生陰，靜極復動。（中略）分陰分陽，兩儀立焉。陰變陽合，而生金、木、水、火、土。五氣順布，四時行焉。（中略）無極之眞，二五之精，妙合而凝，乾道成男，坤道成女；二氣交感，生化萬物，萬物生生而變化無窮焉。
>
> 〔註21〕

濂溪雖未拈出「理」字，然太極二字實指理而言；〔註22〕陰陽則爲氣。由二氣生五行，二者復凝合交感，而成人成物，生生不息。

　　濂溪復言人事云：

> 唯人也得其秀而最靈。形既生矣，神發知矣，五性感動而善惡分，萬事出矣。聖人定之以中正仁義。」

人雖爲陰陽秀氣所鍾，然其性則不能盡善（詳下第四節倫理主張與教化旨趣）。若

〔註14〕《日抄》卷三三，頁 1〈讀周子太極通書從朱子太極圖説解〉，朱子解見《周濂溪集》卷一，頁 1。

〔註15〕《張子全書》卷二，頁 2〈正蒙一太和篇〉。

〔註16〕《日抄》卷三三，頁 19〈讀橫渠正蒙〉。

〔註17〕同 15，頁 3〈朱子註釋〉，又見《朱子語類》卷一，總頁 65。

〔註18〕《日抄》卷三七，頁 1〈讀晦庵語類〉。按：朱子說見《語類》卷一，總頁 65～67。

〔註19〕《朱子語類》卷九四總頁 3834，又：頁 3838 等多處。

〔註20〕同註 19。

〔註21〕同註 15，引《周濂溪集》。下引同。

〔註22〕戴君仁《梅園論學集》，頁 217〈朱陸辯太極圖說之經過及評議〉。

欲使人回歸天理，當導之以道。朱子承其說，並加註釋，使之愈明，其書名《太極圖說解》。東發贊朱子之功，云：

> 太極之理至精，而太極之圖難狀，得晦翁剖析〔註23〕分明，令三尺
> 童子皆可曉。遂獲聞性命之源，以爲脫去凡近之基本。〔註24〕

東發每以其說施之於日常言行之中，如爲沈氏作〈林水會心記〉云：

> 天高地下，萬物散殊，皆造化生息之入，〔註25〕而至理流行之寓。
> 人爲萬物之最靈，而此心又人之所以爲靈。〔註26〕

又如爲李朋作記云：

> 人之所得於天以爲人者，理也。（中略）理者，君子之所安行。〔註27〕

天地既闢，人物已生，而日月星辰亦循其固定之方向運行，自然有序，永恆不變；〔註28〕東發稱之爲「天下之常」，〔註29〕非人力所能擅加改易。〔註30〕人之所以貴於天下者，乃以其能輔相天地，宰制萬物，以厚生民者也。〔註31〕

第二節　道統論

東發之宇宙觀以道源於天。道固無所不在，然「人未必盡合於道，（說詳下）時則有備道之聖人出焉，作爲君師，而人道以立。」〔註32〕人道歷聖相傳，以至於茲，宜有其統諸。東發云：

> 道原於天，闢於伏羲，傳於堯、舜、禹、湯、文、武、周公，而集
> 大成於孔子。〔註33〕苟有異於孔子者，皆非吾之所謂道矣！〔註34〕

東發學術度越時賢，上溯六經之旨，一以孔子爲斷，其志之堅，由此可以概

〔註23〕《日抄》「析」字作「柝」，此依四庫全書本校改。
〔註24〕同註15，引《日抄》。
〔註25〕「入」字《日抄》原作「人」，此據《四庫全書》本校改。
〔註26〕《日抄》卷八六，頁6。
〔註27〕《日抄》卷八八，頁11〈李氏天理堂記〉。
〔註28〕《日抄》卷五六，頁23〈讀春秋繁露天辨（繁露原作「辯」）在人〉、〈陰陽出入〉上下等篇。
〔註29〕《日抄》卷五五，頁3〈讀莊子〉。
〔註30〕《日抄》卷五七，頁7〈讀申鑒〉，又卷五八，頁4〈讀陰符經〉。
〔註31〕《日抄》卷五五，頁18〈讀抱朴子〉。
〔註32〕同註31，頁17。
〔註33〕參《日抄》卷三八，頁16〈讀晦庵語類（跋）〉。
〔註34〕《日抄》卷八八，頁8〈江西提舉司撫州臨汝書院山長廳記〉。下引同。

見。又云：

> 戰國時，楊、墨嘗害此道，孟子闢之而道以明。漢、魏以降，佛、
> 老嘗亂此道，韓文公闢之而道又明。唐中世以後，佛氏始改說心學
> （按：即指禪學），以蕩此道，濂、洛諸儒講性理之學以闢之，而道益
> 明。伊川既沒，講濂、洛性理之學者，反又浸淫於佛氏心學之說。
> 晦庵先生復出，而加以是正，歸之乎平實，而道益大明。

東發歷述孟子至朱子間儒學之興衰，扼要簡明。凡不合儒學者，皆指斥爲「異
端」（詳下第四、五章）；因讚孟、韓、程、朱闢斥之功。其於朱子之說，尤加推
崇，云：

> 其說雖根抵於無極、太極，實歸宿於仁義中正；雖探源於陰陽性命，
> 實則體驗於躬行踐履。雖亦未嘗不主於心，實則欲正此心，以達之
> 天下國家之用。非其他所謂「即心是道」，絕物而立於獨，棄實而流
> 於虛也。〔註35〕

所謂「即心是道」等說，爲禪宗所立，而二程門人如謝良佐等亦常言之。其
說非儒者所宜道，故朱子與東發均極斥之（詳下第四章）。

　　以上所述爲東發論道統成立之要旨。孔、孟以上之統系，雖沿韓愈〈原
道篇〉及學《朱子・庸章句・序》等之舊說，〔註36〕然東發亦自有其具體論
據。《易・繫辭下篇》謂伏犧作八卦，東發稱其能「明斯道之變易，無往不在」，
〔註37〕而爲宋儒理一分殊之宇宙論所從出。故東發贊易云：

> 若以易言理，則日用常行，無往非易。〔註38〕

易可用於實學，東發珍視之，因亦許伏犧爲道統之聖。（同註37）

　　東發嘗以僞《古文尙書・大禹謨》「人心惟危，道心惟微，惟精惟一，允
執厥中」等十六字，〔註39〕乃堯、舜、禹三聖相傳，爲大一統而設；復謂其

〔註35〕同註34，頁8～9。
〔註36〕清錢大昕《十駕齋養新錄》卷一八，頁6～7〈道統條〉謂：李元綱於乾道壬
　　　　辰（八年）作聖門事業圖，其第一圖爲傳道正統圖，以明道、伊川上接孟子。
　　　　按：李氏不數韓愈，與東發異。又明道直接孟子，則《伊川文集》卷七〈明
　　　　道先生行狀〉所已言。雖然，論道統而有圖，蓋以此爲最早。
〔註37〕《日抄》卷六，頁1〈讀易（序）〉。
〔註38〕同註37，頁3。
〔註39〕《僞大禹謨》此十六字實本《荀子・解蔽篇》引《道經》及《論語・堯曰篇》
　　　　語，而稍加改易，更增「惟精惟一」一句而成。此十六字之義，當從《荀子・
　　　　楊倞注》及《論語・朱子集註》。惟其中道心惟微之「微」字，戴師靜山先生

有關於道學，云：

> 危微精一之謂萬世道學之源，要不過求所謂「中」者而執之，故自
> 數聖人而傳之。〔註40〕

又云：

> 聖人所以致察於危、微、精、一之間，而相傳以執中之道，使無一
> 事之不合乎理。〔註41〕

堯舜禹湯之聖蹟，孔、孟諸儒已備述之，東發亦以其能承道之統系，而加以
發揚光大。

文王演易〔註42〕作彖，周公書〔註43〕爻，皆有功於儒道之明。文王又分
殷天下，歸附人心，草創周之基業。武王繼之，弔民伐罪，建立周朝。〔註44〕
周公輔佐武王、成王，制禮作樂，〔註45〕尤有功於文教，故孔子夢寐思之。
以上三人，東發皆列爲道統之聖。〔註46〕

孔子嘗刪詩、書、定禮、樂，以繼文王、周公。〔註47〕又作《春秋》，繫
易辭，〔註48〕凡其所言皆義理渾融，旨義深遠；〔註49〕循循然欲人克己復禮，
切合日用。〔註50〕東發謂若能躬行其說，則可以萬世無弊；〔註51〕嘗稱孔學
之要旨，云：

> 天生夫子，不於他時，而獨於春秋之世，正使於眾說混淆之餘，立
> 大中至正之極，明日用常行之道，爲天下萬世之師。《論語》二十篇，

以爲即《易·繫辭下》知幾之「幾」，或《荀子》「危微之幾」句中之「幾」，
說文：「幾，散也。」〈楊倞注〉：「萌兆也。」戴君仁以其爲哲人所體驗而得
之一種心理作用。見《大陸雜誌》四十五卷4期〈說幾〉。

〔註40〕《日抄》卷八六，頁15〈省齋記〉。

〔註41〕《日抄》卷五，頁2〈讀尚書〉。

〔註42〕見《史記》卷一三〇〈太史公自序〉。東發從其說，見《日抄》卷六，頁1；
頁29〈讀易〉。

〔註43〕《日抄》卷六，頁3〈讀易〉。

〔註44〕詳見《孟子》及《史記》卷四〈周本紀〉。

〔註45〕詳《史記》卷三三〈魯周公世家〉，又《日抄》卷四，頁19〈讀詩小雅東山〉。

〔註46〕參《日抄》卷五八，頁3〈讀黃石公三略六韜〉。

〔註47〕參《史記》卷四七〈孔子世家〉，又《古今紀要》卷一，頁1〈三皇紀要〉。

〔註48〕《日抄》卷六，頁3，又頁29〈讀周易〉。孔子作春秋之說，首見於《孟子》。

〔註49〕《日抄》卷二，頁1〈讀論語（序）〉，又卷八二，頁1〈撫州辛冬至講義〉。

〔註50〕《日抄》卷六八，頁4〈讀葉水心文〉。

〔註51〕同註49引〈辛未講義〉，頁1～3。

拳拳訓告，惟以學問躬行，惟以孝弟忠信。〔註52〕

東發尊崇孔子，無以復加，以爲平生學問所歸；嘗自述云：

余自幼至老，所學者此而已。〔註53〕

是東發之學，乃繼武洙泗者也。其平生維護孔學，不遺餘力，世有忤之者，必加摒斥。〔註54〕

　　孟子尊孔子而闢楊、墨，明王道而黜霸功；〔註55〕且教人盡心知天，隨時救弊，〔註56〕皆大有功於聖門。若荀子，則雖亦嘗立功孔門，〔註57〕然較之孟子則殊遜。東發嘗云：「孟子論于其心，故可以繼孔子之傳。荀子之論止於事，故不能如孟子之醇。」，〔註58〕故其書不得入經部，亦不得與於道統之列。

　　漢、唐學者重詁訓，尊老、莊，（同註51）更有爲佛、禪之說者，〔註59〕皆使道統之學闇而不彰。世更八代，韓愈出，乃思以道濟天下。所爲原道諸文，斥佛、老，明聖道，以六經之文爲諸儒倡，〔註60〕東發贊云：「其關繫正邪之辨爲何如哉！」益可見韓愈立言之功，實可以承道統之傳。然「辨正理於是非迷謬之世難」（以上同註59），故入五代，道統復趨於暗淡，「其亂極矣！」歐陽修作《新五代史》，入一行傳者，僅得石昂等五人；而其中鄭遨等二人，退處山林，消極出世，東發頗有微辭。〔註61〕直至宋眞宗朝周敦頤出，始幡然更張，作《太極圖說》與《通書》（本名「易通」），爲宋、明理學導乎先路。東發贊其功，云：

〔註52〕《日抄》卷八二，頁4〈餘姚縣學講義〉。

〔註53〕《日抄》卷九一，頁12〈題李縣尉所作〉。

〔註54〕此義常見，如《日抄》卷五五〈讀文中子〉，頁18〈讀抱朴子〉。又卷五六，頁20〈讀說苑〉。

〔註55〕《日抄》卷三，頁7〈讀孟子〉。又參《日抄》卷八二，頁5〈餘姚縣學講義〉。

〔註56〕詳見《孟子・盡心篇》。《日抄》卷八二，頁1～2。又：卷八六，頁16〈省齋記〉。

〔註57〕《日抄》卷五五，頁3〈讀荀子〉，頁7〈讀管子〉，又：頁14〈讀鶡子〉。

〔註58〕《日抄》卷五五，頁5〈讀楊子（法言）〉。近人馮友蘭〈儒家對于婚喪祭禮之理論〉一文，謂孟子重理想，荀子重現實，因分伯、亞。其說可爲東發此說作注腳。馮說見《古史辨》第二冊中頁215。

〔註59〕東發屢斥漢以下爲佛學者，如：《日抄》卷五五，頁3〈讀荀子〉。餘詳下章「論佛禪之說」節。

〔註60〕《日抄》卷六八，頁19〈讀葉水心文〉，又：卷五九，頁23〈讀韓愈文〉。

〔註61〕《古今紀要》卷一六，頁13〈五代紀要〉。

周子文約理精，言有盡而理無窮，蓋易、詩、書、語、孟之流，孔、
孟以來，一人而已。若其闡性命之根源，多聖賢所未發，尤有功於
孔、孟。〔註62〕

周子傳二程，而道學益精，東發云：

二程得周子之傳，然後有以窮極性命之根柢，發揮義理之精微，（中
略）其意固將指義理之所從來，以歸之講學之實用。〔註63〕

程氏門人偏天下，道學大盛。伊川又以尊王賤霸，崇仁義而賤功利，尊中國
而外夷狄爲春秋大義。〔註64〕其易傳亦「順性命，闡儒理，切人事，明治亂，
一以義理爲歸」。〔註65〕是伊川不僅有功於學，且有益於治道，東發因贊其說
爲「天下萬世綱常之所賴」。〔註66〕東發又云：

夫惟綱常，非徒禮樂刑政（按：此指韓愈原道之說）之可抉也，我朝是
以復極其根於性命之源。性非三品（按：此指韓愈原性之說）之可盡也，
我朝是以復析其微於本然之性，氣質之別。功有相因，理日以明。

〔註67〕

乃伊川甫歿，而其高弟如楊時、謝良佐等皆入於釋，以禪說儒（均詳下章
「論佛禪之說」節）。他如張九成、楊簡亦然，〔註68〕皆非純儒；即朱子早歲亦
嘗愛禪，〔註69〕蓋當時已蔚然成俗。惟朱子於二十四、五歲復返諸六經，於
學析理綿密，辨明是非，東發甚加推重，云：

晦庵以千載道統爲己任；〔註70〕排斥異說，毫髮不恕，禍福是非，
一切以之。有泰山巖巖氣象。〔註71〕

朱子以闢異說與明道學雙管並進，嘗云：

異端之害正，固君子所當闢，然須是吾學明，洞見大本達道之全體。

〔註62〕《日抄》卷三三，頁2〈讀周子太極通書〉。
〔註63〕《日抄》卷三三，頁17〈讀伊川至論（跋）〉，參卷八二，頁1〈撫州辛未冬至
　　　　講義〉，略參卷四五，頁10〈讀石徂徠文集（跋）〉。
〔註64〕《二程全書》卷四〈春秋說〉。按：明道亦有尊王賤霸之說，見同書《明道文
　　　　集》卷二，頁1〈論王霸箚子〉。
〔註65〕戴君仁《談易》，頁92。
〔註66〕《日抄》卷三三，頁13〈讀程氏經說〉。
〔註67〕《日抄》卷五九，頁23〈讀韓文（跋）〉。
〔註68〕詳見《日抄》卷三五，頁12〈讀晦庵文〉，卷八五，頁5〈回樓新恩書〉。
〔註69〕《朱子語類》卷一〇四總頁4225。
〔註70〕參《日抄》卷二五，頁1〈讀禮記中庸〉。
〔註71〕《日抄》卷四〇，頁7〈讀東萊文集〉。

然後據天理，以開有我之私；因彼非，以察吾道之正。議論之間，

彼此交盡。〔註72〕

此意，理學家所見略同。〔註73〕東發細讀朱子著作，於其斥異端之文，皆隨
見隨錄；關於闢佛禪者，即達五千餘字，約佔《日抄》此類文字之四分之一。
東發尤贊朱子於經學之造詣，云：

晦庵先生表章四書，開示後學。復作易本義，作詩傳，面授作書

傳，分授作禮經疏義。且謂春秋本魯史舊文，提挈綱維，疏別緩

急，無一不使復還古初。六經之道，賴之而昭昭乎如揭中天之日

月。〔註74〕

東發所說甚是。錢穆爲《朱子新學案》，除將朱子對研究六經之成績加以闡發
外，又謂朱子解經之殊勝處，在剖析抉祕，使人一覽得知；且謂其能採漢、
宋諸儒解經之長，而去其短，爲經學開創一新門徑。〔註75〕《宋史》入朱於
道學傳，東發述其大有功於道學，云：

朱子解剖濂溪之圖象，裒列二程之遺書，以明道學之正傳者如此。

窮極釋氏之作用爲性，辨詰諸老之流入禪學，以明其徒之似是而非

者如彼。使道學之源不差，而夫子之道復明。此其有功天下萬世，

較之施於用世者撥亂反正，豈足喻勞烈之萬分一哉！〔註76〕

朱子明道學，斥異端，東發譽爲集宋儒之大成（詳上生平事蹟編）。其百卷詩文，
亦「皆此道之流行」（同註76）也。

東發所謂道統之傳，始於伏犧，歷堯、舜、禹、湯、文、武、周公、孔、
孟、韓愈、周子、二程，終於朱子，而陸九淵不與焉。考東發讀《象山文集》
首則摘錄其排道學之言都二十八則，〔註77〕次又斥其以講學爲異端立言之
謬，〔註78〕與其以伊洛之言性爲非之失。〔註79〕因謂象山雖稱述孔子，而實

〔註72〕《朱子大全》卷三九，頁46～47〈答范伯崇書〉。

〔註73〕如《陸象山文集》卷二，頁12～14〈與王順伯書〉。又：王陽明《傳習錄》卷
一，頁12。

〔註74〕《日抄》卷三六，頁21〈讀晦庵文（跋）〉。

〔註75〕詳見所著《朱子新學案》第四冊，又：第一冊《朱子學提綱》，頁168～188。

〔註76〕《日抄》卷三八，頁15〈讀朱子語類（跋）〉。

〔註77〕詳見《日抄》卷四二，頁3，又：頁6～8。

〔註78〕詳《日抄》卷四二，頁6～8，頁11、13、14、17。並參三，頁3〈讀孟子〉。

〔註79〕《日抄》卷四二，頁13〈讀陸象山文集〉。

則自立門戶，非爲道統也。〔註80〕

第三節　論知行

東發反對老子「道非明民」（見《老子·六十五章》）之說，而肯定知識之價值；〔註81〕又其宇宙觀以道爲日用常行之理，謂聖賢教人，皆以躬行篤實之說。時人有空談義理者，東發指斥之，云：

> （朱）文公既沒，其學雖盛，學者乃不于其切實，而獨于其高遠。講學捨論語不言，而必先大易說。論語捨孝弟忠信不言，而獨講一貫。（中略）入耳出口，無關躬行。（中略）是不痛省而速反之，流弊當何如也！〔註82〕

東發有鑒於此，遂倡平實致用之學，標舉呂祖謙於孝宗乾道五年（西元1169年）之學規，以明理、躬行爲學問根本，〔註83〕嘗云：

> 正躬行者必精性理，精性理者爲正躬行設也。（同註82）

知行並進，乃能明聖學眞相，識人生妙趣。此東發論知行之要。若以知行之輕重先後而論，則東發嘗許朱子之說，云：

> 致知力行，論先後，致知爲先，論輕重，力行爲重。〔註84〕

復從《聲隅子》云：

> 生而不知學，與不生同；（中略）知而不能行，與不知同。知而後行者，尚矣。〔註85〕

古今哲人率以致知之功爲不可廢。學問何以應以致知爲先？東發亦從朱子之說，云：

> 知之不明，而歸咎於行之不力，即因循擔閣（耽擱），無有進步之期

〔註80〕同註79，頁18。
〔註81〕《日抄》卷五五，頁2〈讀老子〉。
〔註82〕同註51，頁2。
〔註83〕《日抄》卷四〇，頁16〈讀東萊先生文集〉。學規見《呂東萊文集》卷一〇總頁248。
〔註84〕朱子說見《大全》卷五〇，頁21〈答程正思〉，又《語類》卷九，總頁295〈論知行〉。東發所見《日抄》卷三四，頁18〈讀晦庵先生文集〉，又卷三七，頁4〈讀晦庵語類〉。
〔註85〕《聲隅子》卷上〈生學篇〉。

矣！〔註86〕
此謂知不能明之害，東發嘗示其例，云：

> 忘義而徇利，以賤其身，而禍其眾。此非其自爲計不忠也，知之不
> 能明也。〔註87〕

凡義利之辨、是非之分，均應以理爲準。然「理未易察」（呂祖謙語），是以不可不先致知。

　　大抵明理之下手處有二：一爲小學功夫，一爲大學格致之教。《論語》首章言學，東發以爲孔子之意莫切於孝、弟、忠、信，故次之以孝、弟。〔註88〕孝、弟、忠、信之實，即朱子所謂「小學功夫」。〔註89〕朱子嘗爲《童蒙須知》及《小學》六篇，於敬身之細節、明倫之要方等，述之甚詳。又注釋《管子·弟子職》一篇，贊論其文，云：

> 古者小學灑掃、應對、進退之節，於斯乎有考矣。始於學，則謂人
> 莫先於學。凡其后所敘皆學也。蚤作次之，受業又次之。（中略）致
> 知躬行工夫交進，上其爲大學基本云。〔註90〕

朱子以小學涵養功夫爲大學之本，東發從之。至大學之教，乃欲人窮理正心，修己治人，〔註91〕發明小學所教之事理，其要見於朱子〈格物補傳〉。朱子云：

> 所謂致知在格物者，言欲致吾之知，在即物而窮其理也。蓋人心之
> 靈，莫不有知；而天下之物，莫不有理。惟於理有未窮，故其知有
> 不盡也。是以大學始教，必使學者即凡天下之物，莫不因其已知之
> 理而益窮之，以求至乎其極。至於用力之久，而一旦豁然貫通焉，
> 則眾物之表裏精粗無不到，而吾心之全體大用無不明矣。

東發以爲大學講明義理，別白是非；〔註92〕是非能明，則可堅其信道之志，不爲流俗所惑。〔註93〕

〔註86〕《日抄》卷三四，頁20〈讀晦庵文集〉所引〈朱子答孫季和語〉。朱子語見《大全》卷五四，頁1。
〔註87〕《日抄》卷五六，頁22引〈春秋繁露身之養莫重於義〉篇語。
〔註88〕《日抄》卷二，頁2〈讀論語〉。
〔註89〕見《朱子大學章句序》，參《日抄》卷三三，頁7〈讀程氏遺書〉。
〔註90〕《朱子大全》卷六六，頁8～10〈讀管子弟子職〉。《日抄》卷三五，頁2～3〈讀晦庵先生文集〉曾抄錄之。
〔註91〕《朱子大學章句序》。
〔註92〕參《日抄》卷五五，頁3〈讀莊子〉，又頁11〈讀墨子〉。
〔註93〕《日抄》卷三四，頁前14〈讀晦庵先生文集〉。

　　察事理，明是非，非親師不爲功，故東發主張尊師講學。魏、晉以後師道不立，韓愈作師說唱之，有「師者，所以傳道、授業、解惑」之言。其所謂道，即指聖人之道，欲使之復明於世。然其效不著，泊宋初而師道始復立，東發云：

> 師道之廢，正學之不明久矣。宋興八十年，安定胡先生、泰山孫先
> 生、徂徠石先生，始以其學教授。而安定之學最盛，繼而伊洛之學
> 興矣。故本朝理學雖至伊洛而精，實自三先生而始。〔註94〕

東發之說甚是。宋代學校書院林立，講學之風最盛，其關繫於窮理致知，明倫躬行者甚大。是以東發反對陸象山以講學爲異端，因噎廢食之謬說（已詳上「道統論」節）。

　　時儒有窮理至不可說處，而流於談空說性者。朱子嘗云：「世間事思之非不爛熟，只恐做時不似說時。」〔註95〕故於講學窮理之後，即繼以躬行力踐，且以力行爲重。〔註96〕度宗咸淳七年多至，有欲請東發講學者，東發自謙云：

> 每讀先儒經解，惟有拳拳敬信，愧不能行得一句，何敢更衍浮辭？
> （中略）某辭以今日之所少者，不在講說，而在躬行。〔註97〕

此即朱子「以行爲重」之說。其後，東發於餘姚縣學講「古者言之不出，恥躬之不逮也」章，於孔子敏行訥言之旨，闡之甚爲精闢，略云：

> 蓋理有自然，本不待言。（中略）天亦不待言而有自然之化運。大之爲
> 三綱五常，微之爲薄物細故，人亦不待言而各有自然之準則。此夫子
> 之所以歎天何言哉，而謂予欲無言；而見之於問答者，亦皆正爲者躬
> 行而發凡，今見於《論語》二十篇者，往往不過片言而止。〔註98〕

　　綜上所論，知東發欲人先知倫理道德之實，而後發乎日用躬行。其說甚爲平實易行。

第四節　倫理主張與教化旨趣

　　倫理思想，爲儒家所最重視。東發之倫理主張，本於性善之說，嘗云：

> 性者，此理素具於此心，人得之於天以生者也。一陰一陽之謂道，

〔註94〕《日抄》卷四五，頁10〈讀石徂徠文集（跋）〉。
〔註95〕《朱子大全》卷二八，頁2〈答陳同父書〉。《日抄》卷三四，頁9有抄錄。
〔註96〕詳上，並參《朱子大全》卷三九，頁16〈答楊子順書〉。
〔註97〕《日抄》卷八二，頁1〈撫州辛未冬至講義〉。
〔註98〕同註97，頁5〈餘姚縣學講義〉。

　　而繼之者善，于以賦予萬物，人為萬物之靈，其性所自來，固無有

　　不善。〔註99〕

天然之性固善，而既賦諸人，則善惡不一。故東發又云：

　　然既屬於人，則不能以盡同。故夫子一言以蔽之曰：性相近也。（同

　　註99）

東發歷述前修論性原委，而歸諸孔子性相近之說，云：

　　孟子當人欲橫流之時，特推其所本然者，以曉當世，故專以性善為

　　說。（中略）由今觀之，謂性為相近，則驗之身，稽之人，參之往古，

　　考之當今，（中略）無不合。（中略）言性之說，至本朝而精，以善為

　　天地之性，以不能盡善者為氣質之性（中略）。竊意（中略）所謂氣質

　　之性，是指既屬諸人而言也，斯其謂之性者也。夫子之言性，亦指

　　此而已耳。（同註99）

是東發以天地之性為性善之源，然並非即此是性。人之「性」，實為上天已賦
予人之後者：氣質之性是也。東發復申其說云：

　　其賦自天，何有不善？自陰陽雜揉，屬之人，而謂之性，宜不能盡

　　粹。（中略）學者亦學夫子（中略）戒其習之相遠。〔註100〕

後天之習染，足以使善性蒙昧，故東發推重張載「變化氣質」之說，〔註101〕
以為氣質既可變化，則能使人篤行倫理，而止於至善。

　　　東發之倫理思想，首欲人正心，以復天性。蓋心為一切意志活動之主宰；
天然之性雖純為善，然既發為情，則有正有偏，其偏者易入於惡，如任私、
縱欲等是，〔註102〕故以為正初心實為修養功夫之始。東發繼承儒家傳統動機
論，嘗斥《鄧析子》之謬論，云：

　　其書以無厚（按：東發解為「勿厚」之意）名首篇，則其發於心者為可

　　知。〔註103〕

正初心之要，在講廉恥；〔註104〕廉者止欲，恥者有所不為。故於人欲則應予

〔註99〕《日抄》卷二，頁13〈讀論語〉。
〔註100〕同註99，頁14。
〔註101〕詳見《日抄》卷三三，頁19〈讀橫渠正蒙〉。
〔註102〕詳見《日抄》卷三七，頁3〈讀晦庵先生語類〉。又：卷五五，頁3〈讀莊子〉，
　　　　又：頁16〈讀真（慎）子〉。
〔註103〕《日抄》卷五五，頁15。「無厚」，意如今幾何學所謂「點」；乃戰國學者術
　　　　語，《墨經》及《莊子・人間世篇》亦有之。
〔註104〕《日抄》卷八六，頁14〈恥獨記〉。

克制，孔子言克己復禮，即是此種功夫。〔註105〕人欲以名利爲首，欲去人欲，存天理，則須能辨明義利。而辨別之方，則在博聞多識，體察人情。

滌蕩名利之心，即合於倫理道德。朱子引林德久之言云：「心無私欲，即是仁之全體」。〔註106〕《論語》仁字凡一百五見，孔子之重仁可知；《日抄》百卷亦幾無處不見仁字，東發云：

> 仁即性之有。〔註107〕

故凡孔、孟所言仁義禮樂，孝弟忠信等，東發莫不信受奉行，並以之淑世；中尤以孝爲百行之本。〔註108〕東發讀《春秋》，至文公元年十月楚世子商臣弒其君頵，而痛論之，云：

> 書商臣稱世子，以見其有父之親；書頵稱君，以見其有君之尊。商臣無父無君，大逆無道，禽獸不若也。唐太子洪（按：後之高宗李弘）受左氏春秋，廢書而歎曰：「聖人何書此耶！」率更令郭瑜對曰：「春秋以善惡爲勸戒，故商臣千載惡名不滅。」洪曰：「實不願聞，願受他書。」〔註109〕

可此可知東發教忠教孝之心矣。其於諸子，皆舉其說之正、偏而摘錄之，勸善懲惡，歸之於理義，俾使後學有所適從。

東發之教化旨趣爲其倫理主張之延長，蓋欲移風易俗，使成爲一安定和平之倫理盛世也。其法首在獎學，以得英才，嘗云：

> 自昔人主不能自治其民，必求天下之秀異，以與共治。〔註110〕

欲得人才，非教育莫由。〔註111〕宋代學校普徧，書院林立。然法久弊深，東發主張「養，非飲食之謂，在優游以成其器；教，非文字之謂，在切磨以進其德。」〔註112〕故每竭力呼籲，祈復立學初衷；並主嚴師道，振人心，云：

> 仁義禮智之性具在人心，所以開而明之者，則存乎教。詩書禮樂之教具在方冊，所以講而行之者，則繫乎師。故師必明聖經，而後可

〔註105〕《日抄》卷三五，頁15〈讀晦庵先生文集〉。
〔註106〕《朱子大全》卷六一，頁11〈答林德久書〉。
〔註107〕《日抄》卷二，頁2〈讀論語〉。
〔註108〕《日抄》卷八二，頁1～2〈撫州辛未冬至講義〉。
〔註109〕《日抄》卷一〇，頁2〈讀春秋〉。
〔註110〕《日抄》卷八七，頁15〈長興縣主學廳題名記〉。
〔註111〕此意，東發於記州縣主學廳、教授廳、書院等文中屢言及。詳見《日抄》卷八七、八八、八九等處。
〔註112〕《日抄》卷八八，頁1〈撫州重建教授廳記〉。

以淑人心，必淑人心，而後可以轉移風俗。〔註113〕

　除學校之外，科舉亦關係世道人心。宋季科舉制壞，朱子嘗作學校貢舉私議等文極論之。〔註114〕東發亦深明其弊，於戊辰輪對指陳士大夫之無恥，皆由科舉而生。因論更革之方，云：

　　科舉之較程文，如博奕偶勝，於士之賢否何預？要在謹簡於入仕之後，幸而得賢者能者，則必用之。不幸而得愚不肖者，雖自學校科舉中來，必終斥之。用舍不于學校，不于科舉，而于其人。〔註115〕

　東發本孔子性近習遠之說，以去人欲，存天理爲教化宗旨；而以孝弟忠信等爲教化之德目，其說，於《日抄》中幾隨處可見也。

第五節　論治道

　東發以爲天下應爲全民所共有。〔註116〕上天爲民而立君，故人君治國，應以民意爲依歸，士人亦當志在天下。〔註117〕此種民有、民治之政治觀念，於中央集權之宋世，固難實行；因退而求其次，主張行王政。

　王政之要，在使人民豐衣足食，故主張人君應勸農，教民稼穡。〔註118〕《管子・牧民篇》云：

　　倉廩實則知禮節，衣食足則知榮辱。

東發贊此語爲《管子》「政經之綱」。〔註119〕又君主應行仁義之道，爲天下興利除害；〔註120〕因主張賢人政治，不以霸道法治，嘗云：

　　古人有言楠治人無治法。三代之治忽，各係其君之賢否，法之詳未聞焉。三代君臣之謀猷，亦未嘗有一語及於法者。詳于法必略於人，

〔註113〕《日抄》卷八七，頁19〈撫州新建增差教授廳記〉。
〔註114〕詳見《朱子大全》卷金九，頁24～25，並參卷七四，頁15〈論語課會説〉，又：《語類》卷一〇九，總頁4341～4361〈論取士〉。
〔註115〕《日抄》卷六八，頁15〈讀葉水心文集〉。
〔註116〕《日抄》卷五五，頁15〈讀眞（愼）子〉。又卷五八，頁4〈讀黃石公三略六韜〉。
〔註117〕同註116引《愼子》。又：《日抄》卷五五，頁20〈讀聲隅子〉；又：頁2〈讀老子〉。
〔註118〕《日抄》卷五五，頁9〈讀管子〉。
〔註119〕同註118，頁7。「政」字原作「正」，此從《元刊本日抄》校改。下引同。
〔註120〕此意東發屢言及，如：《日抄》卷五五，頁22〈讀春秋繁露是〉。

秦法之密，漢網之疏，其效亦可觀矣。〔註121〕

此明揭賢君不任法之理想。東發非反對立法，乃主張立法須因時制宜，不可一成不變。故贊同《文子・道德篇》「不法其已成之法，而法其所以爲法者，與世推移」之說。〔註122〕

君主不能事事躬親，則須用賢使能，作爲輔弼。〔註123〕而所用之人，當察之於民，選其允符眾望者，而斥去便佞之人。〔註124〕人主乃可效堯舜之廣納慎聽，且防諂言離間。如是，則民乃歸附焉。〔註125〕

東發以爲天下爲民所共有，主張學而優則仕，以邦濟世。故不以韓愈三上宰相書爲可恥，云：

（張九成）謂：韓文公上宰相書，略不知恥。愚謂：韓文公平生大節，何可當也！豈無恥求進之人哉？孟子固嘗言，孔子三月無君則弔矣。後世徉退爲高，終敗名節者，則可責耳，而責文公眞情，求自見於當世者乎！〔註126〕

由此益可見東發積極入世之苦心。士人既出仕，則應忠君，不擇事而安。〔註127〕至於盡忠之方，東發從《申鑒》之說，以爲其要有三：一曰防，先其未然而止之，如李沆於眞宗初勸抑浮薄喜事，而使仁宗朝久享太平。〔註128〕二曰救，發而止之，如包拯之敢言極諫。〔註129〕三曰戒，如果發諫理宗建內禁道場。若下不鉗口，上不塞耳，則國可治矣。」〔註130〕

群臣當勸王行仁政，如：宋初曹彬「雖蟄蟲不忍傷其生，而能獎率三軍，令行禁止」，故其下江南、蜀、廣、湖南四國，未嘗殺一不辜，東發贊其爲「仁者之勇夫」。（同註128）東發屢言宋朝以仁持國，其愛護生靈之心可知；而其一生行政，亦視民如傷。故其政治主張，即本乎孔、孟主道之旨也。

〔註121〕《日抄》卷六三，頁16〈讀曾南豐文（跋）〉。

〔註122〕《日抄》卷五五，頁13〈讀文子〉。

〔註123〕《日抄》卷五八，頁3〈讀黃石公三略六韜〉；又：卷五五，頁2〈讀莊子〉。

〔註124〕見《日抄》卷五五，頁13〈讀亢倉子〉，又：頁14〈讀鶡子〉。

〔註125〕《日抄》卷三二，頁1〈讀孔子家語〉；卷五六，頁19〈讀新序〉，又：卷五七，頁7〈讀申鑒〉。

〔註126〕《日抄》卷四二，頁1〈讀橫蒲日新〉。

〔註127〕《日抄》卷五六，頁14〈讀陸賈新語〉。又：卷五五，頁2〈讀莊子〉。

〔註128〕《日抄》卷五〇，頁1〈讀本朝名臣言行錄〉。

〔註129〕同註128頁8。又：《宋史》卷三一六〈包拯傳〉。

〔註130〕盡忠之方，見《日抄》卷五七，頁7〈讀申鑒〉。按：《申鑒》見〈雜言四〉。

　　東發亦主張以王道施於蠻貊之邦。〔註131〕然，當時外患頻仍，先有遼與西夏，後北宋竟亡於女眞。朱、陸、陳亮與葉適等均主恢復中原；東發亦力主攘夷，《日抄・讀春秋》七卷，皆此意也。宋室南渡，妥協講和派得勢，葉適言彼等「不思夷夏之分，不辨逆順之理，不立仇恥之義」。〔註132〕東發於戊辰輪對，除以兵弱爲憂外，亦斥主和派無恥之謬論。因奏勸士節，修武備，奮戰到底。〔註133〕仁人本不喜言兵，然遇強敵侵凌，亦不得不用兵，以活民命。《孫子兵法》開宗明義即謂：「兵者國之大事，死生之地，存亡之道，不可不察也。」即此意也。東發引《司馬法》云：

　　　　天下雖安，忘戰必危。〔註134〕

又釋古者用兵前必齋廟之故，云：

　　　　古者齋廟授鉞，蓋必不得已而用兵，故告之宗廟，且示謹重也。〔註135〕

用兵當如是敬愼。東發復謂：《孫子・謀攻篇》所以言用兵以「全國爲上，破國次之」等語，乃因「恐多傷人物」之故。〔註136〕推此心焉，則不殺降人。〔註137〕但，以義誅不義，而不以兵強天下，是眞仁人用兵之本心矣！〔註138〕

〔註131〕《日抄》卷五六，頁19〈讀新序〉，又頁6〈讀呂氏春秋〉。
〔註132〕《葉水心別集》卷一〇，頁2〈外稿始議一〉。
〔註133〕《日抄》卷六九，頁1，又頁4〈戊辰輪對箚子〉，又第二箚。
〔註134〕《日抄》卷五八，頁1〈讀司馬法〉引仁本篇語。
〔註135〕同註134，頁2〈讀唐太宗李衛公問對〉。
〔註136〕同註134，〈讀孫子〉。
〔註137〕《日抄》卷五五，頁14〈讀鶡子〉。
〔註138〕詳見《日抄》卷五八，頁4〈讀黃石公三略六韜〉；卷五五，頁1〈讀老子〉
　　　　（引《老子》三十章〈不以兵強天下〉），又：頁8〈讀管子〉。

第三章　論諸子學說

東發之諸子學，爲平生精力所萃。本編首述其辨僞書，以淸其源；次敘其思想觀念，以建其本。茲則述其論諸子學說，以明其用焉。

第一節　黃氏論諸子書之性質

《日抄・讀諸子》五卷，凡五十四部，於每部之下，或辨其眞僞，或述其旨要，間亦論及版本、音義，皆能獨抒所見，頗多創獲，爲後世學者所重。其於諸子說之正者，雖隻詞片語，必加贊揚，以爲法式，例如：抄錄王充《論衡》辨訛正謬者，凡十五條；〔註1〕而於其說之偏說，則斥爲異端，以免誤人。如莊、老之書，固無論矣（詳下）；即於淮南鴻烈，亦嘗謂爲劉安遭誅滅之因。云：

> 周衰，天下亂，諸子蜂起，爭立異說，而各以禍其人之國。漢興，一切掃除，歸之忠厚。諸子之餘黨紛然無所售。（中略）安不幸貴盛而多材，慷慨而喜事；起而招集散亡，力爲宗主。於是春秋戰國以來，紛紛諸子遺毒餘禍，皆萃於安矣，安亦將如之何而不誅滅哉！

〔註2〕

東發不滿諸子之說，以爲多少含有毒素。故謂：除孔子之學，可以萬世無弊外，餘子多爲孔門之罪人。嘗論云：

> 諸子惟荀卿、楊雄、王通知宗尚孔氏，而未知其儻用於世果何如。

〔註1〕詳見《日抄》卷五七，頁1～3。
〔註2〕《日抄》卷五五，頁16～17〈讀淮南子〉。

餘皆處士橫議，高者誣誕，下者刻深，戲侮聖言，壞亂風俗，蓋無
一非孔門之罪人。〔註3〕

不僅此也，東發復於所著《古今紀要》中，特闢「處士橫議」一門，以斥列
子、莊子、楊朱、墨子與公孫龍等。〔註4〕其平生唯尊孔子，以爲其說皆正當
可行，而諸子則變怪不經，與孔子截然不同。故云：

孔子不語怪、力、亂、神；諸子所語者，怪而已。古語有之：「君子
道其常，小人道其變」；諸子之所道者，變而已。自莊、列以來，無
一不然，于以汩沒天下之正理，惑生民之耳目。〔註5〕

東發之宇宙觀，以爲天地之間有一常理存在，永恒不變。諸子說多反乎此理，
是以斥其「或累千百言，而僅一二合理；或一意，而敷繹至千百言。」〔註6〕
觀乎此，可以知東發評論諸子學說之梗概矣。

東發主張子書應有主見，有定說。〔註7〕然其行於世者，多爲因襲之作；
〔註8〕僞託之書，更無論矣。東發能詳諸子書之源流，與其思想因襲之情況。
如謂虛誕反常之說，皆源出道家三子；（詳下）謂後世法吏所行，皆本《商君
書》；〔註9〕又言論兵者祖孫子、吳起，〔註10〕說皆確當。至論老子流爲申、
韓法術之弊，與莊子影響後世之大，則尤爲卓識。茲分述於後：

《史記》已謂申韓學本黃、老，〔註11〕東發嘗斥《老子·第三十六章》「將
欲歙之，必固張之；將欲弱之，必固強之；將欲廢之，必固興之；將欲奪之，
必固與之」等語，爲陰謀之說。〔註12〕又引朱子之言，云：

老子占姦，故爲其學者，多流於術數，如申、韓之徒是也。〔註13〕

東發又詳述老子之無爲，流爲韓非之刑名，云：

〔註3〕《日抄》卷五五，頁7〈讀管子〉。
〔註4〕見《古今紀要》一，頁39。
〔註5〕同註2，頁17。
〔註6〕《日抄》卷三三，頁2〈讀周子太極通書〉。
〔註7〕《日抄》卷五五，頁19〈讀劉子〉，又卷五八，頁4〈讀陰符經〉。
〔註8〕近人馮友蘭《中國思想史》，以《淮南子》前爲子學時代，其說皆有中心觀念。
又以董仲舒以下爲經學時代，說多因襲前人，無有創發，殆以爲儒家經學所
籠罩也。
〔註9〕《日抄》卷五五，頁14〈讀商子〉。
〔註10〕如《日抄》卷五八，頁3〈讀黃石公三略六韜〉。
〔註11〕《史記》卷六三〈老莊申韓列傳〉。
〔註12〕《日抄》卷五五，頁2〈讀老子〉。
〔註13〕《日抄》卷三八，頁1〈讀晦庵語類〉（見卷一二五總頁4860），文字略有更動。

　　無爲自化，去刑名固宵壞也。然聖人所以納天下於善者，政教也；
　　世非太古矣，無爲安能自化？政教不施，則其弊不得不出於刑名。
　　〔註14〕

世衰道微之時，老子不施政教以救之，反倡無爲之說，不僅不能爲治，〔註15〕
且流爲慘刻之刑名，其害至大。〔註16〕老子流爲申、韓之故，近人熊十力先
生論之尤爲透闢，云：

　　道家下流爲申韓，非無故也。（中略）老氏崇無，而深靜以窺幾。（中
　　略）夫深靜以窺幾者，冷靜之慧多，惻〔註17〕怛之誠少；又凡先天
　　下而識幾者，不用世則已，如用世，自有天下皆芒（按：疑當作「茫」）
　　之感，而果於獨用其明。果於獨用，未有不力排異己。韓子言術，
　　不覺慘酷，亦道家啓之也。〔註18〕

此於老子、韓非之心術，抉剔無遺，可補東發說未盡之意矣。

　　至於東發論莊子影響於後世者，可歸納爲下列三大端：一、其末流爲魏、
晉清談，誤己誤國。二、其寓言影響後世文學甚大，且促成道教之興起。三、
其論心性之說，爲後世禪學所本。莊子與清談家之關係，歷來學者述之甚詳，
戴君仁〈魏晉清談家評判〉一文，論其弊尤詳。〔註19〕茲不贅述。《日抄・論
莊子》之寓言及其影響後世之文學，云：

　　莊子以不羈〔註20〕之材，肆跌宕之說，創爲不必有之人，設爲不必
　　有之物，造爲天下所必無之事，用以眇末宇宙，戲薄聖賢。走弄百
　　出，茫無定踪，固千萬世詼諧小說之祖也。〔註21〕

後世襲莊子寓言者甚多，如散文及小說等，殆難僂指。其說養生與眞人，所
謂至人入水入火，不焦不濡之說，亦爲後來道教丹鼎派所本（詳下）。至東發
論禪學源出莊子，其說甚新。云：

〔註14〕《日抄》卷四六，頁 16〈讀史記〉。
〔註15〕參《日抄》卷六六，頁 18〈讀葉水心文〉。
〔註16〕如胡拙甫《韓非子評論》，頁 31，謂：如韓非數披其木之術，徒爲秦政輂教猱
　　　　升木，而禍害於中華民族，永不可拔。故其說不獨非治道，亦實非人道也。
　　　　按：據近人徐復觀言，胡拙甫即熊十力之化名。
〔註17〕「惻」字，原作「側」，蓋係誤植。
〔註18〕同註 16 引。
〔註19〕文載《幼獅學誌》第八卷第 3 期。
〔註20〕「羈」字爲「羈」之俗字。
〔註21〕《日抄》卷五五，頁 3〈讀莊子〉。

（上略）齋心服形之老莊，一漲而爲坐脫立忘之禪學。始瞑〔註22〕

目株坐，日夜仇視其心，而禁治之。及治之愈急，而心愈亂，則曰：

易伏猛獸，難降寸心。〔註23〕

《莊子‧齊物論篇》「今者吾喪我」，與〈徐无鬼〉、〈知北遊〉等篇「心如槁木死灰」之說，乃欲人不必有材，心不必有知。東發詰之，云：

人生而有血氣。安得而使之無？（同註21）

佛家修證涅槃之說，正欲使人不生不死，無知無意；又禪宗不立語言文字，單傳心印，冀求頓悟之說，與莊子所謂心齋（見〈人間世篇〉）、坐忘（〈大宗師篇〉），若出一轍，近人多能詳之，〔註24〕東發於七百年前已見及此，斯爲卓識也。

第二節　斥道家三子

東發以爲凡不合於道統之學者即爲異端。「異端」一詞，首見於《論語》孔子云：

攻乎異端，斯害也已。（〈爲政篇〉）

東發說之云：

孔子本意，似不過戒（誡）學者他用其心耳。後有孟子闢楊、墨爲異端。〔註25〕

東發〈讀墨子〉，反對韓愈以孔、墨合流之論，而嚴判其異同（詳下），乃直承孟子斥異端之心也。

道家思想，以老、莊與列子，影響後世最巨，東發斥莊最甚，於老、列亦不稍寬假。《日抄‧讀老子》有云：

其書謂道非明民者，見之偏；欲絕仁義者，言之激；翕張予〔註26〕奪者，陰謀。玄之又玄者，彼自不知其何以言，何詰焉！〔註27〕

〔註22〕「瞑」字，《日抄》原作「暝」。茲據《四庫全書》本校改。
〔註23〕《日抄》卷八六，頁16〈省齋記〉。
〔註24〕參吳經熊《禪學的黃金時代》，頁3引日人鈴木大拙說，又：吳怡《禪與老莊》，頁169～172，，巴壺天〈藝海微瀾‧禪宗三關與莊子〉一文。而印順法師《中國禪宗史》，詳考印度禪演化爲中國禪之歷程，其中亦多述及禪與老莊之淵源關係。
〔註25〕《日抄》卷二，頁4〈讀論語〉。
〔註26〕《日抄》「子」字原作「矛」，此據《元刊本日抄》校改。
〔註27〕《日抄》卷五五，頁2〈讀老子〉。

《老子》書有絕仁棄義之說（如第十九章），當成於孔、孟之後。東發尊孔、孟，並肯定知識之價值（均詳上第三章），故排斥老子絕棄仁義與愚民之說。其斥老子翕張予奪之說，已如上言。

東發之宇宙觀與《老子》不同，《老子》首章言道之體用，云：

> 道可道，非常〔註28〕道；名可名，非常名。無，名天地之始。有，名萬物之母。

老子以道爲創生宇宙萬物之基本動力（詳《老子》第四十二等章），其體本虛無，而其用則妙而有功。老子又謂入道功夫，云：

> 故常無，欲以觀其妙；常有，欲以觀其徼。此兩者同，出而異名，同謂之玄。玄之又玄，眾妙之門。

明僧德清解此章甚的，其說略謂：老子道之體，雖屬虛無，然其中含有造化萬物之妙用，故有、無可以並觀，同是一體，故曰：此兩者同。老子恐人疑二者既同，爲何又立有、無之名？故釋之曰：出而異名。又恐人復疑有、無對待，則不能成一體，如何謂之妙道？故釋之曰：同謂之玄。斯則天地同根，萬物一體，甚爲奇妙。然老子又恐人不能滌除玄覽，故又遣之曰：玄之又玄。〔註29〕是老子以「玄」狀其道體之妙用也。而東發則以道爲日常所行之理，其學以實用爲依歸，故力斥老子以道德爲虛無之說。

老子之人生論，本於其宇宙論，亦主張無爲自治。東發謂此說係隱者嫉亂世而思無事之言，〔註30〕並斥之云：

> 上果無爲，則下烏能自足耶？〔註31〕

又云：

> 無爲則天下決（絕）不能自治，勢必出於慘刻，以勝其不治者。
> 〔註32〕

東發蓋不信世有所謂「反作用」之說，故以爲老子主張無爲而不爲之說，甚爲無稽。其學流爲申、韓法術，即爲明證；而流爲禪學者，其弊益甚。故東發非之，至欲專集一書，以論其害。〔註33〕

〔註28〕「常」字，當從俞樾老子平議作「尚」字解。下引同。
〔註29〕《老子道德經・憨山解》，總頁 51。
〔註30〕同註27，頁 1。
〔註31〕《日抄》卷五五，頁〈讀文中子〉。
〔註32〕《日抄》卷六八，頁 18〈讀葉水心文〉。
〔註33〕《日抄》卷九〇，頁 7〈欽德載閒道集序〉。

　　莊子思想多本老子，而益爲推闡。以生值戰國亂世，一反當時之禮法制度；以爲大道無所不在（詳〈知北遊篇〉），不得以已非人，因主張物各付物，任其自然，達絕對逍遙之境界。其說消極頹廢，東發以濟世爲志，故屢加排斥，如云：

> （莊周）不得志於當世，而放意狂言。（中略）然而人道之倫，顛錯而不敘；事物之情，遺落而不理。以養生送死，飢食渴飲之大節，而付之儻蕩不覊之人。小足以亡身，大足以亡天下，流患蓋未已也。〔註34〕

東發重倫理教化，故極斥莊子之流弊。蓋其弊已於魏、晉之清談見之也。凡厭世者多趨於縱欲享受，違反風俗，漠視禮教；往往以莊子眞人、至人之說爲其行爲之論據。凡愚之人，致爲所惑。東發斥至人之說爲無稽：云：

> 夫至人者，莊子創爲戲言，以薄聖人，非果有其人也。至人之次爲眞人，其有秦始皇、魏太武帝嘗實其名。而至人，則至今未聞也，何羨之有？〔註35〕

　　莊子處亂世，深感愛惡不能由己，因謂：死生爲自然之運，云：「生也死之徒，死也生之始」（〈知北遊篇〉）。因教人安時而處順，以泯除利害得失，一切依乎天理，因其固然（〈養生主篇〉）。甚者隨波同塵，不攖萬物，「不譴是非，以與世俗處」（〈天下篇〉）。東發謂其說皆以變亂常，嘗云：

> （莊子）所以變亂天下之常者，不過借天下之不常，以亂其常。（中略）如巨盜負篋，〔註36〕則謂緘縢防盜者爲盜積。（中略）於是乎混而殽之，謂是即非，非即是，而是非之兩忘。（同註21）

生乎亂世，欲求得道全德，自不得不運用智巧。〔註37〕東發謂莊子求道德之目的，乃在苟全性命，嘗引朱子之言，云：

> 莊子稱：爲善無近名，爲惡無近刑，緣督以爲經。督，中也。（中略）爲善則畏其累己而不敢，爲惡則擇其不至犯刑者，而竊爲之。乃欲依違苟且之兩間，而循其中之所在。不論義理，專計利害。〔註38〕

〔註34〕　同註32，頁 19。
〔註35〕　《日抄》卷六一，頁24〈讀歐陽修文〉。
〔註36〕　《日抄》「篋」字原誤作「蓝」，茲據莊子校改。
〔註37〕　《日抄》卷五五，頁 20〈讀聱隅子〉。
〔註38〕　《日抄》卷三五，頁 5〈讀晦庵先生文集〉（引《大全》六七，頁 23～24〈養生主說〉）。

是東發評莊子，可以程明道「自私而用智」一語概括之；〔註39〕即程氏所云：
「此二者爲人情之蔽，而不足以適道」〔註40〕是也。

　　《日抄・讀列子》首述列子出世思想之背景，云：

　　　　列子才〔註41〕穎逸而性沖澹，生亂離而思寂寞。默察造化消息之運，

　　　　於是乎輕死生輕視人間死生之常，〔註42〕於是乎遺世事。〔註43〕

今本《列子》同於《莊子》之說者甚多，東發皆視爲亂世書。其中消極頹唐，
自全自利之議論，俯拾即是，東發肯定其與楊朱之說合，嘗云：

　　　　（列子）愛身自利，其學全類楊朱，故其書有〈楊朱篇〉，凡楊朱之

　　　　言論備焉。（中略）楊朱拔一毛利天下不爲，而列子宗之。〔註44〕

《列子・楊朱篇》載楊朱以爲人生甚爲短暫，因主張「且趣當生，奚遑死後」，
放情肆志，及時行樂之人生觀。此種末世思想，與儒家講求公利，積極入世者
不同。故東發斥其與莊子均「借物類偶變之變，以概人事實然之常」〔註45〕也。

第三節　評道教長生術

　　道教本道家之說，並附會黃帝作仙經，以售其煉丹飛昇之術。所借道家
之說者有三：其一爲老莊重養生之說，如老子之實腹強骨（《老子》第三章），《莊
子・養生主》與〈至樂〉等篇，而變本加厲。其二假莊子至人、眞人之神異
說，以爲修煉之理想標準。其三則以莊、列所描繪之藐姑射山、華胥氏國之
仙境，皆信以爲眞。〔註46〕

　　道教之說，可大別爲丹鼎與符籙二派，前者以魏伯陽、葛洪爲代表，後
者以寇謙之爲代表。〔註47〕東發未論及符籙派說法；於丹鼎派，力加貶斥。

〔註39〕《日抄》卷三三，頁 14〈讀程氏文集〉。
〔註40〕《明道文集》卷三，頁 1〈定性書〉。
〔註41〕《日抄》原無「才」字。此據《元刊本日抄》及《永樂大典》卷一○二八六，
　　　　頁 3 所引補。
〔註42〕「輕視人間死生之常」八字，《日抄》原爲正文；《永樂大典》（同註 41 引）以
　　　　爲注文，茲從之。
〔註43〕《日抄》卷五五，頁 10〈讀列子〉。
〔註44〕同註 43，頁 10～11。按：東發此論殆本朱子說，見《朱子語類》卷一二五總
　　　　頁 4850。
〔註45〕《日抄》卷五五，頁 20〈讀宋齊邱化書〉。
〔註46〕詳見張君房《雲笈七籤》卷三，總頁 16〈道教本始部〉。
〔註47〕元馬端臨《文獻通考》卷二二五總頁 1810〈經籍考〉五二，分道教爲清淨、

嘗謂《周易參同契》、《抱朴子》並非魏氏、葛氏所作，其意蓋以若能定其僞，則世人當不信其書，而可免爲所惑也。《參同契》言煉丹，與《周易》本不相涉，而竟冒其名，東發斥其妄，云：

> 以三百八十四爻爲一周天，以一爻直一日，而爻多日少，終不相合。
> 〔註48〕

又斥〈神仙傳〉載魏伯陽服丹復活之妄，云：

> 魏伯陽傳言：伯陽將三弟子、一白犬入山作金丹。丹成，與犬，犬死；伯陽自服自死；弟子繼服又死。二弟子不服而出山，爲伯陽求棺斂。〔註49〕至，則伯陽已活矣。其鄙如此，且或有之，人奈何以一死試丹！而伯陽之再活者，今安在？壽幾何耶？（同註48）

東發以爲人物有生有死，所以生生不息。道教長生久視之說，實屬無稽，故屢揭其誑。《日抄·讀抱朴子》約一千五百字，幾字字皆斥所謂長生術之妄。其長生之術有三：一爲導引之術，欲使人如胎息。東發斥之，云：

> 夫人生在胎，以母之息爲息，胎亦何息之有？及其既生，則以天地之氣爲息，何能使之不息？〔註50〕

其二爲房中之術，東發斥此術，將反「使人縱于情慾，以速其死」。其三爲金丹大藥之術，因欲求延年，而提煉硫石、水銀等物爲金丹以食之。實則藥石化金，往往產生砒霜，最易中毒。東發亦斥其爲速死之具。是《抱朴子》之說，皆屬欺妄，故東發云：

> 抱朴自謂：此術左元放傳之吾從祖仙翁，仙翁傳之鄭君，而鄭君又傳之抱朴。（中略）今元〔註51〕放死，仙翁死、鄭君死、抱朴亦身將老且死。（中略）而徒一則曰：長生，二則曰：長生。吾誰欺？欺天乎！〔註52〕

凡愚之人不明生死之常，懼死樂生，易爲長生之說所入，致蒙其害。東發深

煉養、服食、符籙與經典科教五說。近人王治心《中國宗教思想史大綱》，頁77，因清淨說應屬道家，煉養與服食二說可合爲丹鼎派，經典科教說，其後不行。因此分丹鼎與符籙二派。茲從其說。

〔註48〕《日抄》卷五七，頁8〈讀周易參同契〉。

〔註49〕「斂」字，各本《日抄》皆誤作「歛」。茲正之。

〔註50〕《日抄》卷五五，頁18。下引同。

〔註51〕《日抄》「元」字作「言」，茲據《永樂大典》卷一〇二八七，頁18引（下同）校改。

〔註52〕同註50，頁18～19。

明其弊，故斥之益亟。嘗舉其害，云：

> （《抱朴子》）徒使天下後世之愚不肖者，用其導〔註53〕引之術，以欹
> 傴道旁，流落乞丐；用其房中之術，以游蕩不檢，〔註54〕縱慾傷生；
> 用其金丹黃白之術，以燒煆假〔註55〕僞，終無一成，徒罄賣其祖父
> 之田廬，以至貧窶。〔註56〕

第四節　闢佛禪之說

東發之諸子學，可以「明道統，斥異端」一語括之。而異端之中，尤痛
惡佛門、禪宗之說。東發雖未嘗習佛學，然當時寺廟林立，耳濡目染，亦能
明其梗概。東發嘗云：

> 余捧檄慮囚，固嘗過所謂神濟院，借爲蘧廬一宿，察其事頗審。
> 〔註57〕

《日抄》中有闢闢佛、禪之文字，約有二萬四千言之多。〔註58〕東發所
以力加排斥者，乃因當時佛教盛行，其徒競相出世，棄國計民生於不顧，以
致儒學闇晦而不彰也。當時佛、禪之盛，即以東發本籍慈溪爲例，全縣東西
百里，南北僅九十里間，即有大、小寺、院七十八所，中有舊剏者，宋世新
建者尤多。〔註59〕而普陀山，更爲當時佛教四大勝地之首。東發生長乎其間，
識其弊極深，故闢之亦最力，蓋以斥異教爲己任焉。

一、論　佛

東發嘗謂釋迦乃人非神，云：

> 佛本西域國王之子，厭世俗而求寂滅，刻苦深山，老病以死，本無

〔註53〕「導」字，各本《日抄》作「道」，此據《永樂大典》校改。
〔註54〕「檢」字，《日抄》原作「撿」，此據《元刊本日抄》。
〔註55〕「假」字，《日抄》原作「煆」，此據《永樂大典》校改。
〔註56〕同註50，頁19。
〔註57〕《日抄》卷八六，頁8〈普寧寺修造記〉。文中「蘧」字《日抄》原作「遽」，
　　　　此據《四庫全書》本及《莊子‧天運篇》校改。
〔註58〕予嘗於1973年元月二十日起，與八位友人開始彙編「宋代佛教研究資料」，
　　　　所統計《黃氏日抄》論佛、禪之言。
〔註59〕據《慈谿縣志》統計。

他異也。〔註60〕

佛徒有以釋迦爲巨人〔註61〕金身（同註60）等說者，東發并斥其爲妄。東發論佛，多就其自相矛盾處攻之，此由其先能明佛氏之本說也。如云：

> （佛）初本以慈悲不殺，戒人斷惡修善而止。〔註62〕

佛教以戒、定、慧三者爲成佛之次第——由戒入定，因定發慧，以成佛道，故以戒爲入道階梯。〔註63〕而一切戒法以五戒爲根本；〔註64〕五戒又以不殺生爲首。此爲消極性止惡之法。至若教人與樂拔苦，大慈大悲，則爲積極性修善之法，更爲成佛法門。〔註65〕止惡與修善兼行，爲佛教初說，東發之說是也。東發復云：

> 蓋聞佛以寂滅爲教，凡吾耳、目、口、鼻，四肢、百骸之身，與吾父母妻子，君臣上下之倫，及吾耕食鑿飲，生產作業，凡所藉以資生之具，盡欲屏絕之。〔註66〕

佛主出世，因以諸行無常，刹那不住，諸法無我，一切皆空；涅槃寂靜，不生不滅等爲教（此小乘之說）；或合之以諸法畢竟空爲教（此大乘之說）。二說殊塗同歸，皆厭棄現世，以求出世爲樂。東發以儒家入世觀點斥之。

東發論佛門之失，大致有五端：一曰佛以輪迴報應說，搖撼人心。二曰佛徒剃度出家，殄絕人倫。三曰佛徒不事生產，僧廬交侵，危及民生。四曰佛徒不守戒律，名不副實。五曰夷狄異說，陷溺人心。茲分述之。

（一）佛以輪迴報應說，搖撼人心

東發論釋迦立教之初心不正，云：

> （佛）知人之所畏者死也，故預爲無常之説以撼〔註67〕搖之。謂天地爲幻化，謂父母爲冤債，謂凡所生生無非火宅，甚至疾視其身爲仇讎。〔註68〕

〔註60〕《日抄》卷六九，頁6〈戊辰輪對第二劄〉。
〔註61〕見《日抄》卷四五，頁4〈讀石徂徠文集〉。
〔註62〕《日抄》卷八六，頁12〈龍山壽聖寺記〉。
〔註63〕見《佛遺教經》，並參《續明法師遺著》總頁149~152〈戒學述要〉。
〔註64〕佛教任何經論中所載戒律，均含有不殺生、不偷盜、不邪淫、不妄語與不飲酒等五種。其詳可參〈戒學述要〉（同註379引）總頁164，又225~226。
〔註65〕參〈學佛通論〉（同註379引）總頁66~74。
〔註66〕《日抄》卷八八，頁18~19〈寶慶院新建觀音殿記〉。
〔註67〕「撼」字，《日抄》原作「憾」，因形近而誤刻。
〔註68〕《日抄》卷九〇，頁8〈欽德載閑道集序〉。

又云：

> （佛）以罪福報應之說動之。〔註69〕

東發繼承原始儒家之動機論，於諸子學說，必考其動機是否純正，若初心不正，則以爲其餘必無足觀。佛祖釋迦所以出宮修道，即因感於生、老、病、死之苦，徹悟空苦無常之故。成佛之後，乃以之爲教，〔註70〕欲眾生勿再起惑造業；否則，將永無解脫之時。其動機，本無不正；然其教則與儒家大相逕庭也。東發又斥其以地獄之說勸人歸信，云：

> 不分善惡，只尊向他，便是好人；背他底，便入地獄。若殺人賊，
>
> 一尊了他，便令生天。〔註71〕

三世因果觀亦爲佛教之主要理論，因果經所載善惡因果輪廻報應之說，如影隨形，循環不失。而《地藏菩薩本願經》中，所述地獄諸相，刀山火海，又極爲恐怖。佛教有以此傳化世俗，使之歸信者。東發破之以死生之常，云：

> 有生而有死，所以生生而不窮。（中略）何怪之有？而欲求免，何法
>
> 可免？而爲其所愚！（同註68）

按：國人對於宗教，素來淡薄，因亦不明其性質。宗教主信，能虔誠信奉，則於心理上得慰安，有寄託。故宗教之特質有二：一、必須能安慰勗勉人之情志。二、其說常超出人類知識，甚至違背一般常識，而立其根據。〔註72〕因此，一般宗教均不免雜有迷信成份，以導人信仰。東發混學術與宗教爲一，其說未是；而其斥出世者之用心，則足多也。

（二）佛教剃度出家，殄絕人倫

《孝經》首章云：

> 身體髮膚受之父母，不敢毀傷，孝之始也。

東發以孝爲倫理之本，見佛徒乃皆違反孝經之義，故每加擯斥。〔註73〕《孝經》又云：

> 立身行道，揚名於後世，以顯父母，孝之終也。

佛徒出家，遁入山林，凡一切人事，皆棄絕之，如以父子夫婦爲己累，以人

〔註69〕《日抄》卷六三，頁15〈讀曾南豐文〉。
〔註70〕詳見宋·僧志磐《佛祖統記》卷三上頁146。
〔註71〕《日抄》卷三八，頁2〈讀晦庵先生語類〉（見《語類》卷一二六總頁4904）。
〔註72〕梁漱溟《東西文化及其哲學》，頁91。
〔註73〕此說屢見，如：《日抄》卷三三，頁10〈讀程氏外書〉，卷三四，頁21〈讀晦庵先生文集一〉，卷四一，頁4〈讀龜山文集〉。

道爲大禁。〔註74〕東發以維護倫常，淑身濟世爲職志，因力抨方外之人，云：

> 嗚呼！使造化果有外，瞿曇氏當乘雲往來天表，不假父母血氣以生，且老於陰陽爐炭，以病死矣，何誣至此？故佛老之說雖並行，余寧取老子說之本乎天。〔註75〕

東發於老子說，已極加鄙斥，謂佛說復等而下之，故斥之益甚。蓋於廢人倫，逆天理之輩，恨之次骨也。

（三）佛徒不事生產，僧廬交侵，危及民生

唐百丈懷海禪師嘗爲佛教建立叢林制度，其所立清規，今見於故書所徵引者，大抵謂僧侶應自食其力，不可全憑募化；一日不耕，則一日不食。立意固善，然俗僧用之太過，往往有廣土地、增廬舍者。東發論其弊，云：

> 方今佛屋僧廬突兀撐天者羅天下，而吾民或不得把茅以居。彼之日豐，此之日窮，正未知其所終。〔註76〕

又舉例云：

> 兩浙田莊多歸僧寺，吾民無所謀衣食，又反爲其所殘。〔註77〕

佛徒受戒時，本以不坐高床大屋，過午不食等爲誓，而其嚴宮室，廣僧田如此；一般皈依者，又往往獻其田廬，〔註78〕故當時寺廟幾被四海，而有「天下名山僧占多」之諺。相形之下，平民之衣食反成問題。故東發贊揚收寺廟、寺田者，以爲有功於民。〔註79〕又佛徒不事耕織，棄絕生產，東發至論其皆爲「鰥寡孤獨無養之人，聚於一區，嗷嗷待哺。」〔註80〕且其出家後，并道士皆免丁口稅。〔註81〕凡此皆於國家經濟，大有妨害。《韓愈・原道篇》已論之矣，東發排之益力；且嘗於撫州封毀寺廟〔註82〕焉。

〔註74〕《日抄》卷三三，頁10〈讀程氏外書〉，卷三五，頁12〈讀晦庵先生文集〉。
〔註75〕《日抄》卷八六，頁9〈玉皇殿記〉。
〔註76〕《日抄》卷八六，頁7〈普寧寺修造記〉。
〔註77〕《日抄》卷四一，頁13〈讀龜山文集〉。
〔註78〕如《日抄》卷八六，頁8〈普寧寺修造記〉。
〔註79〕如《日抄》卷三五，頁5〈讀晦庵先生文集〉，載尤袤等得佛屋與僧田六頃爲養濟院；又如：卷三六，頁5～6記朱子以崇安五寺歸之縣學。
〔註80〕《日抄》卷九一，頁6〈題長洲縣學記後〉。
〔註81〕《日抄》卷六八，頁23，又頁28〈讀葉水心文〉。
〔註82〕《日抄》卷七九，頁10〈禁划船迎會榜〉。

（四）佛徒不守戒律，名不副實

佛徒以信受教誡為誓，東發贊成其說。然若犯戒，則是名實不副。時僧之犯戒見於《日抄》所載者甚多，如有僧主長生庫，取息甚多，民負其息，而訟之於官。〔註83〕又如乘轎、誘民投水者。〔註84〕此皆因其尚有「我」之念，為自身計，以致破戒也。〔註85〕東發又嘗引朱子語，斥當時名僧大慧宗杲言行不一。〔註86〕

（五）夷狄異說，陷溺人心

唐傅奕高識傳嘗斥佛出西胡，不應奉之中國。韓愈本之。〔註87〕東發嚴夷夏之防，主張用夏變夷，然當時佛教興盛，大有喧賓奪主之勢，東發是以斥其為夷狄異說。（同註80）又其法：人死火葬，亦不容於中國禮教。〔註88〕且其立說，更與儒學迥異。東發對佛家心知意念之說，皆表反對。佛家謂能入定，則可凝神如見，時人多主無事靜坐，以求放心，而滯於空寂。東發平生絕口不談靜坐，且斥其說云：

> 縱能恍惚如見，於學亦未見益處。〔註89〕

偽《大乘起信論》中有五識之說，〔註90〕其四曰：智識，謂「分別染、淨諸差別法」也。佛家以真如本體為淨法，其餘皆為染法，能分別其間各種差別現象之知識，則能證得真如本體，故曰智識。而東發以其說與大學致知之知不同，〔註91〕爰本朱子大學格物補傳釋「知」，云：

> 蓋人心之靈莫不有知，而天下之物莫不有理，於理有未盡，故其知
> 有不盡也。

以知為探求物理之作用，則所謂知，為一般知識之知。東發因二者所探求之對象不同，而判其互異，水火不容。實則皆指「知」為認識事物之作用，本無不同也。

〔註83〕《日抄》卷九六，頁 15～16〈知興化軍宮講宗博汪公行狀〉。按：長生庫，係佛教之一種社會救濟機構。

〔註84〕《日抄》卷三三，頁 10〈讀程氏外書〉，卷六一，頁 6〈讀歐陽修文〉。

〔註85〕《日抄》卷三四，頁前 16〈讀晦庵先生文集〉。

〔註86〕見《日抄》卷三八，頁 4〈讀晦庵語類〉。

〔註87〕見其論佛骨表，又參《柳河東》全集卷二五總頁 285〈送僧浩初序〉。

〔註88〕《日抄》卷七○，頁 8〈申判府程丞相乞免再起化人亭狀〉。

〔註89〕《日抄》卷四二，頁 2〈讀橫浦日新〉。

〔註90〕五識指業識、轉識、現識、智識與相續識。

〔註91〕《日抄》卷三四，頁 4〈讀晦庵先生文集〉。

佛家有絕意念之說，以其能起貪、瞋、痴、慢、疑等五蓋，覆蓋心性，使不生善法。宋儒楊簡亦有絕意之說。東發并斥之，云：

> 人決（絕）不能無心，心決（絕）不能無意。心是活物，凡動處皆是意，特有美、惡耳。〔註92〕

東發斥佛家以意能造惡業而絕之，謂乃因噎廢食。又嘗論佛家此種空虛之論，皆由莊子「死灰其心」一語而來（同註92），因引朱子之說，云：

> 佛說萬理俱空，吾儒說萬理俱實。〔註93〕

按：東發謂佛家絕意之說，出於莊子，乃「想當然耳」之論。然以虛實判儒、釋，可謂一語破的。歷來學者皆同此說也。

二、闢　禪

佛教曾遭三武之難，唐武宗會昌法難，打擊尤大。當時佛徒不敢公然誦經，乃轉而談不立語文，無須經典之禪。後周世宗廢佛寺三萬三百三十六處，令僧尼皆還俗，〔註94〕打擊愈甚。宋興，雖頗復興佛教，然其勢已衰，而禪宗則極興盛。唐時，禪門分立五宗。入宋，而臨濟宗門下又分出楊岐與黃龍二派，合前之五宗為七派。東發能明禪宗發展大勢，嘗云：

> 禪之說創於達磨，自稱教外別傳。〔註95〕嘗入中國，不遇故去，亦無他說也。〔註96〕唐中葉始改說心學。〔註97〕六祖禪師專就身上做工夫，謂：自性即佛，即心是道；〔註98〕以衣缽為傳，不立文字。〔註99〕其後一向說無頭話，如乾矢橛、柏樹子之類。〔註100〕

徵諸《六祖壇經》、《景德傳燈錄》等書，知東發此語乃信而有徵，非泛泛之談。禪本佛學，自從梁時傳入中土之後，吸收道家思想，變本加厲，與印度禪異趣，成為中國佛教之特色。東發崇道統，既以佛教為異端，復論禪又為異端之異端，云：

〔註92〕《日抄》卷二，頁6〈讀論語〉。
〔註93〕《日抄》卷三七，頁5〈讀晦庵語類〉。
〔註94〕《五代史》卷一一五〈周世宗本紀二〉。
〔註95〕《日抄》卷六〇，頁5〈讀柳文〉。
〔註96〕《日抄》卷六九，頁6〈戊辰輪對第二箚〉。
〔註97〕《日抄》卷八八，頁8〈江西提舉司撫洲臨汝書院山長廳記〉。
〔註98〕《日抄》卷九一，頁12〈題李縣尉所作〉。
〔註99〕《日抄》卷四一，頁16〈讀上蔡語錄〉，又卷五九，頁6〈讀韓文〉。
〔註100〕《日抄》卷三八，頁2〈讀晦庵語類〉。

禪自稱教外別傳，是於佛書無證。〔註101〕律以斷惡修善，而禪者謂惡不必斷，善不必修，惟問心之有無如何。苟無心而殺人，即殺人為無罪。〔註102〕

故東發闢禪亦較斥佛為甚。嘗云：

禪學源於莊、列滑稽戲劇，肆無忌憚之語。懼理之形彼醜謬，而凡聖賢經傳之言理者，皆害己之具也，故以理為障，而獨指其心曰：不立文字，單傳心印。此蓋不欲言理，為此遁辭，付之不可究詰云耳。〔註103〕

按：東發之論未是，「以理為障」說出圓覺經，云：

一切眾生，由本貪欲，發揮無明，顯出五性，差別不等，依二種障，而現深淺。云何二障？一者理障，礙正知見。二者事障，續諸生死。〔註104〕

其意以為由於根本無明，及因而引起之意見，妨礙人正確之知見，使不達本覺真如之體。其說本與儒無涉也。

禪家有以話頭機鋒勘驗人心者，欲使人徹悟即身是佛，即心是道，頓悟成佛也。東發論其說皆歇後險語，與聖賢言語之明白的當大異；〔註105〕且流於高虛蕩空，棄日用而專論心。〔註106〕東發復引朱子說，斥其頓悟說之無稽，云：

正如將小樹來噴一口水，便欲他立地干雲蔽月，豈有此理！〔註107〕

東發教化旨趣在使人窮理致知，為日用之學；而禪學與天地懸絕，故力斥之。

宋儒溺於禪者屢見，或借禪說儒，或以儒談禪。後者，如蘇轍老子解云：

中者，佛性之異名。而和者，六度萬行〔註108〕之總目也。〔註109〕

而借禪說儒者更多，尤以程門高弟楊時、謝良佐等為最著名。《上蔡語錄》云：

〔註101〕《日抄》卷八六，頁10〈大禹寺記〉。
〔註102〕《日抄》卷八六，頁12〈龍山壽聖寺記〉。
〔註103〕《日抄》卷五，頁2〈讀尚書〉。
〔註104〕見日本大正新修《大藏經》第十七卷《大方廣圓覺修多羅了義經》。
〔註105〕《日抄》卷四一，頁17〈讀上蔡語錄〉。
〔註106〕《日抄》卷四二，頁18〈讀陸復齋文集〉。
〔註107〕《日抄》卷三四，頁前16，又一六引《朱子大全》卷四三，頁12〈答李伯諫〉。
〔註108〕《金剛經》等以為行布（佈）施、持戒、忍辱、精進、禪定或智慧等六法，即可證得涅槃，稱之為六度。而其細目則無可數，故曰萬行。
〔註109〕《日抄》卷三五，頁12〈讀晦庵先生文集〉引《大全》卷七二，頁26〈雜學辨〉，〈蘇黃門老子解〉。

> 佛家說大乘頓教，一聞便悟，對乍見孺子底心，一切掃除，須是他
> 顏、雍已上底資質始得。〔註110〕

東發謂：佛欲割愛，故以覺爲仁，而掃除惻隱之愛心。〔註111〕故《上蔡語錄》又云：

> 釋氏以性爲日，以念爲雲，去念見性，猶披雲見日。儒之仁，佛之
> 覺。釋與吾儒有非同，非不同處。〔註112〕

楊時因「僧入僧堂，不言而出。或曰：莫道不言，其聲如雷」之喻，以證「知微之顯」。東發斥其說非是，〔註113〕且斥陸象山之學類禪。〔註114〕凡此皆確當。東發嘗述其排斥以儒談禪之故，云：

> 向也以異端而談禪，世猶知禪學自爲禪學。及其以儒者而談禪，世
> 因誤認儒〔註115〕學自爲禪學，以僞易眞，是非貿亂。（中略）其誤天
> 下後世之躬行，將有大於楊墨以來之患者。〔註116〕

茲列舉宋儒入於佛、禪，而見於《黃氏日抄》者於後，以見東發學術之異乎流俗也。

人　名	見於黃氏日抄之主要出處	與佛、禪有關之主要言行
王安石	卷六五頁3，讀涪翁文	勸人爲僧
蘇軾	卷六二頁10，讀蘇文	以儒證佛
黃庭堅	卷六五頁8，讀黃涪翁文	與僧交游
蘇轍	卷三五頁12，讀晦庵文集	以儒談禪
謝良佐	卷四一，讀上蔡語錄	借禪說儒
楊時	卷四一，讀龜山語錄	同上
游酢	卷三七頁14，讀晦庵文集	晚年嗜佛
呂大防	卷三四頁12，讀晦庵文集	言論有近禪者
劉元城	卷四四頁9，讀元城文	借佛證儒
胡憲	卷三七頁14，讀晦庵文集	好佛

〔註110〕《日抄》卷四一，頁16〈讀上蔡語錄〉，見《語錄》卷上頁13。
〔註111〕《日抄》卷四一，頁17〈讀上蔡語錄〉。
〔註112〕同註111。所引三處見《上蔡語錄》卷上頁18，卷中頁1，與卷中頁3。
〔註113〕《日抄》卷四一，頁13〈讀龜山語錄〉，見《語錄三》，頁23。
〔註114〕《日抄》卷三三，頁1〈讀周子太極通書〉。按：象山亦斥佛禪，文集中有二十三處。然其學仍不免雜禪也。
〔註115〕「儒」字，《日抄》原作「禪」字，此據《四庫全書》本校改。
〔註116〕《日抄》卷八二，頁5〈餘姚縣學講義〉。

范成大	卷六七頁 34，讀范石湖文	同上
陸九淵	卷四二，讀象山文集	學雜禪宗頓悟之說
余隱之	卷三五頁 14，讀晦庵文集	爲佛家辯護
張九成	卷四二頁 3，讀橫浦日新	與禪僧游，借儒談禪
楊簡	卷八五頁 5，回制參黃通判	溺禪，主張絕意之說

　　朱子早歲雖亦曾喜禪，然二十四、五歲時，即返諸六經，抨斥佛禪，以終其身。然朱子歿，禪學仍盛，故東發喟然嘆云：

　　　　今世所少者，正不在言語間，但得不雜禪學便得。〔註117〕

覘此語，可見東發沉痛之心情矣。

第五節　正形名與別儒墨

　　《日抄》有〈讀鄧析子〉、〈讀尹文子〉與〈讀公孫龍子〉等三文，其旨在正其形名之說；而〈讀墨子〉則在辨儒墨之異同，藉以明儒家思想之底蘊。

一、正形名

　　《日抄・讀鄧析子》云：

　　　　鄧析者，鄭人，好刑名，撰竹刑之書。〔註118〕

「刑名」即「形名」。《韓非子・主道篇》云：「有言者自爲名，有事者自爲形，形名參同，君乃無事焉。」以名與形對，同書〈揚搉篇〉〔註119〕亦然。形、形互作，形名猶言名實，《韓非子・外儲說左上篇》有「考實按形，不能謾於一人」之語，考、按二字義近，形、實二字，亦當爲同義語；《史記》即以刑（形），實互訓。〔註120〕是刑名即名實，〔註121〕正形名猶言正名實也。

　　《鄧析子》等名實之學與孔孟正名之說有異。孔、孟見當時名位不正，爰有正名之說。故《論語・顏淵篇》載孔子於齊景公之問政，對以「君君，

〔註117〕《日抄》卷八四，頁 13〈與王修齋書〉。
〔註118〕《日抄》卷五五，頁 15。
〔註119〕揚搉二字，各舊本作楊權。茲據陳啓天《韓非子校釋》校改。
〔註120〕《史記》卷六三〈申不害傳〉謂其學「本於黃老，而主刑名」；且云：「申子卑卑，施之於名實。」
〔註121〕清・王鳴盛《十七史商榷》卷五，頁 1～2〈刑名條〉即有是說，戴君仁復有詳說，見所著《梅園論學集》，頁 301～303〈名家與西漢吏治〉。

臣臣、父子，子子」。東發論孔子立此言之意，云：

> （齊景公晚年）助范、中行氏，則以臣而制君。偕衛圍戚，則以子而
> 制父，悖理甚矣。世子蚤死，及疾，屬陳乞立其少子荼，致群公子
> 皆出奔，家亦不理。此景公問政於孔子，孔子對以君君，臣臣，父
> 父，子子歟！〔註122〕

孟子斥楊墨爲「無父無君，是禽獸也」；意亦在正「人」之名，而排斥無父、
無君者於「人」之外，此亦孟子正名說也。〔註123〕由此可知孔孟之正名，係
就倫理道德立論，而發揮其實用功能，與刑名家純理論性之名學不同。〔註124〕
東發之學，以實用爲依歸，每揢擊刑名家之說。其論《公孫龍子》云：

> 公孫龍者，戰國時肆無稽之辨，九流中所謂名家，以正名爲說者也。

〔註125〕

名家一詞，蓋起於西漢，先秦稱爲「刑名之家」。〔註126〕東發所謂正名，即指
正形名而言，《日抄・讀尹文子》云：

> 《尹文子》二篇，（中略）所學乃公孫龍之說，〔註127〕九流所列爲名
> 者也。因緣白馬非馬之說，而生好牛好馬之說；復擬拾名實相亂之
> 理以證之。無理而迂，不足言文。而顧以夫子正名爲據。（同註125）

觀乎此，是東發亦知名家所論乃名實相符與否之說；然其論正名，則專以孔
孟之著重實用爲據，而指斥名家皆襲用孔子正名之語，因作無稽之辨者也。
如〈論公孫龍子〉之辯說，云：

> 其略有四：一曰白馬非馬，謂白所以名色，馬所以名形；形非色，色
> 非形。其二曰物莫非指，謂指者，指斥是非之名；物各相指，是非混
> 亂，終歸於無可指也。其三曰雞三足，謂雞足一，數足二，二而一，

〔註122〕《日抄》卷一三，頁20〜21〈讀春秋〉（哀公五年）。
〔註123〕略本近人馮友蘭說，見所著《中國思想史》，頁373。
〔註124〕戴君仁以爲鄧析子等刑名家，本亦以濟世實用立說；然爲欲說服國君，以行
　　　　　其說，故不得不繼之以純理論性之名辯。後世不傳其實用之說，僅傳其名辯
　　　　　之術。說見所著《名家與西漢吏治》（同四引）頁307。
〔註125〕《日抄》卷五五，頁16。
〔註126〕《戰國策・趙策二》有「刑名之家」之詞，司馬談《論六家要旨》與《漢書・
　　　　　藝文志》均稱爲「名家」。說詳戴君仁《名家與西漢吏治》，頁301。
〔註127〕尹文子其人當先於公孫龍，《漢志》諸子略名家類即謂尹文子「先公孫龍」。
　　　　　東發謂尹文子所學乃公孫龍之說者，係就僞本《尹文子》之言說之也。

故三也。其四曰堅白石，謂目見石之白，而不見其堅；手〔註128〕知
石之堅，而不知其白，是堅與白爲二物。其無稽如此，大率類兒童戲
語。（同註125）

東發以公孫龍白馬非馬、雞三足之說，徵之於實際事物，皆不相合。又指物
論所謂「物莫非指，而指非指，天下無指，物無可以謂物」，是欲打破一切約
定俗成之標準，而另立一可思而不可見之共相，以爲標準。而其所以欲離白
者，亦即因堅、白乃互不相同之兩種共相也。東發以其逞詭辭，以推翻舊有
之指稱，使名實皆無一定之標準，如是，則不足以定是非、別同異，以致汩
亂秩序，而國危矣。故極力反對名家以名辭概念，作形而上之思考。因推崇
《孔叢子》之言，云：

其四記子高之言，以理勝于辭，終屈公孫龍白〔註129〕馬非馬與臧三
耳無稽之辨。〔註130〕

是東發乃以理正名家之辭說者也。此亦由其宇宙觀推衍而來，東發以爲宇宙
間有一常道存在，永恆不變，而使天地定位，萬物生生不息（詳第三章宇宙觀節）。
今本尹文子以「大道」名篇；而其說，如「道用則無爲而自治」，又如：「術
者，人君之所密用，群下不可妄窺」等，〔註131〕皆與儒家所說不同，東發亦
并斥之。〔註132〕

東發不僅以「正名」、「大道」爲孔子或儒家所專有；即如「春秋」一詞，
亦視爲孔子所著書之專名，不許他人使用。故於呂不韋等編纂之書，而謂其
「竊名春秋」。〔註133〕實則，孟子亦以春秋爲魯史記之稱，與晉乘、楚檮杌並
列；〔註134〕墨子且有「百國春秋」之語。〔註135〕是春秋在先秦爲《史記》之
通稱；東發蓋未深考也。東發又責「齊丘」之語，云：

若齊丘者，敢竊犯先聖之諱，至謂能與之齊，其人亦何足責！〔註136〕
以今日觀之，其說未免拘泥；然益可見其推崇孔子之心矣。

〔註128〕「手」字，《日抄》原作「乎」，此據元刊本與明刊本《日抄》校改。
〔註129〕「白」字，《日抄》原作「曰」字，此據元、明刊本《日抄》校改。
〔註130〕《日抄》卷三二，頁4〈讀孔叢子〉。
〔註131〕《尹文子・大道上篇》。
〔註132〕《日抄》卷五五，頁16〈讀尹文子〉。
〔註133〕《日抄》卷五六，頁1〈讀呂氏春秋〉。
〔註134〕《孟子・離婁下篇》。
〔註135〕劉知幾《史通・六家篇》，又：《隋書・李德林傳》引《墨子》佚文。
〔註136〕《日抄》卷五五，頁21〈讀宋齊丘化書〉。

東發正形名之說，已如上述。而亦實能躬行其說，如：晚年任浙東提舉，時福王判紹興府，令其兼長史。東發以爲長史爲府之僚屬，不得行監劾之職，是坐壞紀綱名實；因屢申免兼長史，至有「可殺不可奪其志」之語（詳第一章事蹟節）。東發又嘗論當時提領與縣尉等官，失其治民安民之實云：

> 提領必興其利，而除其害，然後可無負提領之名。〔註137〕

又云：

> 尉之爲義，本取慰安良民。今反爲強幹猾吏嗾使毒民之具，使人髮立汗下。〔註138〕

是東發眞可謂言行合一，名實相副之人矣。

二、別儒墨

《日抄·讀墨子》之文，旨在辨韓愈援墨入儒，謂二家可以相互爲用之說，以爲墨子之說似是而非，亦爲異端也。朱子先東發論退之之說，云：

> 未論孔墨之同異，只此大小便不相敵，不可對待言也。以此而論，則退之全未知孔子所以爲孔子者。〔註139〕

考東發所辨，益可證成朱子之說。東發之說有四：一、墨子尚同，孔子無之。二、墨子兼愛與孔子仁愛不同。三、孔子賢賢與墨子尚賢，名同實異。四、孔子敬鬼與墨子明鬼，旨意不同。茲分述之。

（一）墨子尚同，孔子無之

《韓愈·讀墨子》云：

> 儒譏墨以上同（中略）。而孔子畏大人，居是邦不非其大夫；春秋譏專臣，不上同哉？〔註140〕

按：上，尚古通；上同即尚同也。東發辨之，云：

> 不非其大夫者，惡居下訕上；譏專臣者，惡以臣逼君。孔非尚同也。墨之言尚同，謂天子所是皆是之，天子所非皆非之，與孔門所謂「如其不善，而莫違」之戒正相反。顧可謂其與孔子同乎？〔註141〕

〔註137〕《日抄》卷七二，頁4〈申提刑司乞免專人并豁耗狀〉。
〔註138〕《日抄》卷七〇，頁3〈申提刑司乞免一路巡尉理索狀〉。
〔註139〕《朱子大全》卷五二，頁23〈答吳伯豐〉。
〔註140〕《韓昌黎文集校注》卷一總頁22。
〔註141〕《日抄》卷五五，頁11〈讀墨子〉。

孔、墨二家學說之基本觀念不同，墨子多就政治觀立言，孔子所重者，則在倫理道德。墨子鑒於人有是己非人之病，「語人異義」，每流於交相非，而天下以亂，故主張推選仁賢之人使在位，依眾民、百官、國君、天子之序，層層取法，然惟有天子可上同於天。〔註142〕如其說，則天下人皆上同而不下比，必將泯滅人之個性，使無判斷力，而唯命是聽。孔子則不然，其言匹夫不可奪志、贊顏淵之賢，皆重視個人尊嚴與人性之價值。《論語‧子路篇》載魯定公問孔子曰：「一言而喪邦，有諸？」孔子對以：為君甚難，若己善而臣皆順之而不違，固善；然，「如不善而莫之違，不幾乎一言而喪邦乎！」是孔子重視忠諫責善，而戒人訕謗纂奪，故與墨子之政治獨裁，大相逕庭。東發所論是也。

（二）墨子兼愛與孔子仁愛不同

韓愈又云：

> 儒譏墨以（中略）兼愛。（中略）孔子泛愛親仁，以博施濟眾為聖，不兼愛哉！（同註141）

是其以兼愛與仁愛等量齊觀。東發非之，云：

> 仁者則親之，既異於愛眾；而博施為仁，雖堯舜猶病之。孔非兼愛也。墨子之言兼愛，謂法其父母與法其君，皆為法不仁，惟當法天；與孔門所謂孝弟為仁之本者正相背，顧可謂其與孔子同乎？〔註143〕

兼愛、仁愛之分，為歷代學者討論儒、墨問題之焦點。墨子以政治立言，謂亂起於不相愛，虧人以自利；若能兼相愛，而不起別異之心，則國治民安，交互為利（〈兼愛上、中篇〉）。否則，「惡人者，人亦從而惡之；害人者，人亦從而害之」（〈兼愛中〉），交相為害，則國亂矣。若推求儒墨異同之源，則墨子主相對之倫理觀念，由一己之省視為動力，「視父、兄與君若其身」，則為人子必孝，「視弟、子與臣若其身」，則為君者惠，為父者慈，為兄者友矣（〈兼愛中、下篇〉）。兼相愛，則交相利。此為有條件之愛，相互間僅有平等性、權利性之關係，與儒家無條件之仁愛，具有絕對性與義務性者不同。墨子又謂上天欲人兼愛交利，其行「廣而無私！其施，厚而不德：其明，久而不衰」，故墨子以為唯天為仁（〈法儀篇〉）。國君當法天，即法仁以為治也。若夫父母、學（孫詒讓云：師也。）與君三者，甚數甚眾，未能皆仁，若法之，則是法不仁，違反天志，因主張莫若法

〔註142〕詳見《墨子‧尚賢上、中、下》三篇。
〔註143〕同註141，頁11～12。

天（〈法儀篇〉）。《論語》載有若曰：

> 其爲人也孝弟，而好犯上者鮮矣。不好犯上，而好作亂者，未之有
> 也。（中略）孝弟也者，其爲仁〔註144〕之本與！（〈學而篇〉）

是孔門以孝弟爲行仁之根本，〔註145〕仁根於心，擴而充之，則上下相安，而國可治。此由內至外，由近及遠之仁愛，絕與墨子之法天，而不法君、師、父母者，判若雲泥。韓愈援墨入儒，實不然也。至孔子言「汎愛眾」（〈學而篇〉）與博施濟眾（〈雍也篇〉），皆由治民立言；而親仁一事，則由倫理立言。二者之立場不同，韓愈強同之，實有問題。至博施章，孔子謂聖人始能博施濟眾，堯舜仁者，尚未能行，蓋以其事爲難也。朱子註：「雖堯舜之聖，其心猶有所不足於此也。以是求仁愈難而愈遠矣。」上述東發之說，即本朱子也。

（三）孔子賢賢與墨子尚賢，名同實異

韓愈又云：

> 儒譏墨以（中略）上賢。（中略）孔子賢賢，以四科進褒弟子，疾歿世
> 而名不稱，不上賢哉！（同註140）

東發同意韓氏孔子尚賢之說；然，以之爲孔、墨相同之據則不可，云：

> 然賢之當尚，雖愚不肖者，亦同此心，何獨孔墨之同？〔註146〕

東發此語，乃責韓氏以偏概全。復論孔子賢賢與墨子尚賢，名同實異，云：

> 顧墨氏之尚〔註147〕賢，乃謂惟賢爲尚，親戚則不可使當貴。正與吾
> 儒親親，尊賢之義，又相背耳。（同註146）

墨子見當時富貴者，「皆王公大人骨肉之親」（〈尚賢下篇〉），而任事之賢者，反因位卑祿薄，而不能成其事（〈尚賢上〉）；因主張惟賢是尚，而避親近富貴之人。此與儒家賢其賢而親其親者不同，故東發辨之也。

（四）孔子敬鬼與墨子明鬼，旨意不同

《韓愈‧讀墨子》又云：

> 儒譏墨以（中略）明鬼。孔子祭如在；譏祭如不在者曰：我祭則受福。
> 不明鬼哉？（同註140）

〔註144〕「仁」字，從何晏集解邢昺疏本、朱子《四書集註》本。近人疑仁當作「人」
（參程樹德《論語集釋》）東發則從朱子說。

〔註145〕從朱子集註說。

〔註146〕同註141，頁12〈讀墨子〉。

〔註147〕「尚」字，《日抄》原作「向」，此據四庫全書本《日抄》及《墨子》校改。

東發亦責韓氏此說之不周延，云：

> 然鬼神之當敬，雖愚不肖者亦同此心，何獨孔墨之同。（同註146）

因復辨孔、墨二家對鬼神之主張不同，云：

> 顧墨氏之明鬼，乃謂聖王明天神之所欲，而避天鬼之所憎，是亦率
> 天下萬民祭祀天神。又與吾儒報本反祭之義，亦相反耳。（同註146）

《墨子·明鬼下篇》以為當時天下之亂，亦由於眾民惑於鬼神有無之說，而不明其能賞賢罰暴。因歷舉故書所載，以證有鬼神之存在，至謂：「一尺之帛，一篇之書，語數鬼神之有也，重有重之。」且欲以鬼神賞罰之明，治天下國家，故主張國君應率民祭祀天鬼，以趨利避害。孔子謂「祭如在」（《論語·八佾篇》）與「敬鬼神而遠之」（〈雍也篇〉）等語，似於鬼神之有無，尚持懷疑態度。〔註148〕而儒家既以孝為行仁之本，乃絕對之倫理觀念，非有條件者也。故於祭祀，意在慎終追遠，以示報本之誠耳。孔子於祭事不敬者，以受福之說勸之，蓋亦一時權變也。

由上所論，知墨子多由政治觀點立言，以欲解法現世問題，講求實效，急於公利，致有抹煞人性者。荀子謂其「蔽於用而不知文」（〈解蔽篇〉）與「有見於齊，無見於畸」（〈天論篇〉）等說，皆為的評。韓愈尊孔、孟，孟子曾闢墨以為邪說。〔註149〕而韓氏乃云：

> 孔子必用墨子，墨子必用孔子。不相用，不足為孔墨。〔註150〕

第六節　論王霸義利

《淮南子·要略篇》以為諸子之說起於救時之弊。東發論諸子，亦注重其說之是否有益於治道；如：斥佛老、墨子與子華子等均不可以應世。〔註151〕《日抄·讀管子》云：

> （諸子之中）嘗獲用於世，而卓然有功，為孔子所稱者，管子一人而已。余故讀其書而不敢忽，為之熟復再三。〔註152〕

〔註148〕同註123，頁49。
〔註149〕《孟子·滕文公下篇》。
〔註150〕同註140，頁23。
〔註151〕佛、老二家出世之主張，固不可應世，說詳本編第四章。《日抄》卷五五，頁1〈讀墨子〉，又頁6〈讀子華子〉，均以其說不可為治。
〔註152〕《日抄》卷五五，頁7。

由此可見東發重治道之一斑。東發論治道，主行王政，正誼謀利，嘗謂《管子・牧民篇》「倉廩實則知禮節，衣食足則知榮辱」與「禮、義、廉、恥，國之四維，四維不張，國亡乃滅亡」等語，爲「管子政經之綱」；復謂其「苟得王者之心以行之，雖歷世可以無弊」（同註 152）。又嘗責荀子之論王霸，不及於內心義利之分，因謂其果獲用於世，「亦不過富國強兵，善致鄰國，成霸功耳」。〔註153〕此皆可見東發貴王賤霸，存義利之深意矣。

一、王霸之辨

王霸之辨，始於孟子。孔子雖嘗非管子私德之玷；然於其尊王攘夷，一匡天下之霸功，則頗稱之，至謂：「微管仲，吾其被髮左衽矣！」〔註154〕東發於治，主張內華夏而外夷狄，維護傳統文化，故亦贊成孔子之說，嘗云：

> 管仲處世變之極，而能一正天下，功莫大焉。故夫子許之。〔註155〕

孟子生諸侯力政之時，霸術橫行，王道大廢，因力明王道，而黜霸功。東發論其所以闢斥管仲之故，云：

> 蓋勸時君行王（政），爲萬世立訓耳。（同註155）

是東發以王政爲理想，以行霸爲權變，猶之乎其不喜言兵，然遭強敵侵凌，亦主用兵也（參第三章論治道節）。蓋凡通儒皆能明此理，如朱子論管子亦云：

> 蓋管仲之爲人，以義責之，則有不可勝責者，亦不可復立於名教之中；以功取之，則其功所以及人者，未可遽貶而絕之也。〔註156〕

歷來儒者所以賤霸之原因，乃由霸者宅心不正，貪圖功利，東發嘗說之，云：

> 霸者本源非正，吝驕易生。

東發論春秋僅有二霸之立論根據，亦基於此。〔註157〕其後，明王守仁論其弊尤透徹，嘗云：

> 霸者之徒，竊取先生之近似者，假之於外，以內濟其私己之欲，天下靡然而宗之。（中略）日求所以富強之說，傾詐之謀，攻伐之計；

〔註153〕《日抄》卷五五，頁4〈讀荀子〉。
〔註154〕見《論語・憲問篇》。
〔註155〕《日抄》卷四，頁9〈讀毛詩衛風木瓜〉。
〔註156〕《朱子大全》卷五〇，頁12～13〈答潘恭叔〉。
〔註157〕《日抄》卷九，頁10〈讀春秋〉（僖公九年）；並參拙文〈黃震的春秋二霸說〉（載《孔孟月刊十三卷10期》）。

　　一切欺天罔人，苟一時之時，以獵取聲利之術。〔註158〕

《日抄・讀春秋》中，於霸者之陰術，每隨事揭而貶斥之，以存王道。《荀子》書有〈王霸篇〉，雖亦反對權術，然文中有「義立而王，信立而霸」之語，以信、義分王、霸。東發論之，云：

　　幾謂王、霸無異。道特在醇不醇之間。〔註159〕

　　霸者除以力假仁外，又往往使用法術，刻薄寡恩，法家蓋即因此應運而生。東發之於法術，亦頗不以爲然。如：《愼子・君人篇》有云：

　　君人者，舍法而以身治，則誅賞予奪，從君心出矣。然則受賞者雖
　　當，望多無窮；受罰者雖當，望輕無已。君舍法而以心裁輕重，則
　　同功殊賞，同罪殊罰矣，怨之所由生也。是以分馬者之用策，分田
　　者之用鈎，非以鈎策爲過於人智也，所以去私塞怨也。

東發論其說，云：

　　此一斷於弊法耳。若以理爲斷，則以吾心而裁輕重，何嫌耶？〔註160〕

東發蓋以理、法判儒、法二家思想之異同。東發理想之政治型態爲賢人政治，有訟則參酌事理、人情而斷之，不主專任刑法；此孔子「苟得其情，則哀矜而勿喜」之心也。東發復云：

　　理無定形，隨萬變而不齊。後世法吏深刻，始於勅律之外，立所謂
　　例，士君子尚羞用之。〔註161〕

故東發不僅反對嚴刑峻法，一切據法爲斷者，〔註162〕且主張法應有變通性，嘗從《文子》之說，云：

　　不法其已成之法，而法其所以爲法者，與世推移。〔註163〕

　　東發言行合一，有感於當時法令嚴密，故其從政斷事，必酌以情理，〔註164〕使賞罰適中。〔註165〕又於咸淳四年十月通判廣德軍，見廣德行朱子社倉法，法久弊生，因議更革，造福萬民（已詳上第一編生平事蹟）。

〔註158〕《傳習錄》卷二，頁36。
〔註159〕《日抄》卷五五，頁4〈讀荀子〉。
〔註160〕《日抄》卷五五，頁16〈讀眞（愼）子〉。
〔註161〕《日抄》卷七，頁1〈讀春秋（序）〉。
〔註162〕《日抄》屢見此說，如：卷五五，頁14〈讀商子〉，又：卷八二，頁3〈臨汝
　　　　書堂癸酉歲旦講義〉。
〔註163〕《日抄》卷五五，頁13〈讀文子〉（見《文子・道德篇》）。
〔註164〕《日抄》卷四一，頁13〈讀龜山語錄〉。
〔註165〕《日抄》卷七一，頁17〈申楊提舉新到任求利便狀〉。

二、義利之分

王者行仁義，霸者重功利，故義利之分與王霸之辨關係甚切。大抵古今儒者皆注重義利之分，毛師子水先生喻其爲儒家之心法；〔註166〕宋・張栻即云：

學者潛心孔孟，必得其門而入，愚以爲莫先於義利之辨。〔註167〕

朱子嘗延陸象山於白鹿洞書院講《論語》「君子喻於義，小人喻於利」章，〔註168〕亦此意也。

東發嘗引《三略》之文，以喻嗜利之害云：

香餌之下，必有懸魚；重賞之下，必有死夫。〔註169〕

又〈讀春秋〉至隱公十年六月辛巳，取防，嘗引趙鵬飛之說云：

隱公，其先蓋賢君也，得位之初，慨然視千乘如鴻毛，將舉而遜其弟，締交四鄰，息民和眾。自鄭莊以利導之，割祊來歸。即君臣掃境以從鄭伐宋。擒縱擊縛，惟鄭所使，由祊田之賂也。視祊爲利，則視千乘之魯，果能脫然歸其弟乎？宜菟裘之老，不見信於允，而公子翬得以行其僭也。利之溺人如此！〔註170〕

功利害人之深，皆導源於人之私欲，故聖賢淑世，每教人存天理，去人欲，亦即嚴義利之辨也。張栻又云：

凡有而然者，皆人欲之私，而非天理之所存，此義利之分也。（同註167）

東發最喜董仲舒「正其誼，不謀其利；明其道，不計其功」之語，〔註171〕以爲係前無古人之正論。士人用世，固不計私人利害，而於國家人民之公利，則應積極從事，學聖賢之爲天下興利除害，〔註172〕如：諸葛亮以漢賊不兩立，不計成敗利鈍，惟義所在之作爲；〔註173〕而不可爲管、商之圖霸功。東發嘗

〔註166〕《子水文集》，頁153～158〈儒家的心法——「義利之辨」〉。

〔註167〕見宋・張栻《張宣公詩文集・論孟解合刻本孟子講義序》，頁1。

〔註168〕原文見《陸象山全集》卷二三，總頁174～175。

〔註169〕《日抄》卷五八，頁14〈讀黃石公三略六韜〉。原文見《三略》，頁4〈上略〉。

〔註170〕《日抄》卷七，頁13～14引《木訥先生春秋經筌》（見卷一，頁42隱公十年〈春王二月公會齊侯、鄭伯於中丘〉下），《日抄》引文有刪節。

〔註171〕《日抄》卷四七，頁1〈讀漢書〉，又：卷五六，頁22〈讀春秋繁露〉。東發蓋本《漢書》卷六六〈董仲舒傳〉之文；而繁露卷九，頁3〈對膠西王問篇〉則作「正其道，不謀其利；修其理，不急其功。」

〔註172〕同註171引《日抄・讀春秋繁露》。

〔註173〕同註171引《日抄・讀漢書》。

抄錄《呂氏春秋》之語，證霸者求功利而實無所得，云：

> 攻無辜之國以索地，誅不辜之民以求利，而欲宗廟之安也，社稷之
> 不危也，不亦難乎？〔註174〕

此東發所以於治術主排功利〔註175〕之故也。故葉適功利之學，東發謂其「不必問」，〔註176〕是可見東發平生反功利之一斑矣。

〔註174〕《日抄》卷五六，頁4〈讀呂氏春秋有始覽・聽言篇〉。
〔註175〕近人楊立誠《四庫目略》，頁172。
〔註176〕《日抄》卷六八，頁4〈讀葉水心文集〉。

第柒編　黃震之理學

　　宋代學者多探討理氣、心性與修持方法等，頗與前代學術異趣，故世人命之曰「道學」或「理學」。而在理學家心目中，以爲理學即「儒學」也，例如：東發《日抄》謂謝良佐歿後，學者說理學，「往往陰稽禪學之說，託名儒學」〔註1〕是也。

　　東發生乎宋季，於周敦頤、二程、張載等二十一家有關理學之說，一一詳讀之，既記其要義，復論其正偏；其反覆辯說，至再至三。宋人中，重視當代理學書若東發者，可謂絕無僅有。東發嘗云：

　　　　愚苦多忘，凡讀書必略記所見。（卷三八，頁 15）

此東發讀前人書之共同方法。其於理學書，則更有爲便利初學與扶正世教之重大意義在焉。如：《日抄》既撮錄司馬光《迂書》之嘉言，而說之云：

　　　　溫公之書，德人之言也。擇其尤切於後學者著此。（卷四四，頁 1）

又於讀張橫渠《正蒙》之後云：

　　　　至若測陰陽造化，談清虛一大，初學未當過而問，不敢盡抄類云。（卷
　　　　三三，頁 21）

至如讀楊《龜山語錄》，嘗抄撮其可振流俗之正論，復錄其悖理者而駁斥之。東發於理學，可謂博學而又能明者矣。

〔註 1〕　清乾隆三十二年新安汪氏刊本《黃氏日抄》卷四一，頁 18〈讀上蔡語錄〉。茲
　　　　將《日抄》讀諸儒理學書之目次，列述於下：卷三三首 6 頁〈讀周子書〉，頁
　　　　6 至頁 18〈讀二程遺書〉，頁 18 以下〈讀張子書〉。卷三四至三四〈讀朱子文
　　　　集〉，卷三七、三八〈讀朱子語類〉。卷三九〈讀張栻文集〉。卷四〇首 17 頁〈讀
　　　　呂東萊文集〉，17 頁以下〈讀勉齋文集〉。卷四一首 14 頁〈讀龜山書〉，頁 14
　　　　至頁 18〈讀上蔡語錄〉，頁 18 以下〈讀尹焞文集〉。卷四二首 3 頁〈讀張九成
　　　　語錄〉，頁 3 至頁 18〈讀陸象山文集〉，頁 18 以下〈讀陸復齋文集〉。卷四三
　　　　〈讀李侗文集〉，卷四四首頁〈讀司馬溫公迂書〉，頁 1 以下〈讀劉安世語錄〉。
　　　　卷五四首 6 頁〈讀石徂徠文集〉，頁 6 以下〈讀胡安定文集〉。

第一章　論前儒諸說發展之次第

東發論宋儒理學，非依其時代先後爲序，乃依其思想之正變爲次第。說之合儒家道統者爲正；否則，爲變爲偏。茲依《日抄》之說分述之。

一、周、張、二程確立理學

《日抄》首列周濂溪，以周子乃理學家之鼻祖也。朱子嘗讚濂溪啓道之祕，云：「道喪千載，聖遠言湮；不有先覺，孰開我人？」〔註1〕
東發因云：

> 本朝理學闡幽於周子。（卷三三，頁2）

《日抄》次列二程子，云：

> 本朝理學發於周子，盛於程子。（卷四一，頁19）

張子爲二程之表叔。東發贊其精思力踐，毅然以聖人事業爲己任，凡所議論，率多超卓；其變化氣質之說，「尤自昔聖賢所未發，警教後學最爲切至」（卷三三，頁21）。因次張於二程之後。

二、朱子集理學之大成

朱子生於南渡之後，浸淫濂、洛以來之說，推闡備至，集其大成。故《日抄》於張子之下，即緊接朱子；且書中於朱子說，輯錄最多（凡五卷）。東發述其故，云：

> 程子之門人以其學傳世者，龜山楊氏、上蔡謝氏、和靖尹氏爲最顯。

〔註1〕《朱子大全》卷八五，頁9，六先生畫像贊。

龜山不免雜於佛，幸而傳之羅仲素，羅仲素傳之李愿中，李愿中傳之
朱晦翁；晦翁遂能大明程子之學，故以晦翁繼程子。（卷四一，頁 19）

三、張栻、呂祖謙為朱子諍友

朱子當孝宗乾道、淳熙間，最為大師。時張南軒、呂東萊，與朱子交游，
或會面劇談，或修書論議，於朱子理學之成就，有莫大助力。二氏之學，亦
自成一家，東發以為三人可以鼎立於世。（卷四○，頁 16）其論南軒云：

乾淳諸儒議論與晦翁相表裏者，先生一人而已。……先生之文，和
平含蓄，庶幾程氏之遺風，……所力任者在萬世之綱常。（卷三九，
頁 13）

其論東萊，則云：

先生於南軒，嚴陵同寅，朝列同巷，平居最相得；於晦庵，則彼此
訪求，以求真是。……先生並包融會，以和為主，故常規警晦庵。（卷
四○，頁 7）

東發所謂「並包融會，以和為主」，乃指東萊調和朱、陸而言；東發力贊此舉
有功儒道，云：

鵝湖之會，先生謂元晦英邁剛明，而工夫就實入細，殊未易量；謂
子靜亦堅實有力，但欠開闊。〔註 2〕……然則，先生忠厚之至，一
時調娛其間，有功於斯道何如耶！（卷四○，頁 16）

四、黃榦承繼朱子之學

朱子門人半天下，中以黃榦勉齋所傳朱子之學，最為近正。東發云：

晦庵既沒，門人如：閩中則潘謙之、楊志行……；江西則甘吉父、黃
去私……；皆號高弟。又獨勉齋先生強毅自立，足任負荷。如：輔漢
卿疑惡亦不可不謂性，如：李公晦疑喜怒哀樂由聲色臭味者為人心，
由仁義禮智者為道心，……先生皆一一辨明不少恕。甚至……晦庵論
近思，先太極說；勉齋則謂名近思，反若遠思者。……凡其於晦庵歿
後，講學精審不苟如此，豈惟確守其師之說而已哉？……勉齋之文，
宏肆暢達，髣髴晦翁。晦翁不為講義；而勉齋講義三十二章，皆足發

〔註 2〕《呂太史別集》卷一○，頁 6〈與陳同甫書〉。

明斯道。……勉齋之生雖在諸儒后；故以居乾淳三〔註3〕先生之次，
明晦庵之傳在焉。（卷四〇，頁22）

東發以北宋四子及朱子、勉齋爲理學正宗，嘗云：

愚所讀先儒諸書，始於濂溪，終於文公所傳之勉齋，以究正學之終
始焉。（卷四三，頁3）

是意謂餘子之於理學，尚未醇乎醇也。

五、楊時略雜異説

楊時，學者稱爲龜山先生。初爲明道門人，明道每言楊君會得最容易。
明道歿，又師事伊川。獨享耆壽，遂爲南渡洛學大宗，爲朱子、南軒、東萊
等所自出。然其學則「未純」，如：其〈答吳仲敢書〉，云：

韓子曰：「仁與義爲定名，道與德爲虛位。」其意蓋曰由仁義而之焉，
斯之謂道；仁義而足乎己，斯之謂德。則所謂道德云者，仁義而已
矣，故以仁義爲定名，道德爲虛位。……道固有仁義，而仁義不足
以盡道，則以道德爲虛位者，亦非也。〔註4〕

按：《老子》云：「失道而後德，失德而後仁，失仁而後義。」又云：「大道廢，
有仁義。……絕仁棄義，民復孝慈。」老子摒仁義而言道德若此；東發因論
龜山乃惑於老氏之學，云：

吾儒言仁義道德，異端摭提仁義，而專稱道德；故韓子之闢異端，專
於此辨之。天下無不善之仁義，故曰定名。道有君子之道，有小人之
道；德有吉德，有凶德：故曰虛位。……吾儒由仁義而爲道德，則實
此虛位；道爲君子之道，德爲吉德。異端棄仁義而居之，則反是矣。……
今龜山之説，專卑仁義而遵道，是正溺於老子之學耳。（卷四一，頁3）

又：龜山雖亦斥佛學，而其言則有時受禪學之影響。如：其語錄載或問
「屢空」，龜山云：

此顏子所以殆庶幾也。學至於聖人，則一物不留於胸次，乃其常
也。……謂之「屢空」，則有時乎不空。〔註5〕

東發論之云：

〔註3〕「三」字原漏刻，據元、明刊本及四庫全書本《日抄》補。
〔註4〕《龜山集》卷一七，頁8～9。
〔註5〕同註4，卷一一，頁8語錄，京師所聞。

「一物不留」，恐類禪學。（卷四一，頁 12）

朱子雖未及親炙於程子，然其學醇而不雜；龜山雖受業於程門，而其學則未能盡醇，故東發次龜山於朱子之後。

六、謝良佐出入釋氏

謝良佐，壽春上蔡人。其才高於龜山，嘗取資於高僧常總，故其言多雜釋家之說。《日抄・讀上蔡語錄》約二千七百言，幾皆摘其出入於佛，或以禪證儒之說。例如：「出辭氣，猶佛所謂從此心中流出。」「釋氏以性為日，以念為雲，去念見性，猶披雲見日。」又：「儒之仁，佛之覺。」〔註 6〕皆是以禪說儒之例。故東發論其學，云：

> 因天資之高，必欲不用其心，遂為禪學所入。雖自謂得伊川一語之
> 救，不入禪學，而終身常以禪之說證儒，未見其不入也。（卷四一，
> 頁 18）

因又述次上蔡於龜山後之故，云：

> 上蔡才尤高而弊尤甚，其於佛學殆不止於雜而已。蓋其所資者僧總
> 老，……非復程學矣。故以上蔡次龜山，以明源流益別之自始焉。（卷
> 四一，頁 19）

七、尹焞為程門正傳

尹焞，欽宗賜號和靖處士。其在程門，天資魯而用志最專。朱子嘗贊其「只就一個『敬』字做工夫，終做得成。」東發亦極稱其守師門之正，此可由其辨程氏語錄一事見出。初，二程講學，門人各有筆錄。各人所見有淺深，所記因有工拙，未能無失，甚者且雜有異說。時會稽學者欲編伊川語類，請和靖訂正，和靖云：

> 他人所說，某說是，人便信之，豈不相誤？不如據見定，識者自知
> 其非。〔註 7〕

又：和靖〈進論語狀〉，云：「孔子以來，道學屢絕，言語文字，去本益賒，是以先聖遺書，雖以講學而傳，或以解說而陋，況其所論所趨，不無差謬。豈惟無益，害有甚焉。」（同註 7 頁 3）東發論其言，云：

〔註 6〕 見《上蔡語錄》卷上頁 17，頁 18。又：卷中頁 1；按此為上蔡弟子曾本所說。
〔註 7〕 《尹和靖集》，頁 17 附錄，師說。

蓋和靖恪守師訓，惟事躬行，程門之傳，最得其正；其餘論說盛行
者，率染異端。先生此語蓋有爲而發。（卷四一，頁18）

《日抄》所以次和靖於上蔡後之故，東發云：

和靖雖以母命誦佛書，〔註8〕而未嘗談禪，能恪守師說而不變；且高
宗中興，崇尚儒學之初，程門弟子惟和靖在。故以和靖次上蔡，以明
斯道之碩果不食，而程門之學固有不流於佛者焉。（卷四一，頁19）

八、張九成借儒談禪

張九成自號橫浦居士，嘗學於龜山，而變本加厲，幾爲佛學矣。東發論
上蔡以禪說儒，人尚知之，至後世借儒談禪，甚弊尤甚，云：「上蔡以禪證儒，
是非判然，後世學者尚能辨之。上蔡既殁，〔學者〕往往羞於言禪，陰稽禪學
之說，託名儒……。其說愈高，其術愈精，人見其儒也，習之，不知已陷於
禪。此其弊則又甚矣。」（卷四一，頁18）東發以爲橫浦即其類也，云：

上蔡所資者僧總老。其後橫浦張氏，又復資僧杲〔註9〕老，一脈相
承，非復程學矣。（卷四一，頁19）

東發他時又明謂橫浦出自上蔡，云：

上蔡不欲以愛爲仁，而欲以覺爲仁，至欲掃除乍見孺子惻隱之心；
則橫浦之借儒談禪，一則曰覺，二則曰覺者，皆不過敷衍上蔡之言
也。〔註10〕

橫浦門人郎曄編其師語錄，曰《日新錄》一卷，有云：

人皆有此心，何識者之少也？儻私智消亡，則此心見矣。此心見，
則入孔子絕四之境矣。〔註11〕

東發斥之，云：

近世楊慈湖之說（按：見楊氏〈絕四記〉一文），蓋出於此。愚恐此釋
氏識心蕩空之說，借孔子絕四之說以文之。絕四者，門人之言，謂
孔子戒慎勿爲之目，非空也，非高也。（卷四二，頁3）

又：僧大慧宗杲教橫浦改頭換面，借儒說禪。東發於橫浦《心傳錄》〔註12〕

〔註 8〕　《朱子大全》卷七一，頁1〈記和靜先生五事〉；引尹氏門人徐虞所說。
〔註 9〕　「杲」字本作早，此據四庫本《日抄》校正。
〔註 10〕　《日抄》卷八五，頁14〈回董瑞州書〉。
〔註 11〕　《橫浦文集》錄附〈日新錄〉，頁20，心。
〔註 12〕　《心傳錄》，《日抄》作傳心錄。此據明本《橫浦文集》附錄〈張九成甥子恕

所載宗杲以中庸「天命之謂性」爲清淨法身，「率性之謂道」爲圓滿報身，「修道之謂教」爲千百億化身之說，〔註13〕極斥之，謂爲「影傍虛喝」、「以僞爲眞」。復引朱子說以闢之，云：「晦翁嘗謂洪适刊此書於會稽，其患烈於洪水、夷狄、猛獸。」（卷四二，頁3）東發之意謂橫浦乃理學之異端也。

九、陸氏一派心學非理學正統

與朱子同時而稍後之陸象山，以心學名家。人多以朱、陸並稱，東發不以爲然，謂陸學實非道學正統。象山最爲東發所詬病者，爲其以講說爲非，而欲專事踐履以悟得本心之說，《日抄・讀象山文集》錄其說凡二十八條（卷四二，頁3～6）。其論象山所以主張心學之故，云：

> 蓋其爲學，謂此心自靈，此理自明，耳自聰，目自明，自能孝，自能弟。〔註14〕但收拾精神自爲主，……更不必他求；一有他求，皆爲陷溺。故於自昔聖賢經書所載，自然皆見其非。（卷四二，頁18）

朱子已謂象山心學爲大病，〔註15〕東發益就其矛盾處而指摘之，云：

> 象山亦未嘗不讀書，未嘗不講授，未嘗不援經析理；凡其所業，未嘗不與諸儒同。至其於諸儒之讀書、之講授援經析理，則指爲戕賊、爲陷溺，……甚至襲取閭閻賤婦人穢罵語，斥之爲蛆蟲。得非恃才之高，信己之篤，疾人之已甚，必欲以明道自任而然耶？（卷四二，頁13～14）

象山五兄曰九齡，字子壽，學者稱復齋先生。其學與象山相上下，時稱「二陸」。東發比較二陸之學，云：

> 象山之學，務以自己之精神爲主宰；復齋之學，就於天賦之形色爲躬行：皆以講不傳之學爲己任。……所不同者，象山多怒罵，復齋覺和平爾。（卷四二，頁20）

東發續論復齋之偏，云：

> 復齋……自譽其所得則在性學，至謂：窮天地、亘萬古無以易，而世無其學，難以語人。〔註16〕視孔子之語性，澹然一語而止者，幾

序〉，及《宋元學案》卷四〇所引。
〔註13〕同註12附錄〈心傳錄〉卷中頁2。
〔註14〕《陸象山全集》卷三四總頁261。
〔註15〕《朱子大全》卷三一，頁16〈答張欽夫書〉。
〔註16〕《日抄》抄四二，頁18引《復齋文集》與〈章彥節書〉。

　　張皇矣；夫既不語，世莫得聞。他日謂外形色言天性，外視聽言動
　　言仁，皆非知性者，復齋所明性學，尚在於是乎？
是復齋之學，亦非皆得其正矣。

　　東發於讀《復齋文集》之後，又論象山門人傅子雲號琴山者之學，云：
　　　（琴山）謂《論語》……「學而時習之」，不知所學、所時習者何事；
　　　時習而悅，朋來而樂，不知所悅、所樂者何由；「人不知而不慍」，
　　　不知所以能不慍者何說。既茫然於指歸之所存，則是失珠玩櫝，講
　　　究雖勤，而真實益遠。又謂：近世學失其傳，勞心役智，於道問學
　　　之間，顛本末之序，而終至於本末俱失，若程門附會下學而上達之
　　　說，〔註17〕而不明其旨。此其於聖賢之學入室操戈，一至於此，亦
　　　可謂無忌憚者矣。……其人雖博學多聞，好為議論，而辭繁理寡，
　　　終無發明。（卷四二，頁21）

　　東發論張九成、二陸與傅子雲之學，《日抄》合為一卷，以此派所謂心學
皆未合正道也。因言所以次此派於龜山、上蔡後之故，云：「以見其源流之益
別焉」。（卷四三，頁3）《日抄》於此派之下，即繼以李侗，謂李氏說為得心學
之正者。

十、心學之正傳李侗

　　李侗字愿中，世號延平先生。從學羅從彥，從彥乃龜山門人。龜山為心
學，延平亦為心學；然龜山不免於雜，而延平則甚正，朱子嘗師事之。《日抄》
卷四十三為讀朱子所編《延平李先生師弟子答問》，其字數雖僅二千餘，而專
卷討論，亦可見其重視之一斑矣。

　　李氏嘗云：「某曩時從羅先生學問，終日相對靜坐，只說文字，未嘗及一
雜語。先生極好靜坐，某時未有知，退入室中，亦只靜坐而已。羅先生令靜
中看『喜怒哀樂未發之中』未發時，作何氣象？。」〔註18〕朱子以為此意不
僅於進學有方，亦是養心之要。故延平之學可謂之心學。其功夫在存此心以
為善，勿為私心所勝。延平答朱子問涵養用力處，云：「但常存此心，勿為他
事所勝，即欲慮非僻之念自不作矣。」〔註19〕類此言論，東發皆以為正而無

〔註17〕見《上蔡語錄》卷中頁7，謂「儒異於禪，正在下學處」。
〔註18〕《李延平先生文集》卷二，頁16〈答問上〉。
〔註19〕同註18，頁1。

失，因釋其所以次延平於陸氏之後，云：

> 延平亦主澄心靜坐，乃反能救〔註20〕文公之幾陷禪學，一轉爲大中
> 至正之歸。……故又次延平於此（按：指陸氏之後），以明心學雖易流
> 於禪，而自有心學之正者焉。（卷四三，頁3）

十一、司馬光、劉安世說有助世教

東發痛惡王安石之新政誤國，〔註21〕而以司馬光爲「德者」，其言切於後
學；因嘗採擇溫公《迂書》之嘉言，著錄於《日抄》中。如〈拾樵篇〉云：「童
子至驪，爭凡芥而相傷。天下之利大於凡芥者多矣，恃其驪而不知戒，能無
傷乎？」又：〈回心篇〉云：「何謂回心？曰：去惡而從善，舍非而從是。人
或知之而不能徙，以爲如制駻馬，如幹磻石之難也。靜而思之，在我而已，
如轉戶樞，何難之有？」東發謂此言有功教化（卷四四，頁1）。

劉安世因父仲通與溫公爲同年契，而從學溫公凡五年，得一語曰「誠」。
安世問「誠」，溫公曰：「當從不妄語入」。安世力行七年，自此言行一致，表
裏相應，遇事坦然，常有餘裕。〔註22〕嘗云：「爲學惟在力行，古人云：說得
一丈，不如行得一尺；說得一尺，不如行得一寸。教以行爲貴。」〔註23〕其
說頗能使人振起。故東發論其人其學，云：

> 當宣和、大觀間，歸然爲善類宗主。至今誦其遺言，無不篤實重厚，
> 使人鄙吝之心爲消。鳴呼！豈不誠大丈夫哉！（卷四四，頁9）

十二、石介、孫復、胡瑗開理學先河

朱子嘗云：「本朝道學之盛亦有漸，自范文正以來已有好議論，如：山東
有孫明復，徂徠有石守道，湖州有胡安定。到後來遂有周子、程子、張子出。
故程子平生不敢忘此數公。」〔註24〕其說誠然。

石介繼韓愈之後，力斥佛、老，其〈怪說上篇〉云：「非此族也，不在祀

〔註20〕「救」字原作效，此據四庫本《日抄》校改。

〔註21〕《日抄》中屢見，如卷四二，頁9〜12〈讀陸象山文集〉。

〔註22〕劉氏書除《盡言集》外，餘今皆無完本。此所引述，目抄卷四四，頁4謂係
元城語錄，而《宋元學案》卷二〇總頁473則謂屬元城道護錄。

〔註23〕《日抄》列爲元城語錄，《宋元學案》則屬元城談錄。

〔註24〕《朱子語類》卷一二九，總頁500九國初至慶曆用人。《日抄》卷三八，頁5
有引錄。

典；而老觀、佛寺徧滿天下，可怪也。」因復撰下篇，謂佛、老以妖妄怪誕之說壞亂道統。其〈中國論〉亦闢佛、老。東發謂徂徠於儒學之明，貢獻極大，嘗云：

> 徂徠先生學正識卓，闢邪說，衛正道，上繼韓子，以達於孟子，眞
> 百世之師也。（卷四五，頁2）

孫復，字明復。石介撰〈明隱篇〉，謂明復四舉而不得一官，乃退居泰山，聚徒著書，非獨善一身也。〔註25〕所著《春秋尊王發微》十二篇，得春秋大義，影響世人至大，《日抄・讀春秋》屢有引述。

胡瑗，學者稱爲安定先生。家貧無以自給，往泰山與孫復、石介同學。攻苦食淡，終夜不寢者凡十年；范仲淹聘爲蘇州教授，後滕宗諒知湖州，又聘爲教授。安定所至，皆嚴師弟子之禮，以身先之。嘗立經義、治事二齋，因材施教。凡教授二十餘年，天下士彬彬成風，師道之立，於焉奠基。

以故，石介、孫復、胡瑗三先生，實開理學之先河。東發讚其功，云：

> 師道之廢，正學之不明久矣。宋興八十年，安定胡先生，泰山孫先
> 生，徂徠石先生，始以其學教授，而安定之徒最盛；繼而伊洛之學
> 興矣。故本朝理學雖至伊洛而精，實自三先生而始，故晦庵有伊川
> 不敢忘三先生之語。（卷四五，頁10）

東發因總述讀理學書而殿以三先生之用意，云：

> 震既讀伊洛書，抄其要；繼及其流之或同或異，而終之以徂徠、安
> 定篤實之學，以推發源之自，以示歸根復命之意，使爲吾子孫毋蹈
> 或者末流談虛之失，而反之篤行之實。（卷四五，頁10）

明末黃宗羲《宋元學案》首列胡安定，次列孫泰山，又以石徂徠入〈泰山學案〉中，即本東發之說也。

茲表列東發所論宋代理學之源流正變如次：

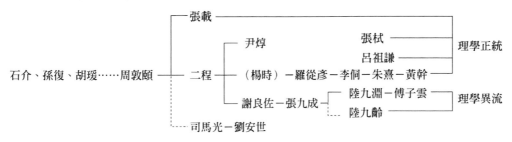

第二章　評諸儒理學書

第一節　論〈太極圖說〉確爲周子所作

　　〈太極圖說〉雖僅二百四十九字，而理學之端，實肇於此。故欲明理學濫觴，不可不先辨〈太極圖說〉之眞僞。

　　〈太極圖說〉因太極圖而有；而〈太極圖〉則就《周易・繫辭傳》：「易有太極，是生兩儀，兩儀生四象，四象生八卦，八卦定吉凶，吉凶生大業」等語，而繪製之者；〔註1〕原附於周子《通書》之後。爲便於敘述，茲迻錄〈太極圖說〉全文於次：

> 無極而太極。太極動而生陽，動極而靜，靜而生陰，靜極復動。一動一靜，互爲其根。分陰分陽，兩儀立焉。陽變陰合而生金木水火土，五氣順布，四時行焉。五行一陰陽，陰陽一太極，太極本無極也。五行之生也，各一其行。無極之眞，二五之精，妙合而凝。乾道成男，坤道成女；二氣交感，化生萬物，萬物生生，而變化無窮焉。惟人也，得其秀而最靈。形既生矣，神發知矣。五性感動而善惡分，萬物出矣。聖人定之以中正仁義而主靜，立人極焉。故聖人與天地合其德，日月合其明，四時合其序，鬼神合其吉凶。君子修之，吉，小人悖之、凶。故曰：立天之道，曰陰與陽；立生之地，曰柔與剛；立人之道，曰仁與義。又曰：原始反終，故知死生之說。

〔註1〕近人馮友蘭《中國哲學史》，謂太極圖本之道藏中之太極先天之圖；又謂周子予以新解釋、新意義，而成爲道學中有系統之著作。其說良是。茲比勘兩圖，知周子蓋受道士修鍊圖之啓發，而繪爲易經太極圖也。

大哉易也，斯其至矣。

此二百餘言之〈太極圖說〉，自南宋即有疑非周子本眞者，其事始於陸九韶（梭山）、九淵（象山）兄弟。象山〈與陶贊仲書〉云：

> 〈太極圖說〉乃梭山兄辯其非是，大抵言「無極而太極」是老氏之學，與周子《通書》不類。《通書》言太極，不言無極；易大傳亦只言太極，不言無極。……梭山曾與晦翁面言，繼又以書言之；晦翁大不謂然。某素是梭山之說，……遂尾其說以與晦翁辯白。〔註2〕

是梭山以「無極」之義出於老子，與《通書》不類而疑之。象山爲辯此事，曾兩度致書與朱子，朱子皆有答辯。象山第一書內容與梭山說同，而又駁朱子「不言無極，則太極同於一物，而不足爲萬化根本；不言太極，則無極淪於空寂，而不能爲萬化根本」之說，〔註3〕云：

> 夫太極者，實有是理，聖人從而發明之耳。……其爲萬化根本，固自素定，其足不足、能不能，豈以人言不言之故耶？

又云：

> 蓋極者，中也；言無極，則猶言無中也。是奚可哉！〔註4〕

是象山以「中」釋極，朱子覆書則以「至極」釋之。又象山以無極之理不必言詮；朱子則反是，朱子云：

> 大傳之太極者何也？即兩儀、四象、八卦之理，具於三者之先而縕於三者之內者也。聖人之意，正以其究竟至極，無名可名，故特謂之太極。……極者，至極而已。……無極二字，乃周子灼見道體，迥出常情，……說出人不敢說底道理，令後之學者，曉然見得太極之妙，不屬有無，不落方體，……以爲在陰陽之外，而未嘗不行乎陰陽之中。〔註5〕

象山第二書，除重申極爲中之義外，又責朱子未見實體，云：

> 若實見太極，上面必不更加「無極」字。……上面加「無極」字，正是疊床上之床。……虛見之與實見，其言固自不同。〔註6〕

朱子又駁象山以中釋極之謬，並云：「老氏之言有無，以有、無爲二；周子之

〔註2〕《陸象山全集》卷一五總頁123。
〔註3〕《朱子大全》卷三六，頁9～10〈答陸子靜書四〉。
〔註4〕同註2，卷二，總頁15～16〈與朱元晦書〉。
〔註5〕同註3，頁8～9。
〔註6〕同註4頁18〈與〈朱元晦書二〉。

言有、無，以有無爲一。」因論象山說近於禪，云：

> 太極固未嘗隱於人，然人之識太極者則少矣；往往只是於禪學中認
> 得箇昭昭靈靈、能作用底，便謂此是太極。……（周子）所見所說，
> 即非禪家道理；非如他人陰實祖用其說，而改頭換面，陽諱其所自
> 來也。〔註7〕

二氏相持不下，象山乃復修書，云：「各尊所聞，各行所知亦可矣，無復望其
必同也。」〔註8〕按：朱、陸二說所以未能調和，乃在所主宇宙觀不同所致。
朱子本〈太極圖說〉，以爲太極是理，陰陽爲氣，理氣分說。象山謂宇宙本體
是理，說雖與朱子同；而又以爲「宇宙便是吾心，吾心即是宇宙」，〔註9〕是
以理即具於吾心中，謂即心即理也。

　　東發本朱子，以爲〈太極圖說〉與《通書》思想不相違背。其論周子畫
圖之本意，在立人極，云：

> 「無極而太極」以下，詳太極之理，此圖之訓釋也。「惟人也得其秀」
> 以下，言人極之所以立，此所以畫圖之本意也。蓋周子之圖太極，
> 本以推人極之原；而周子之言無極，又以指太極之理，辯析其精微，
> 正將以歸宿於其人，而豈談空之謂哉？

又詳論周子假立無極之名，以明太極之性質，所重在太極，而非在無極，云：

> 今觀圖之第二圈陰陽互根之中，有圈而虛者，即「易有太極」之體
> 也。其上之一圈，即挈取第二圈中之圓而虛者，表而出之，以明太
> 極之不雜乎陰陽，單言太極之本體也。單出本體於其上，初無形質，
> 故曰「無極而太極」。所謂無極者，實即陰陽互根之太極，未嘗於太
> 極之上別爲一圖名無極也。（卷三三，頁1）

按：太極圖之第一圈，不曰「無極」，亦不曰「太極」，而曰「無極而太極」，
以一「而」字，即將無極與太極間之關係釐然定之，故圖說下文云：「太極本
無極」也。東發嘗引朱子〈隆興府學濂溪先生祠記〉，釋此二句，云：

> 所謂太極云者，合天地萬物之理而一名之耳。以其無器與形，而天
> 地萬物之理無不在是，故曰「無極而太極」；以其具天地萬物之理，

〔註7〕同註3，頁11～12，頁14〈答陸子靜書五〉。
〔註8〕同註4，頁21〈與朱元晦書三〉。
〔註9〕同註4，卷二二，總頁173〈雜說〉。

而無器與形，故曰「太極本無極」也。〔註10〕

〈圖說〉眞僞之辨，至此已明。東發因斥象山，云：

> 象山陸氏嘗以「無極」之字大易所未有，而老莊嘗有之，遂疑其非
> 周子之眞。……恐不必以他書偶有「無極」二字而疑之。……其實
> 老子之言無極，指茫無際極而言；周子之言無極，指理無形體而言。
> 象山高明，豈不曉此？一時氣不相下，始爲此言。（卷三三，頁 1）

因謂今後學者勿再拘拘於無極眞僞之辨，當求周子立說本意，云：

> 惟洞見太極之理，以自求無愧於人極之立，此則周子所望於學者耳。
> （卷三三，頁 1）

第二節　論《二程全書》中異說之取捨

二程之說，散見於門人之集錄，賴朱子之搜訪佚遺，始克成編。遺書有
異說，程門尹和靖已知之，其說已詳上節。朱子有〈記程門諸子論學同異〉
及〈記疑〉二文，〔註11〕亦曾謂程氏書中雜有佛、老之說者。東發點勘《程
氏遺書》，以定取捨之標準，云：

> 大抵孔孟之學大中至正之極，而二程之學正以發明孔孟之言……今
> 欲辨程錄之眞僞，無他，亦觀其於孔孟之說相合、或於莊列之言相
> 似與否耳。（卷三三，頁 7）

東發因就《程氏遺書》中，諸家所記之歧異者與誤謬者論之。東發云：

> 孔子夢周公一也。張繹所錄，則謂「晚年不遇，不復夢見」；鮑若雨
> 〔註12〕所錄，則謂「若曾夢見，大段害事」。夢周公何害事之有？殆
> 惑於異端「眞人無夢」之說耳。是鮑之錄不若張之近人情。（卷三三，
> 頁 6）

此爲記錄不同之例。至於所錄之誤者，如：「與善人處，壞了人，須是與不善
人處，方成就得人；他山之石，可以攻玉。」〔註13〕東發論之云：

> 何其與「毋友不如己者」之意殊也！（卷三三，頁 7）

又如：上蔡錄程氏語：「莊生形容道體之語，儘有好處。老氏「谷神不死」一

〔註10〕《日抄》卷三三，頁 6 引，原文見《朱子大全》卷七八，頁 19。
〔註11〕詳《朱子大全》卷七〇，頁 18～19，頁 22～27。
〔註12〕「雨」字原作「若」字，係因上文而衍。此據《程氏遺書》校正。
〔註13〕《程氏遺書》卷三，頁 2〈謝顯道記憶平日語〉。

章最佳。」（同註 3 頁 4）東發謂程氏終身斥佛、老，必無此語；此殆出於謝氏之附會耳。東發云：

> 此殆其本心之形見，而記憶其師平日之言，亦粉澤於其所學自成一
> 家之後矣。（卷三三，頁 8）

至朱子編次《程氏外書》，跋云：「其曰外書云者，特以取之之雜，或不能審其所自來；其視前書（按：指《遺書》二十五篇），學者尤當精擇而審取之耳。」〔註14〕東發於《外書》之可疑者，亦逐條加以論列。如李參所錄有一條云：「文王望道而未之見。謂望天下有治道太平，而未得見也。」〔註15〕東發論之，云：

> 恐於本文有增。（卷三三，頁 9）

又如：〈傳聞雜記類〉有一條載伊川云：「若熟看語錄，亦自得。」〔註16〕東發云：

> 此當與伊川稱「某在，安用語錄」之說參考。（卷三三，頁 11）

是東發以為《二程語錄》可參看，而不可盡信，當辨其合於程氏與否而後用之也。

第三節　論《朱子語類》

朱子著作等身，東發依其說之可信程度，分為三類，即論著、書翰與語錄也。其說云：

> 如語類，則門人之所記也。如書翰，則一時之所發也。如論著，則
> 平生之所審定也。語類之所記，或遺其本旨，則有書翰之詳說在；
> 書翰之所說，或異於平日，則有著述之定說在。（卷三六，頁 2）

朱子語錄，以出於門人之手，故舛謬不免，東發亦嘗摘錄而辨說之。如於「總論為學」類，云：

> 此類說田單減竈；乃孫臏事誤也，合改。（卷三七，頁 4）

又於「持守」類，云：

> 此類別有降伏字，亦涉異端。（卷三七，頁 4）

〔註14〕《朱子大全》卷七五，頁 26〈程氏外書後序〉。
〔註15〕《程氏外書》卷四，頁 1〈程氏學拾遺〉。
〔註16〕同註 15，卷一二，頁 16。

《日抄・讀朱子語類》卷末，有跋文云：

> 門人所記，或主靜坐，或以靜坐爲非。或主博覽，或以博覽爲雜。
> 均一朱子之言，而相反類如此，蓋隨其人之病而藥之耳。要之，靜
> 而可施之動，博而必求其要，此中持其衡之說，觀者謹毋執其一爲
> 據。其間亦有門人記錄太過者，又當參以朱子平日自著之言。（卷三
> 八，頁15）

東發所論，甚得朱子本旨，謂朱子因材施教之說，尤中肯綮。茲以朱子論靜
坐爲例，以證東發之言。朱子〈答李守約書〉，云：

> 所說持敬工夫，……但只大綱收斂，勿令放逸，到窮理精後，自然
> 思慮不至妄動，凡我營爲，無非正理；則亦何必巫然靜坐，然後爲
> 持敬哉！〔註17〕

此反對靜坐也。而其答潘謙之，則謂若不妨礙觀理，則靜坐亦無不可，云：

> 所示問目，如：伊川亦有時教人靜坐。然孔孟以上却無此說；要須
> 從上推尋，見得靜坐與觀理兩不相妨，乃爲的當爾。（同註17頁1）

即此一例，已可見朱子之因材施教矣。

〔註17〕《朱子大全》卷五五，頁8。

第三章　論諸儒之學

第一節　周子闡幽立極，歸宿乎孔孟

　　周濂溪之理學概見於所著《通書》與〈太極圖說〉。東發鑒於世人讀〈太極圖說〉，多囂囂於「無極」眞僞之辨，而棄周子立人極之本意於不顧，因力辨其爲周子所作，而歸宿於求立人極之說，已詳本章第二節。東發於《通書》四十篇，則注意其組織之緊密，謂各章先後連貫，前十章由體天而修己，後三十章言致用之方也。其言曰：

> 誠上章主天而言，故曰：「誠者，聖人之本。」言天之誠，即人之所得以爲聖者也。誠下章主人而言，故曰：「聖，誠而已矣。」言人之聖，即所得於天之誠也。

> 誠幾德章居第三者，……幾有善惡，要當察其幾之動，以全其誠，爲我之德也。

> 聖章居第四者，言誠而達於幾爲聖人；其妙用尤在於感而遂通之神。蓋誠者不動，幾者動之初，神以感而遂通，則幾之動也。純於善，此其爲聖也。

> 誠一而已，人之不能皆聖者，係於幾之動，故愼動第五。

> 動而得其正爲道，故道爲第六。

> 得正爲道，不淪於性質之偏者能之，而王者之師也，故師爲第七。

> 人必有恥，則可教，而以聞過爲幸，故幸次之。

> 聞於人必思於己，故思又次之。

師以問之矣，思以思之矣，在力行而已，故志學又次之。

凡此十章，上窮性命之源，必以體天爲學問之本，所以修己之功既廣大而詳密矣。（卷三三，頁1～2）

〈太極圖說〉由太極而推衍及於人極之立，正可爲《通書》前十章由體天而修己功夫作注腳。茲略舉二者相通之處爲證。圖說「惟人也得其秀而最靈」以下五句，以人爲萬物之靈，稟太極之理；此理爲純然至善，故人本具善性。人性之本然即《通書》所謂誠，《通書》誠上章云：

誠者，聖人之本也。「大哉乾元，萬物資始」，誠之源也。「乾道變化，各正性命」，誠斯立焉，純粹至善者也。故曰：「一陰一陽之謂道，繼之者善也，成之者性也。」

圖說下文云：「聖人與天地合其德」，《通書》云：

聖，誠而已矣。誠，五常之本，百行之源也。

東發論《通書》後三十章，以爲言致用之方，云：

推以治人，則順化爲上（按：見十一章），與天同功也。

治爲次（十二章），純心用賢也。

禮樂又其次（十三章），治定而後禮樂可興也。

繼此爲務實章、愛敬章（十四、十五章），又所以斟酌人品而休休然與之爲善。蓋聖賢繼天立極之道備矣。（卷三三，頁2）

十六章以下，東發以爲言處世之道，云：

餘章皆反覆此意，以丁戒人心，使自知道德性命之貴（見二二、二四、二五章），而無陷辭章利祿之習（二八、三三章），開示聖蘊，（二十九章）終以主靜，（四十章）庶幾復其不善之動，以歸於誠，而人皆可爲聖賢焉。（卷三三，頁2）

東發因贊周子「爲人心計也至矣」。蓋周子理學，既闡天道，又明人道，天人貫通，開理學之先河，啓導後學者良多也。朱子嘗論周子能明天理，繼孔孟以來道統。〔註1〕東發亦讚之云：

若其闡性命之根源，多聖賢所未發，尤有助於孔孟。較之聖帝明王事業，所謂揭中天之日月者哉！（卷三三，頁2）

其推崇周子，可謂至矣。

〔註1〕《朱子大全》卷七九，頁10〈韶州州學濂溪先生祠記〉。

第二節　朱子鬱而不伸，乃集諸儒之大成

　　據祝穆所編《朱子年譜》，載朱子十九歲，當高宗紹興十八年，登進士第。二十四歲，赴泉州同安縣任主簿，「涖職勤敏，纖悉必親。……苟利於民，雖勞無憚。」〔註2〕比秩滿罷歸，山居講學。此後仕履轉蹇，直至四十九歲，始差知南康軍，講求荒政，全活無數。五十二歲（孝宗淳熙八年），改除浙東提舉。次年九月，去任歸。五十九歲，入爲侍講。六十歲，改知漳州。六十四歲，除潭州湖南路安撫使。次年八月，去職。〔註3〕東發惋惜朱子仕途多艱，云：

> 先生自十九歲登第，至七十歲致仕（按：實爲六十七歲；此蓋取成數），
> 五十年間，僅歷同安簿，知南康軍，提舉浙東常平茶鹽，知漳州、
> 潭州，凡五任九考，及經筵四十餘日而已。翱翔未幾，垂翅趨歸；
> 君恩方隆，讒間已至：窮固甚矣。

當窮阨之時，朱子不爲所困，力學上達，愈挫愈奮，著述等身，以道淑世。東發之身世與之略同，皆於事上磨練而成就之者也。東發因讚朱子之偉大貢獻，約有四端：

　　其一、解周子〈太極圖說〉。東發云：

> 太極之理至精，而太極之圖難狀，得晦庵剖析分明，令三尺童子皆
> 可曉，遂獲聞性命之源，以爲脫去凡近之基本，即盍反而實修其在
> 我者矣！（卷三三，頁1）

　　其二、裒聚《二程遺書》，編輯《近思錄》。東發云：

> 程氏發現孔孟正學於千四百年無傳之後，微言奧旨特散見於門人之
> 集錄。賴朱子起而搜逸訪遺，始克成編。其尤切於日用者，已類而
> 爲《近思錄》矣。（卷三三，頁6）

朱子嘗云四書爲六經之階梯，《近思錄》又爲四書階梯。由此可知朱子與呂祖謙編輯《近思錄》之功矣。

　　其三、挽救程門溺於異學之弊。東發云：

> 濂洛窮思力索，極而至於性以上不可說處，其意固將指義理之所從
> 來，以歸之講學之實用。適不幸與禪學之遁辭言識心而見性者，雖
> 所出異源，而同湍激之衝。故二程甫沒，門人高弟多陷溺焉。不有
> 晦翁，孰與救止？（卷三三，頁17）

〔註 2〕黃榦撰〈文公朱先生行狀〉，頁2。
〔註 3〕《新安文獻志》卷三三，頁14。

朱子闢斥釋氏之論極夥，例如：〈答汪尚書書〉凡六通，多言儒、釋之判。其斥禪學之害，云：「不思不學，而坐待其無故忽然而見，無乃溺心於無用之地，玩歲愒日，而不見其成功乎！就使僥倖於恍惚之間，亦與天理人心，敘秩命討之實，了無交涉。……此則釋氏之禍，橫流稽天，而不可遏者，有志之士所以隱憂浩歎（嘆），而欲火其書也。」〔註4〕東發平生亦力闢佛學，故贊朱子之論，云：

> 論佛教之害政，古惟一昌黎；論佛教之害人心，今惟一晦翁。害政之迹顯而易見，害人心之實隱而難言，故闢佛者至晦翁而極。（卷三四，頁11）

東發復總朱子衛道之功，云：

> 濂洛言道學，後來者借以談禪，則其害深矣。……乃近朱子解剝濂溪之圖象，裒列二程之遺書，以明道學之正傳者如此。窮極釋氏之作用爲性，辨詰諸老之流入禪學，以明其徒之似是而非者如彼。使道學之源不差，而夫子之道復明。此其有功天下萬世，較之施用於世者，撥亂反正，豈足喻勞烈之萬分一哉！（卷三八，頁15）

其四，以文載道。周子《通書・文辭篇》云：「文所以載道也」。東發謂其〈愛說〉：「所以使人知天下至富至貴，可愛可求者，無加於道德，而芥視軒冕，塵視珠玉者也。」（卷三三，頁3）朱子爲文，亦承此說。東發論秦漢以下唯朱子能以文貫道，云：

> 六經之文皆道，秦漢以後之文鮮復關於道，甚者害道。韓文公始復古文，而猶未盡純於道。我朝諸儒始明古道，而又未嘗盡發於文。至晦庵先生表章四書，開示後學；復作易本義，作詩傳，面授作書傳，分授作禮經疏義；且謂春秋本魯史舊文，於是明聖人正大之本心，以破後世穿鑿凡例。……無一不使復遇古初，六經之道賴之而昭昭乎如揭中天之日月。其爲文也，孰大於是！宜不必復以文集爲矣；然其天才卓絕，學力宏肆，落筆成章，殆於天造。其剖析性理之精微，則日精月明；其窮詰邪說之隱遁，則神搜霆擊。……皆此道之流行，猶化工之妙造也。（卷三六，頁21）

東發謂朱子宦途雖不如意，而以其充沛超卓之才力爲學，乃理學之幸，故云：「雖使先生出將入相，功著一時；以彼易此，孰得孰失也？」亦以此故，

〔註4〕《朱子全》卷三〇，頁13。

而擬於孔子，東發云：

> 愚嘗妄謂孔子窮而在下者也，故能集堯舜以來列聖之大成。晦翁鬱
> 而不伸者也，故能集伊洛以來諸儒之大成。似皆有造物者司其數於
> 其間，而窮者乃所以爲達。嗚呼盛哉！（卷三八，頁 16）

第三節　張栻以義理發爲政事

　　東發讀《南軒文集》，謂其詩大率主義理，如：卷一「送鮮于大任入成都幕」，有云：「獨餘後凋心，特立凜不懼。莫邪雖云利，寧作囊錐露？」東發云：「其厲志如此。」（卷三九，頁 1）又如：卷二「道旁見穫者」詩，云：「辛勤既百爲，幸此歲不惡。……雖云粒米多，未辦了升龠。姑寬目前飢，詎有卒歲樂？」東發謂其「憂民如此」（卷三九，頁 1）。

　　儒者出仕，學以致用，乃極自然之事，南軒即一例也，故東發云：

> 讀南軒議論，嘗觀其天性忠孝，以義理發爲政事處。（卷三九，頁 19）

《南軒集》中，此種議論不勝僂指數，茲舉二例，以見一斑。如：卷八〈嚴州到任謝表〉云：

> 惟是此方素稱瘠土，而其輸賦獨重他州。編居半雜於山林，稔歲猶
> 艱於衣食。……仰冀恩澤之流，視民如傷。

同卷〈江陵到任謝表〉云：

> 事君以勿欺爲主，期利害之實聞。禦侮以得民爲先，當本根之力
> 護。

東發謂此二表「皆平叙民情國事，文從字順，德人之言也。」（卷三九，頁 1）南軒於明恥復國之義，尤足見其忠孝之心。考南軒爲名將張浚之後。浚主戰，而其時和議屢起。浚於隆興二年八月卒，同年十二月，宋、金達成和議，南軒甫畢葬事，「不勝君親之念」，遂上疏言：

> 吾與虜人乃不共戴天之讎。向來，朝廷雖亦嘗興縞素之師，然玉帛
> 之使，未嘗不行乎其間；是以講和之念，未忘於胸中，而至誠惻怛
> 之心，無以感格乎天人之際，此所以事屢敗而功不成也。……繼今
> 以往，益堅此志，誓不言和，專務自強，雖折不撓，使此心純一，
> 貫徹上下，則遲以歲月，亦何功之不成哉！〔註5〕

〔註 5〕《朱子大全》卷八九，頁 2～3〈右文殿修撰張公神道碑〉。

東發嘗總述南軒學術之造就，云：

> 先生講學專主涵養特敬，〔註6〕謀國專主致君黜敵，居官專主恤民
> 練軍。乾淳諸儒議論與晦翁相表裏者，先生一人而已。……晦翁精
> 究聖賢之傳，排闢異說，所力任者在萬世之道統；先生將命君父之
> 間，誓諸黜虜，所力任者在萬世之綱常。元氣胥會，……又足使千
> 載興起。（卷三九，頁13）

是東發所謂「義理」，即指「綱常」而言。三綱內君臣一綱，固與政事有關；
五常之理，自來儒者亦多致用於世。

第四節　呂祖謙氣象和平，而論事則有所回護

東萊與朱子同時，而年稍幼。二人彼此商兌，以求其是；然治學態度頗
不相同，朱子每於言語間論其非是，如：〈答時子雲書〉，云：

> 向編《近思錄》，欲入數段說科舉壞人心術處，〔註7〕而伯恭不肯。
> 今日乃知此箇病根，從彼時便已栽種培養得在心田裏了，令人痛恨
> 也。〔註8〕

朱子語錄亦有「伯恭……却以語、孟為虛，……教人看史書。」〔註9〕之批評。
南軒嘗寄東萊書，謂其果斷不足，流於姑息。云：「大抵覺得老兄平日似於果
斷有所未足，時有牽滯，流於姑息之弊。」（同註6引）

東發於東萊，雖有微辭；而於淳熙二年調節朱、陸鵝湖之會，則以為斯
道之賴於東萊者獨多。云：

> 象山天資超悟，才辨雄絕，眼空萬古無可人；而獨靡然於東萊德性
> 和平之感召，……斯道之賴為多。（卷四○，頁16～17）

東萊於學術不譏功、利，不排佛、老，皆因德性過於寬和所致。而其論
史，亦有偏頗處，如〈答學者所問〉有云：

> 如陳平之事，雖使未濟而死，獲謗於後世，君子不憾也。君子所信

〔註6〕 南軒早年主先察識後涵養，說與朱子同；見《朱子大全》卷三二，頁25〈答
　　　　張欽夫書〉，引南軒語。至乾道五年以後，隨朱子思想之轉變，而改主先持敬
　　　　涵養，說見《南軒集》卷二五，頁5〈寄呂伯恭書四〉。

〔註7〕 見《朱子大全》卷三四，頁4〈答呂伯恭書〉。

〔註8〕 《朱子大全》卷五四，頁25。

〔註9〕 《朱子語類》卷一二○總頁4686〈訓門人八〉。

者此心也，若顧後世之毀譽，是有待於外也。〔註10〕

東發論其說，云：

> 蓋呂氏自東萊公失節於張邦昌，故先生於議論古今出處名節處，率
> 多陰爲回護，使不相形迹。緣此習熟之久，亦每覺弱了一兩分，下
> 筆時亦覺放寬一兩分。（卷四○，頁9）

第五節　陸九淵氣浮言激，說多偏頗

學者之性格，有時亦足以影響其治學態度。陸象山才固高，然恃才傲物，氣浮而言誇，每流於憤激，以致影響是非之判與善惡之辨。其學術成就所以遜於朱子者，以此。

象山於學主察識，服膺孟子「先立乎其大，則小者不能奪」之說，凡事講求直截，如謂：「某讀書只看古注，聖人之言自明白。」〔註11〕東發論之云：

> 亦自有當講明者；如明白者，却不必衍文，熟讀自見。象山此言不
> 可不察。

象山氣浮，可由下一事見之。喪葬之禮，既祔之後，主是否當復於寢，陸復齋、象山兄弟問於朱子，朱子據《大戴禮記・諸侯遷廟篇》、《穀梁傳》與《史記》等，謂當復於寢。復齋從之，象山則「直欲於卒哭而祔之後，徹其几筵。」終不以朱子說爲然。〔註12〕東發謂「陸子靜不能待」（卷三四，頁23）。是以鵝湖之會，象山與朱子劇論，衝口而發，斥朱子之學至有「支離事業竟浮沉」之語。〔註13〕是後，象山說雖略有改變，而氣燄仍在。朱子〈答呂祖謙書〉，云：

> 子靜近答渠（按：指象山門人曹立之）書與劉淳叟書，却說人須是讀書
> 講論。然則自覺其前說之誤矣；但不肯說破今是昨非之意，依舊庶
> 前掩後，巧爲詞說。〔註14〕

直至呂東萊歿後，象山祭之，始自謂其非是，云：

> 鵝湖之集，已後一歲，輒復妄發，宛爾故態。……比年以來，日覺

〔註10〕《呂太史別集》卷一六，頁14〈師友問答〉。
〔註11〕引見《日抄》卷四二，頁15，不見於今傳象山語錄。
〔註12〕《朱子大全》卷五八，頁25〈答葉味道書〉。
〔註13〕《陸象山全集》卷三四總頁276〈語錄〉。
〔註14〕《朱子大全》卷三四，頁17。

少異；更嘗差多，觀省加細。追惟曩昔，篤心浮氣；徒致參辰，豈
足酬義？〔註15〕

話雖如此，而其本性則終難移也；東發因論之云：

其於諸儒之讀書、之講授、之援經析理，則指爲戕賊、爲陷溺、爲
繆妄、爲欺誑、爲異端邪說，甚至……斥之爲蛆蟲。……象山之言
雖甚憤激，今未百年，其說已泯然無聞；而諸儒之說，家藏而人誦
者皆自若，終無以易之也。此亦無以議爲矣，獨惜其身自講學，而
乃以當世之凡講學者爲僞習；未幾，韓侂冑、何澹諸人，竟就爲僞
學之目，以禍諸儒，一時善類幾殲焉。鳴呼！家必自毀而後人毀之。
悲夫！（卷四二，頁13～14）

〔註15〕同註13，卷二六總頁196〈祭呂伯恭文〉。

第四章　商兌前儒之說

東發治學，富有懷疑精神，於經學如此（已詳上文經學），於理學亦然。《日抄》摘錄前儒理學諸說，於未安處，每加以補正，茲分別舉例如次：

第一節　關於朱子之說者

朱子有《周子通書解》，東發於其說之可商處，往往自抒己見。如：《通書·慎動第五》，云：

> 動而正曰道，用而和曰德。匪仁、匪義、匪禮、匪智、匪信，皆邪也。邪動，辱也；甚焉，害也。故君子慎動。

朱子解首句，云：

> 動之所以正，以其合乎眾所共由之道也。〔註1〕

東發論之云：

> 動而合乎正，是即為道，周子本意恐亦止此。若謂合乎道，此動之所以正，是乃動而合乎道曰正，與「動而正曰道」，又成一意。（卷三三，頁2）

朱子「讀大學誠意章有感」詩，自識云：

> 頃以多言害道，絕不作詩。兩日讀大學誠意章有感。至日之朝起，書此以自箴，蓋不得已而有言云。

詩云：

> 心知一寸光，昱彼重泉幽。朋來自茲始，群陰邈難留。行迷亦已遠，

〔註 1〕　《周子全書》卷八總頁 137 引朱註。

及此旋吾軸。〔註2〕

東發說之云：

> 以先生晚年之學，謂漫辭爲虛費工夫，則可。若言以明道，雖多何
> 害耶？（卷三四，頁1）

朱子〈答何叔京書〉，云：

> 所謂聖人之心，如明鏡止水。天理純全者，即是存處。但聖人則不
> 操而常存耳，眾人則操而存之。……存者，道心也；亡者，人心也。
>
> 〔註3〕

東發論朱子以「亡者爲人心」之說未是，云：

> 愚意理雖相近，語各有爲。人心、道心，是狀體段之隨異；操存舍
> 亡，是指效驗之相反。今以存者爲道心，一念之復本體，固由是而
> 全。若以亡者徑爲人心，則恐是故而不求之謂，於人心何有？

因釋「人心」之意，云：

> 或者人心止是飲食飢渴之類。晦翁自謂雖上智不能無人心，則人心
> 非亡之謂也。（卷三四，頁15～前16）

朱子〈答何叔京書〉又云：

> 孟子雖多言存養，然不及其目，至論養氣，則只以義爲主；比之顏
> 子，便覺有疏濶處。程子之言，恐不專爲所稟與氣象，蓋所學繫於
> 所稟，氣象又繫於所學，疏則皆疏，密則皆密，唯大而化之，然後
> 不論此耳。（同註3頁37）

東發以張載「變化氣質」之說，正朱子「所學繫於所稟」之義，云：

> 「繫」之一字，更合斟酌，蓋學本期以變化其氣稟之偏；但人各自
> 隨其稟以有成就，而能自變者難其人耳。（卷三四，頁前16）

考亭門人張敬之問：「以善服人，則有心求勝，故人得以勝之。」朱子答
云：

> 以善服人者，惟恐人之進於善也，如張華之對晉武帝，恐吳人更立
> 令主，則以江南不可取之類也。〔註4〕

東發不同意朱子之說，云：

〔註2〕《朱子大全》卷二，頁9。
〔註3〕《朱子大全》卷四〇，頁35。
〔註4〕《朱子大全》卷五八，頁38。

愚恐「服人」，不過欲人之服己，未必忌他人之爲善。若以晦翁他處議論概之，恐此亦於本意上略侵界過分，當更俟長者而請焉。（卷三四，頁23）

林德久讀《孟子集註》而問於朱子曰：「伊川曰：『心具天德。心有不盡處，便是天德處未能盡，何緣知性、知天？』觀先生議論，皆謂盡心而後知性知天；而先生盡心第一章以謂：知性而後能盡心。與諸先生議論不同。如孟子教人，皆從心上用功，不知先自知性始？當從何處實下工夫？」朱子答云：

以文勢觀之，盡其心者，知其性也。言人之所以能盡其心者，以其知性故也。蓋盡心與存心不同，存心即操存求放之事，是學者初用力處；盡心則窮理之至，廓然貫通之謂。所謂知性即窮理之事也；須是窮理方能知性，性之盡則能盡其心矣。〔註5〕

東發就孟子文理而說之，云：

先生以此說性理儘長；若以文勢觀之，恐合且依諸儒之說，順下說去，蓋下文有「知性則知天」一句，影帶分曉。盡心則知性，知性則知天，皆是一串順去道理。今若以盡心本於知性，則下文知天又本於知性，恐文理未必然；況人豈有不先盡其心，而一切以性爲先者？（卷三四，頁25）

朱子嘗撰〈尹和靜（靖）手筆辨〉一文。尹氏曰：「伊川先生曰：某在，何必看此書（按：指伊川語錄）？若不得某之心，只是記得它意，豈不有差？」尹氏嘗論《二程語錄》之非，朱子則以爲語錄實不可廢，故辨之云：

既云某在不必看，則先生不在之時，語錄固不可廢矣。

尹氏又云伊川「易傳，所自作也；語錄，他人作也。」朱子力辨云：

如是，則孔氏之門亦可以專治春秋而遂論語矣；而可乎？〔註6〕

東發平心論兩造之爭，云：

和靖力辨程門語錄爲非，其後晦翁追編語錄，又力辨和靖之說爲非。然晦翁搜拾於散亡，其功固大；和靖得於見聞，其說尤的。今觀程錄，凡禪學之所有而孔門之所無者，往往竄入其間，安知非程氏既歿，楊、謝諸人附益耶？是雖晦翁不敢自保，其於編錄，猶深致其意，謂失之毫釐，其弊將有不可勝言者。然則，和靖力辨語錄之說，

〔註5〕《朱子大全》卷六一，頁6。
〔註6〕《朱子大全》卷七二，頁16。

其可廢也哉？（卷四一，頁 19）

程錄可供研究洛學之參考，盡信之與盡廢之，皆非是。信其可信，而考其可疑，斯爲得之。尹氏、朱子蓋皆知之，而一時辭氣間似有以偏概全，矯枉過正處，是以東發辨之也。

東發爲朱子四傳弟子，平生私淑朱子，立說頗多羽翼之者；而不囿於門戶之見，有上述七處補正之說。此爲東發學術之可貴處；其爲考亭功臣，以此。

第二節　關於胡宏、張栻之說者

胡宏，號五峰，著有《知言》一書。張栻嘗師事之。紹興三十年，朱子臥病山間，親友仕於朝者，以書招之，朱子戲以詩報之，有「浮雲一任閑舒卷，萬古青山只麼青」之句。五峰聞之，謂朱子「有體而無用」，因以詩箴之，有云：「山中出雲雨太虛，一洗塵埃山更好」。〔註7〕東發論五峰劃分體、用爲兩截之不當，云：

> 體立則用存，體用未嘗相離。士君子修身，求爲可用於世，此體之立也。先生隱居讀書，則用已在其中。世之汲汲於利祿者，體之不立，用於何有？五峰有體無用之說，似合斟酌。（卷三六，頁 6）

《論語・述而篇》載孔子因體衰而興不復夢見周公之嘆。《南軒語錄》〔註8〕引五峰之言，謂孔子「必曾於畫像中見之，所以夢見。」東發謂其說未必合情實，云：

> 世之不識其人而夢之者甚多，但夢中以爲其人耳，如子孫之於祖父亦然。此何足怪，而轉生畫像之說耶？大抵夢境所見，與青天白日識人面目不同，夢見周公何可議論？（卷三九，頁 14）

張南軒嘗論張良平生出處，云：「張子房蓋有儒者氣象，……五世相韓，篤春秋復讎之義，始終以之。」〔註9〕因謂是以儒者許子良。東發不以爲然，云：

> 復讎固其義也，以其人則智謀之士也，儒者氣象恐又別。先生之言蓋自有爲而發。（卷三九，頁 4～5）

〔註7〕見《朱子大全》卷八一，頁 2～3〈跋胡五峰詩〉。

〔註8〕《南軒語錄》，陳振孫《直齋書錄解題》著錄十二卷，云蔣邁所記；《永樂大典》尚稱引之，蓋於明末佚失。《日抄》引有五十七條，此其第四條也。

〔註9〕《南軒集》卷一六，頁 2〈史論〉，張子房平生出處。

南軒答宋伯潛問「舜明於庶物」之物，云：「道外無物」。東發評其說「恐太寬」（卷三九，頁11）。

《論語・鄉黨篇》記孔子「與下大夫言，侃侃如也；與上大夫言，誾誾如也。」《南軒語錄》云：「最是更端處難」。東發謂其意蓋「以爲一時之間，既與上言又與下言也。」因論云：

> 愚意：隨應而不同，亦未必同是一時。（卷三九，頁14）

第三節　關於程門之說者

程門諸子及陸氏一派之溺於老、釋者，乃思想立論之異，已如第一節所述。本節所述，則關於曲解經義者。

《南軒語錄》嘗引述楊龜山說《論語・堯曰篇》「四海困窮，天祿永終」之義，云：「惠及困窮之人，是爲天祿之終」。東發謂其改經，云：

> 此雖一說，恐改了經文耳。（卷三九，頁14）

《龜山文集》答問類，有一則云：「原壤蓋莊生所謂游方之外者，故敢以夷俟孔子。然謂之賊而叩其脛，不已甚乎？而彼皆受之而不辭，非不以毀譽動其心，孰能至是？」東發謂龜山之尊原壤，蓋以其自溺方外之說；因正其解經文之謬，云：

> 孔子告以幼不遜弟，至老而不死是爲賊，訓之也，非詈之爲賊也。
> 以杖叩其脛者，懲其夷踞，使之起也，非杖之也。原壤放肆，而孔
> 子愛之以德，非毀譽也。（卷四一，頁6）

《龜山語錄》，說多偏頗，茲舉二例，以見一斑。龜山云：「億則屢中，非至誠前知，故不取。」東發論其非是，云：

> 億則屢中，孔子亦取其中，非不取也。至誠可以前知，其義又別；
> 孔子亦未必以此律人。（卷四一，頁12）

又：龜山云：「易言利見、利用，終不言所以利，故孔子罕言利。」東發謂其誤解，云：

> 利見、利用，止言卦爻宜如此耳，恐與罕言利之利不同。（卷四一，
> 頁12）

謝《上蔡語錄》云：「孔子事君盡禮，當時諸國怎生當得聖人恁地禮數？」東發斥其說，云：

此人道之常，孔子安行，何張皇爲？（卷四一，頁14）

上蔡又云：子路、冉子「使被他曾點將冷眼看；他只管獨對春風吟詠，肚裏渾沒些能解，豈不快活！」上蔡特重視曾點，顯與周子令二程尋孔顏樂處者不同。《日抄》二讀《論語》已論其失。〔註10〕其讀《上蔡語錄》，復致其意，云：

> 曾點，孔門之狂者也，無心於仕而自言中心之樂。……孔子當道不行，私相講明，而忽聞其言獨異，故一時歎賞之。已，即歷舉子路、冉有之說皆足爲邦。孔子之本心終在此而不在彼。……且曾點此時特自言意欲如此而已，何嘗果對春風？曾點又豈沒些能解者耶？（卷四一，頁16）

張九成《日新語錄》，說亦多未當者。東發一一加以糾正，茲舉三條爲例。《日新》云：「解師冕見，云：孔子堂堂之軀，待一瞽者尙詳委如此，聖人氣象可知。」東發斥云：「此豈所以論聖人哉？」（卷四二，頁1）又：九成謂「孟子歷論養浩，宜當時謂之迂濶」。東發論其失考，云：

> 見謂迂濶者，以其言王道，非謂言養浩也。（卷四二，頁2）

橫浦又謂孔子唯酒無量，不及亂，云：「眾人過量則亂；惟聖人不拘於量多寡，皆不及亂。」東發論其誤，云：

> 是以行無算爲聖人歟！（卷四二，頁2）

總綰上述，東發就道統而論前儒諸說發展之次第，可以繼承程朱而上紹孔孟之心。其論諸儒之書及其理學，尤見其衛道之堅與立論之卓，於理學之闡明，功不可沒。而商兌前儒似是而非之說，於理學之進展，亦爲不可或缺之工作也。

〔註10〕參上文第卹編第一章論語學，批評宋儒過求之弊。

引用及主要參考書、文目

一、引用書目（依《四庫全書總目提要》分類法排列）

甲、經　部

1. 《周易經解》，唐・李鼎祚，清光緒十七年刊李道平纂疏本。
2. 《橫渠易說》，宋・張載，中華書局四部備要校刊清朱軾刊張子全書本。
3. 《伊川易傳》，宋・程頤，中華書局據江寧刻本校刊二程全書本。
4. 《周易本義》，宋・朱熹，華聯出版社影印日本田中氏校刊國子監本。
5. 《易學啟蒙》，宋・朱熹，康熙間呂氏寶誥堂刊朱子遺書本。
6. 《古周易》，宋・呂祖謙，清康熙年間刊通志堂經解本。
7. 《大易粹言》，宋・方聞一編，文淵閣四庫全書本。
8. 《周易經傳訓解》，宋・蔡淵，四庫全書本。
9. 《易象意言》，宋・蔡淵，四庫全書本。
10. 《易學象數論》，明・黃宗羲，四庫全書本。
11. 《易經新證》，于省吾，藝文印書館影印本。
12. 《周易古經今注》，高亨，香港中華書局排印本。
13. 《先秦漢魏易例述評》，屈萬里，學生書局排印本。
14. 《談易》，戴君仁，開明書店排印本。
15. 《漢石經周易殘字集證》，屈萬里，中央研究院歷史語言研究所專刊之四十六。
16. 《乾坤鑿度》，新興書局《易緯八種》本。下同。
17. 《易通卦驗》，不著撰人。

18. 《易緯稽覽圖》，不著撰人。

19. 《古三墳書》，明·程榮校刊漢魏叢書本。

20. 《東坡書傳》，宋·蘇軾，學津討源本。

21. 《書經集傳》，宋·蔡沈，世界書局影印本。

22. 《書疑》，宋·王柏，通志堂經解本。

23. 《尚書表注》，元·金履祥，清雍正、乾隆間刊金仁山遺書本。

24. 《書纂言》，元·吳澄，通志堂經解本。

25. 《書蔡氏傳纂疏》，元·陳櫟，通志堂經解本。

26. 《尚書廣聽錄》，清·毛奇齡，乾隆陸氏刊毛西河全書本。

27. 《尚書釋義》，屈萬里，中華文化事業出版社排印本。

28. 《毛詩指說》，唐·成伯璵，通志堂經解本。

29. 《詩本義》，宋·歐陽修，商務印書館影印宋刊本。

30. 《潁濱詩集傳》，宋·蘇轍，明萬曆二十五年畢氏刊本。

31. 《毛詩李黃集解》，宋·李樗、黃櫄，通志堂經解本。

32. 《詩總聞》，宋·王質，武英殿聚珍版叢書本。

33. 《詩經集註》，宋·朱熹，世界書局影印本。

34. 《詩序辨說》，宋·朱熹，朱子遺書本。

35. 《呂氏家塾讀詩記》，宋·呂祖謙，清嘉慶十六年刊墨海金壺本。

36. 《詩童子問》，宋·輔廣，元至正四年余氏勤有堂刊本。

37. 《續呂氏家塾讀詩記》，宋·戴溪，經苑本。

38. 《詩緝》，宋·嚴粲，明嘉靖趙氏味經堂本。

39. 《非詩辨妄》，宋·周孚，商務印書館排印涉聞梓書叢書本初編。

40. 《讀詩一得》，宋·黃震，在明刊鍾惺編《古名儒毛詩解》內。

41. 《詩瀋》，清·范家相，四庫全書本。

42. 《毛詩傳箋通釋》，清·馬瑞辰，皇清經解續編本。

43. 《毛詩鄭箋改字說》，清·陳喬樅，皇清經續編本。

44. 《詩經通論》，清·姚際恒，清道光十七年刊本。

45. 《詩古微》，清·魏源，皇清經解續編本。

46. 《讀詩觕記》，清·夏炘，清咸豐間刊景紫堂全書本。

47. 《詩毛氏傳疏》，清·陳奐，商務印書館國學基本叢書本。

48. 《詩經釋義》，屈萬里，中華文化事業出版社排印本。

49. 《周官新義》，宋·王安石，商務印書館叢書集成初編本。

50. 《禮經奧旨》，舊題宋・鄭樵，學海類編本。

51. 《儀禮經傳通解》，宋・朱熹，四庫全書本。

52. 《大戴禮記》，漢・戴德，商務印書館排印高仲華今註今譯本。

53. 《禮記集說》，宋・衛湜，通志堂經解本。

54. 《禮記纂言》，元・吳澄，四庫全書本。

55. 《禮記集說》，元・陳澔，世界書局影印本。

56. 《禮記章句》，明・王夫之，在王船山遺書內。

57. 《禮記集解》，清・孫希旦，商務印書館排印本。

58. 《禮記偶箋》，清・萬斯大，得月簃叢書次刻本。

59. 《禮記訓義擇言》，清・江永，守山閣叢書本。

60. 《禮記今註今譯》，王夢鷗，商務印書館排印本。

61. 《禮學新探》，高明，香港中文大學中文系印行。

62. 《春秋吉禮考辨》，周何，嘉新水泥公司文化基金會研究論文文第一二六種。

63. 《春秋燕禮考辨》，周何，油印本，收入《師大國文學報》第 1 期。

64. 《王制著成之時代及其制度與周禮之異同》，陳瑞庚，嘉新研究論文第二〇三種。

65. 《左氏膏肓》，漢・何休，清・王謨輯《漢魏遺書》鈔本。

66. 《箴膏肓附發墨守起廢疾》，漢・鄭玄，四庫全書本。

67. 《春秋釋例》，晉・杜預，商務叢書集成簡編本。

68. 《春秋規過》，隋・劉炫，清・黃奭輯黃氏逸書考本。

69. 《左氏傳說》，宋・呂祖謙，清同光間刊金華叢書本。

70. 《東萊博議》，宋・呂祖謙，清同光間刊金華叢書本。

71. 《左氏春秋考證》，清・劉逢祿，藝文印書館影印皇清經解本。

72. 《春秋左傳古例詮微》，劉師培，劉申叔先生遺書本。

73. 《春秋左氏傳月日古例考》，劉師培，劉申叔先生遺書本。

74. 《春秋繁露》，漢・董仲舒，明・程榮校刊漢魏叢書本。

75. 《公羊墨守》，漢・何休，清・王謨輯漢魏遺書鈔本。

76. 《春秋公羊經何氏釋例》，清・劉逢祿，皇清經解本。

77. 《穀梁廢疾》，漢・何休，清・王謨輯漢魏遺書鈔本。

78. 《穀梁傳例》，晉・范寧，黃氏逸書考本。

79. 《春秋穀梁傳注疏考證》，清・齊召南，皇清經解本。

80. 《春秋穀梁傳時月日書法釋例》，清・許桂林，粵雅堂叢書二編本。

81. 《春秋啖趙集傳纂例》，唐・陸淳，經苑本。

82. 《春秋集傳辯疑》，唐・陸淳，古經解彙函本。

83. 《春秋微旨》，唐・陸淳，學津討源本。

84. 《春秋尊王發微》，宋・孫復，通志堂經解本。

85. 《春秋傳》，宋・劉敞，四庫全書本。

86. 《劉氏春秋意林》，宋・劉敞，通志堂經解本。

87. 《春秋經解》，宋・孫覺，商務叢書集成初編本。

88. 《春秋集解》，宋・蘇轍，經苑本。

89. 《春秋經解》，宋・崔子方，四庫全書本。

90. 《西疇居士春秋本例》，宋・崔子方，通志堂經解本。

91. 《春秋胡氏傳》，宋・胡安國，商務四部叢刊續編本。

92. 《春秋讞》，宋・葉夢得，四庫全書本（按：即《三傳讞》）。

93. 《春秋傳》，宋・葉夢得，通志堂經解本。

94. 《春秋考》，宋・葉夢得，武英殿聚珍版叢書本。

95. 《春秋解》，宋・胡銓，胡忠簡公經解本。

96. 《春秋集註》，宋・高閌，四庫全書本。

97. 《春秋後傳》，宋・陳傅良，通志堂經解本。

98. 《春秋講義》，宋・戴溪，四庫全書本。

99. 《春秋集義》，宋・李明復，四庫全書本。

100. 《春秋集傳》，宋・張洽，通志堂經解本。

101. 《春秋通說》，宋・黃仲炎，四庫全書本。

102. 《木訥先生春秋經筌》，宋・趙鵬飛，通志堂經解本。

103. 《春秋或問》，宋・呂大圭，通志堂經解本。

104. 《春秋集傳》，宋・家鉉翁，四庫全書本。

105. 《春秋纂言》，元・吳澄，四庫全書本。

106. 《春秋大全》，明・胡廣等，四庫全書本。

107. 《春秋輯傳》，明・王樵，四庫全書本。

108. 《春秋書法解》，明・張溥，春秋三書本。

109. 《春秋稗疏》，明・王夫之，在《王船山遺書》內。

110. 《學春秋隨筆》，清・萬斯大，皇清經解本。

111. 《春秋傳說彙纂》，清・康熙勅撰，四庫全書本（世界書局影印「春秋三傳」，即此本）。

112. 《春秋管窺》，清・徐廷垣，四庫全書本。

113. 《春秋夏正》，清・胡天游，商務叢書集成初編本。

114. 《春秋大事表》，清・顧棟高，廣學社影印清同治丁氏重刊本。

115. 《春秋經文三傳異同考》，清・陳箂孝，花近樓叢書本。

116. 《春秋異文箋》，清・趙坦，皇清經解本。

117. 《春秋三家異文疏》，清・朱駿聲，聚學軒叢書本。

118. 《清儒春秋彙解》，清・抉經心室主人編，鼎文書局影印清光緒十四年鴻文書局石印本。

119. 《劉炫規杜持平》，清・邵瑛，南菁書院叢書本。

120. 《春秋大事表列國爵姓存滅表譔異》，陳槃，中研院史語所專刊之五十二。

121. 《不見于春秋大事表之春秋方國稿》，陳槃，中研院史語所專刊之五十九。

122. 《春秋辨例》，戴君仁，中華叢書編審委員會排印本。

123. 《春秋異文考》，陳新雄，嘉新水泥公司文化基金會研究論文第二十六種。

124. 《大學或問》，宋・朱熹，朱子遺書本。

125. 《中庸輯略》，宋・朱熹刪定，四庫全書本。

126. 《中庸或問》，宋・朱熹，朱子遺書本。

127. 《論語鄭氏注》，漢・鄭玄，羅振玉影印敦煌寫本。

128. 《論語王氏義說》，魏・王肅，馬國翰玉涵山房輯佚書本。

129. 《論語集解》，魏・何晏，天祿琳瑯叢書影元盱江郡刊本。

130. 又一部，日本正平十九年刊本。

131. 《論語義疏》，梁・皇侃，日本元治元年萬蘊堂刊本。

132. 《論語筆解》，唐・韓愈、李翱，明・范氏二十一種奇書本。

133. 《論語拾遺》，宋・蘇轍，指海本。

134. 《論語雜解》，宋・游酢，四庫全書本。

135. 《論語或問》，宋・朱熹，朱子遺書本。

136. 《南軒論語解》，宋・張栻，通志堂經解本。

137. 《論語古解》，清・梁廷柟，藤花亭十七種本。

138. 《論語集釋》，程樹德，藝文印書館排印本。

139. 《論語今註今譯》，毛子水，商務印書館排印本。

140. 《論語異文集釋》，陳舜政，嘉新研究論文第八十八種。

141. 《孟子或問》，宋・朱熹，朱子遺書本。

142. 《孟子師說》，明・黃宗羲編，四庫全書本。

143. 《孟子事實錄》，清・崔述，在《崔東壁遺書》內。

144. 《論孟精義》，宋・朱熹，四庫全書本。

145. 《四書章句集註》，宋・朱熹，世界書局影印本。

146. 《四書集編》，宋・眞德秀，通志堂經解本。

147. 《四書纂疏》，宋・趙順孫，新興書局影印復性書院叢刊本。

148. 《四書箋異》，宋・趙惪，守山閣叢書本。

149. 《四書通》，元・胡炳文，通志堂經解本。

150. 《四書集註辨疑》，元・陳天祥，通志堂經解本。

151. 《四書疑節》，元・袁俊翁，四庫全書本。

152. 《四書蒙引》，明・蔡清，四庫全書本。

153. 《四書訓義》，明・王夫之，在《王船山遺書》內。

154. 《古文孝經》，知不足齋叢書本。

155. 《孝經述義》，隋・劉炫，漢魏遺書鈔本。

156. 《古文孝經指解》，宋・司馬光，通志堂經解本。

157. 《孝經刊誤》，宋・朱熹，朱子遺書本。

158. 《晦庵所定古文孝經句解》，宋・朱申，通志堂經解本。

159. 《孝經大義》，元・董鼎，通志堂經解本。

160. 《孝經集傳》，明・黃道周，四庫全書本。

161. 《孝經集注疏附讀書答問》，清・簡朝亮，世界書局影印讀書堂叢刊本。

162. 《十三經注疏》，藝文印書館影印清嘉慶南昌府學刊本。

163. 《白虎通義》，漢・班固，漢魏叢書本。

164. 《六藝論》，漢・鄭玄，師伏堂叢書皮錫瑞疏證本。

165. 《七經小傳》，宋・劉敞，通志堂經解本。

166. 《程氏經說》，宋・程頤，二程全書本。

167. 《六經奧論》，舊題宋・鄭樵，通志堂經解本。

168. 《日知錄》，明・顧炎武，世界書局排印黃汝成集釋本。

169. 《十駕齋養新錄》，清・錢大昕，中華書局四部備要本。

170. 《述學》，清・汪中，中華四部備要本。

171. 《經義述聞》，清・王引之，世界書局影印嘉慶刊本。

172. 《介菴經說》，清・雷學淇，畿輔叢書本。

173. 《東塾讀書記》，清・陳澧，商務印書館排印本。

174. 《經學通論》，清·皮錫瑞，商務印書館國學基本叢書本。

175. 《經義莛撞》，清·易順鼎，清光緒十年刊本。

176. 《讀經示要》，熊十力，廣文書局排印本。

177. 《古籍導讀》，屈萬里，開明書局排印本。

178. 《書傭論學集》，屈萬里，開明書局排印本。

179. 《方言》，漢·楊雄，商務四部叢刊本。

180. 《說文解字》，漢·許慎，藝文影印經韻樓刊段玉裁注本。

181. 《經典釋文》，唐·陸德明，鼎文書局影印通志堂經解本。

182. 《經傳釋詞》，清·王引之，商務印書館排印本。

183. 《說文義證》，清·桂馥，商務四部叢刊本。

乙、史　部

1. 《史記》，漢·司馬遷，藝文印書館影印日人瀧川資言會注考證。

2. 《史記志疑》，清·梁玉繩，清·光緒十三年廣雅書局刊本。

3. 《漢書》，漢·班固，藝文印書館影印清王先謙補註本。

4. 《晉書》，唐·房玄齡，民國 23 年，開明書店影印殿版二十四史本。下同。

5. 《北齊書》，唐·李百藥。

6. 《北史》，唐·李延壽。

7. 《隋書》，後晉·劉昫。

8. 《新唐書》，宋·宋祁、歐陽修。

9. 《新五代史》，歐陽修。

10. 《宋史》，元·脫脫等。

11. 《金史》，元·脫脫。

12. 《元史》，明·宋濂。

13. 《明史》，清·張廷玉。

14. 《宋史翼》，清·陸心源，光緒二十年歸安陸氏刊本。

15. 《世本》，漢·宋衷編註，西南書局影印清秦嘉謨等輯八種本。

16. 《漢紀》，漢·荀悅，商務印書館四部叢刊縮印明刊本（以下簡稱「四部叢刊本」）。

17. 《十七史商榷》，清·王鳴盛，廣文書局影印乾隆五十二年洞涇草堂刊本。

18. 《古史辨》，顧頡剛等，民國 59 年明倫出版社重印本。

19. 《宋季忠義錄》，清·萬斯同，《四明叢書》本。

20. 《古史》，宋·蘇轍，四庫全書本。

21. 《逸周書》，藝文印書館影印清朱右曾集訓校釋本。

22. 《古今紀要》，宋·黃震，清乾隆間汪氏刊本《黃氏日抄》附刻。

23. 《古今紀要逸編》，宋·黃震，四庫全書本。

24. 《伊洛淵源錄》，宋·朱熹，日本影印明嘉靖八年高氏刊本。

25. 《戊辰修史傳》，宋·黃震，民國 25 年張氏刊《四明叢書》本。

26. 《南宋書》，明·錢士升，日本進修齋刊本。

27. 《宋史翼》，清·陸心源，清光緒二十年歸安陸氏刊本。

28. 《資治通鑑綱目》，宋·朱熹，四庫全書本。

29. 《資治通鑑前編》，元·金履祥，清雍正、乾隆間刊金仁山遺書本。

30. 《大事記》，宋·呂祖謙，金華叢書本。

31. 《古本竹書紀年輯校》，清·朱右曾輯，王國維補，藝文印書館影印海寧
王靜安先生遺書本。

32. 《皇王大紀》，宋·胡宏，四庫全書本。

33. 《宋史全文》，明·佚名，四庫全書本。

34. 《國語》，中華書局四部備要本。

35. 《戰國策》，藝文印書館影印剡川姚氏本。

36. 《史通》，唐·劉知幾，抱經堂叢書清盧文弨校正本。

37. 《宋元學案》，明·黃宗羲撰，清全祖望續成，世界書局排印本。

38. 《文史通義》，清·章學誠，廣文書局排印本。

39. 《宋元學案補遺》，清·王梓材等，世界書局影印本。

40. 《莊子學案》，郎擎霄，台北：泰順書局影印民國 20 年排印本。

41. 《景德傳燈錄》，宋·釋道原，台北：真善美出版社排印本。

42. 《朱子新學案》，錢穆，自印本。

43. 《寶祐四年登科錄》，清·徐氏重刊明嘉靖骨氏刊本。

44. 《考亭淵源錄初稿》，明·宋端儀，原稿本。

45. 《朱子年譜》，清·王懋竑，世界書局排印本。

46. 《文獻通考》，元·馬端臨，新興書局排印本。

47. 《唐會要》，宋·王溥，武英殿聚珍版叢書本。

48. 《四明人鑑》，清·劉慈孚輯，《四明叢書》本。

49. 《嚴州圖經》，宋·陳公亮等修，漸西村舍彙刊本。

50. 《延祐四明志》，元·袁桷等修，清咸豐間徐氏校刊宋元四明六志本。

51. 《浙江通志》，清·嵇曾筠等修，清乾隆元年刊本。

52. 《至元嘉禾志》，元·徐碩，清代徐氏貞節堂鈔本。

53. 《大德昌國州圖志》，元・馮福京，四明六志本。

54. 《鄞志稿》，清・蔣學鏞，《四明叢書》本。

55. 《慈谿縣志》，清・楊正筍重修，雍正間楊氏等重修明正德六年本。

56. 《寧波府志》，清・曹秉仁編，台北：寧波同鄉會選印四明方志本。

57. 《崇文總目》，宋・王堯臣等編，清・錢侗輯釋，商務印書館國學基本叢
　　書本。

58. 《子略》，宋・陳振孫，四部備要本。

59. 《中興館閣書目》，宋・陳騤，民國 22 年北平圖書館等刊古佚書錄叢輯
　　趙士煒輯考本。

60. 《漢書藝文志考證》，宋・王應麟，浙江書局本玉海附刻。

61. 《四庫全書總目提要辨證》，余嘉錫，藝文印書館影印本。

62. 《祕書省續編到四庫闕書目》，世界書局排印葉德輝考證本。

63. 《汲古閣珍藏祕本書目》，清・毛扆，士禮居黃氏叢書本。

64. 《求古居宋本書目》，清・黃丕烈，葉氏觀古堂書目叢刻本。

65. 《鐵琴銅劍樓宋金元書影》，瞿啓甲輯，廣文書局影印民國 11 年影印本。

66. 《郡齋讀書志》，宋・晁公武，商務印書館影印宋刊四部叢刊本。

67. 《直齋書錄解題》，宋・陳振孫，商務叢書集成初編本。

68. 《四庫全書總目提要》，清・乾隆勅撰，藝文印書館影印清刊本。

69. 《經義考》，清・朱彝尊，中華書局四部備要本。

70. 《天祿琳瑯書目》，清・乾隆勅編，光緒間長沙王氏刊本。

71. 《百宋一廛賦並注》，清・顧廣圻撰，黃丕烈注，士禮居黃氏叢書本。

72. 《士禮居藏書題跋記、記續》，清・黃丕烈撰，繆荃孫輯，靈鶼閣叢書本。

73. 《菉圃藏書題識》，清・王大隆輯，黃顧遺書本。

74. 《儀顧堂題跋、續跋》，清・陸心源，廣文書局影印原刊本。

75. 《邵亭知見傳本書目》，清・莫友芝，莫氏原刊本。

76. 《讀書敏求記》，清・錢曾，文選樓叢書本。

77. 《適園藏書志》，清・張鈞衡，適園刊本。

78. 《莚圃善本書目》，清・張乃熊，書林榮寶齋鈔本。

79. 《日本訪書志》，清・楊守敬，光緒二十三年刊本。

80. 《四庫簡明目錄標注續錄》，清・邵懿辰標注，邵章續錄，世界書局排印本。

81. 《四庫目略》，楊立誠，中華書局排印本。

82. 《中國史學名著》，錢穆，三民書局排印本。

83. 《東洋天文史研究》，日・本城新藏，中華學藝社排印沈璿譯本。

丙、子　部

1. 《鶡子》，墨海金壺本。
2. 《老子》，舊題周・老聃，新興書局四部集要本。
3. 《河上公注老子道德經》，四部叢刊縮印宋本。
4. 《老子道德經解》，明・釋德清，台北：台灣琉璃經房排印本。
5. 《莊子》，舊題周・莊周，同上。
6. 《莊子南華經解》，清・宣穎，台北：宏業書局影印本。
7. 《莊子與希臘哲學中的道》，鄔昆如，中華書局本。
8. 《列子》，舊題周・列御寇，世界書局新編諸子集成本。
9. 《文子》，守山閣叢書本。
10. 《亢倉子》，明・子彙本。
11. 《關尹子》，墨海金壺本。
12. 《鶡冠子》，學津討源本。
13. 《抱朴子》，晉・葛洪，世界書局新編諸子集成本。
14. 《陰符經》，真善美出版社排印近人黃元炳箋釋本。
15. 《雲笈七籤》，宋・張君房，四部叢刊本。
16. 《參同契考異》，宋・朱熹，守山閣叢書本。
17. 《墨子》，舊題周・墨翟，世界書局排印清孫詒讓閒話本。
18. 《管子》，舊題周・管仲，世界書局新編諸子集成本。下同。
19. 《商君書》，舊題魏・商鞅。
20. 《慎子》，舊題趙・慎到。
21. 《韓非子》，舊題韓非。
22. 《韓非子校釋》，陳啓天，商務印書館本。
23. 《韓非子評論》，題胡拙甫，台北：蘭臺書局重印本。
24. 《鄧析子》，舊題周・鄧析，世界書局新編諸子集成本。下同。
25. 《尹文子》，舊題周・尹文。
26. 《公孫龍子》，舊題周・公孫龍。
27. 《孫子》，孫武。
28. 《吳子》，周・吳起。
29. 《六韜》，宋刊武經七書本。下同。
30. 《司馬法》，舊題司馬穰苴。
31. 《尉繚子》，不著撰人。

32. 《唐太宗李衛公問對》。

33. 《晏子春秋》，題周・晏嬰，鼎文書局排印吳則虞集釋本。

34. 《荀子》，周・荀況，世界書局新編諸子集成本。

35. 《曾子》，新興書局影印清阮元注釋本。

36. 《呂氏春秋》，秦・呂不韋等，世界書局排印許維遹集釋本。

37. 《新語》，舊題漢・陸賈，漢魏叢書本。

38. 《淮南子》，漢・劉安等，中華書局四部備要本。

39. 《新書》，漢・賈誼，漢魏叢書本。

40. 《新序》，漢・劉向，漢魏叢書本。

41. 《申鑒》，舊題漢・荀悦，世界書局新編諸子集成本。

42. 《孔叢子》，舊題漢・孔鮒，世界書局本。

43. 《説苑》，漢・劉向，漢魏叢書本。

44. 《論衡》，漢・王充，漢魏叢書本。

45. 《孔子家語》，世界書局排印本。

46. 《二程全書》，宋・程顥、程頤，四部備要本。

47. 《龜山語錄》，宋・楊時，四部叢刊本。

48. 《張子全書》，宋・張載，中華四部備要本。

49. 《上蔡語錄》，宋・謝良佐，廣文書局影印日本刊本。

50. 《項氏家説》，宋・項安世，四庫全書本。

51. 《近思錄》，宋・朱熹、呂祖謙合編，正誼堂全書本。

52. 《朱子語類》，宋・黎清德編，正中書局影印明成化覆刊宋本。

53. 《朱子讀書法》，宋・張洪齊編，四庫全書本。

54. 《慈溪黃氏日抄》，宋・黃震，明初人修補宋末十行本。

55. 又一部，元・順帝至元三年黃禮之刊本。

56. 又一部，清・乾隆三十二年新安汪佩鍔刊本。

57. 《慈谿黃氏日抄》，宋・黃震，明正德十三年至十四年間龔氏明實書堂刊本。

58. 又一部，宋・黃震，四庫全書校正本。

59. 《太平御覽引得》，洪業等，哈佛燕京社引得編纂處排印本。

60. 《諸子辨》，明・宋濂，世界書局僞書考五種本。

61. 《崔東壁遺書》，清・崔述，世界書局本。

62. 《古今僞書考》，清・姚際恒，開明書店辨僞叢刊本。

63. 《重考古今僞書考》，顧實，民國 15 年上海大東書局本。

64. 《古今僞書考補證》，黃雲眉，金陵大學中國文化研究所叢刊甲種本。

65. 《古書眞僞及其年代》，梁啓超，中華書局本。

66. 《諸子考釋》，同上。

67. 《僞書通考》，張心澂，明倫出版社重印本。

68. 《中國哲學史大綱》，胡適，商務印書館排印本。

69. 《中國思想史》，馮友蘭，通行本，不著出版時、地。

70. 《中國倫理學史》，日・三浦藤作撰，張宗元等譯，商務印書館本。

71. 《傳習錄》，明・王守仁，世界書局本。

72. 《孫文學說》，孫文，中國各界紀念國父百年誕辰學術論著編纂會編《國父全集》本。

73. 《王柏之生平與學術》，程元敏，作者自印本。

74. 《黃震及其諸子學》，林政華，嘉新公司文化基金會研究論文第三一四種。

75. 《初學記》，唐・徐堅，四庫全書本。

76. 《容齋隨筆》，宋・洪邁，商務印書館國學基本叢書本。

77. 《皇極經世書》，宋・邵雍，四庫全書本。

78. 《太平御覽》，宋・李昉等編，新興書局影印本。

79. 《玉海》，宋・王應麟，元後至元三年慶元路儒學刊本。

80. 《素書》，明・姚廣孝等，漢魏叢書本。

81. 《永樂大典》，世界書局影印本。

82. 《劉子》，北齊・劉畫，漢魏叢書本。

83. 《演繁露，又：續集》，宋・程大昌，儒學警悟本。

84. 《習學記言》，宋・葉適，商務印書館影印四庫珍本三集本。

85. 《考古質疑》，宋・葉大慶，武英殿聚珍版叢書本。

86. 《少室山房筆叢》，明・胡應麟，廣雅書局印少室山房集本。

87. 《九九消夏錄》，清・俞樾，春在堂全書本。

88. 《東西文化及其哲學》，梁漱溟，香港自由學人社印本。

89. 《道德哲學》，張東蓀，台中：廬山出版社影印本。

90. 《巴黎敦煌殘卷敍錄》第一輯，王重民，民國 25 年北平圖書館印本。

91. 《文明的衰敗和復興》，德・史懷哲撰，劉述先譯，台中：中央書局本。

92. 《金剛般若波羅蜜經》，姚秦・鳩摩羅什譯，日本大正新修大藏經第四卷本緣部下。

93. 《地藏菩薩本願經》，唐・實叉難陀譯，同上第十三卷大集部。

94. 《大方廣圓覺修多羅了義經》，唐・佛陀多羅譯，同上第十八卷經集部。

95. 《大乘起信論》，舊題馬鳴菩薩撰，唐・實叉難陀譯，同上第三十二卷論集部。

96. 《六祖壇經》，唐・釋慧能，台北市慧炬月刊社印本。

97. 《景德傳燈錄》，宋・釋道原，眞善美出版社印本。

98. 《佛學概論》，釋太虛，華嚴蓮社印本。

99. 《續明法師遺著》，釋續明，續明法師遺著編輯委員會印本。

100. 《禪學的黃金時代》，吳經熊，商務印書館本。

101. 《禪與老莊》，吳怡，三民書局本。

102. 《藝海微瀾》，巴壺天，廣文書局本。

103. 《茶餘客話》，清・阮葵生，藝海珠塵本。

104. 《中國宗教思想史大綱》，王治心，中華書局本。

105. 《中國禪宗史》，釋印順，華嚴蓮社排印本。

106. 《西洋哲學史話》，美國・威廉杜蘭撰，許大成等譯，台北：協志出版公司排印本。

丁、集　部

1. 《韓昌黎文集校注》，唐・韓愈撰，清・馬其昶校注，世界書局本。

2. 《韓文考異》，宋・朱熹，新興書局影印清同治江蘇書局本韓昌黎集附刻。

3. 《柳河東集》，唐・柳宗元，世界書局本。

4. 《李文公集》，唐・李翱，汲古閣刊三唐人集本。

5. 《周子全書》，宋・周敦頤，廣學社印書館影印清董榕輯本。

6. 《徂徠集》，宋・石介，四庫全書本。

7. 《歐陽修全集》，宋・歐陽修，世界書局排印本。

8. 《溫國文正公文集》，宋・司馬光，商務四部叢刊本。

9. 《王臨川集》，宋・王安石，世界書局排印本。

10. 《朱子大全集》，宋・朱熹，中華書局四部備要本。

11. 《呂東萊遺書》，宋・呂祖謙，金華叢書本。

12. 《呂東萊文集》，宋・呂祖謙，商務印書館國學基本叢書本。

13. 《東萊呂太史文集別集外集》，宋・呂祖謙，續金華叢書本。

14. 《攻媿集》，宋・樓鑰，商務印書館四部叢刊本。

15. 《陸象山全集》，宋・陸九淵，世界書局排印本。

16. 《南軒集》，宋・張栻，清・道光二十五年綿邑張氏重刊本。

17. 《慈湖遺書》，宋・楊簡，四庫全書本。

18. 《九峰公集》，宋・蔡沈，清代刊蔡氏九儒書本。

19. 《勉齋集》，宋・黃榦，四庫全書本。

20. 《眞文忠公文集》，宋・眞德秀，商務印書館影明正德刊四部叢刊本。

21. 《鶴山先生大全集》，宋・魏了翁，商務印書館影宋刊四部叢刊本。

22. 《腳氣集》，宋・車若水，寶顏堂祕笈本。

23. 《後村大全集》，宋・劉克莊，商務印書館四部叢刊本。

24. 《魯齋集》，宋・王柏，金華叢書本。

25. 《晞髮集》，宋・謝翱，清康熙間平湖陸大業校刊本。

26. 《本堂集》，宋・陳著，四庫全書本。

27. 《元豐類藁》，宋・曾鞏，四部叢刊縮印元刊本。

28. 《陸放翁全集》，宋・陸游，世界書局本。

29. 《張宣公詩文集》，宋・張栻，清道光二十五年綿邑張氏洗墨池重刊本。

30. 《葉水心別集》，宋・葉適，永嘉叢書本。

31. 《眞西山文集》，宋・眞德秀，台北：文友書店影印明正德建寧府刊本。

32. 《清容居士集》，元・袁桷，商務印書館四部叢刊本。

33. 《桐江集》，元・方回，宛委別藏本。

34. 《剡源集》，元・戴表元，四部叢刊本。下同。

35. 《黃文獻公集》，元・黃溍。

36. 《剡源先生文鈔》，元・戴表元，《四明叢書》刊黃宗羲輯本。

37. 《金華黃文獻公集》，元・黃溍，商務四部叢刊本。

38. 《滋溪文稿》，元・蘇天爵，適園叢書本。

39. 《弁山小隱吟錄》，元・黃玠，《四明叢書》本。

40. 《鐵崖文集》，元・楊維楨，明・朱昱校編弘治十四年馮氏刊本。

41. 《顧亭林文集》，明・顧炎武，商務印書館影印原刊四部叢刊本。

42. 《宋文獻公集》，明・宋濂，四部備要本。

43. 《升庵外集》，明・楊慎，學生書局影印明萬曆顧起元刊本。

44. 《鮚埼亭集》，清・全祖望，商務影印借樹山房四部叢刊本。

45. 《方望溪全集》，清・方苞，世界書局排印本。

46. 《昭明文選》，梁・蕭統等編，藝文印書館影印本。

47. 《南宋文範》，清・莊仲方編，道光年間活字本。

48. 《南宋文錄錄》，清・董兆熊編，光緒十七年蘇州書局刊本。

49. 《文心雕龍》，梁・劉勰，開明書店排印范氏校注本。

50. 《書傭論學集》，屈萬里，開明書店排印本。

51. 《梅園論學集》，戴君仁，同上。

52. 《子水文集》，毛子水（以字行），台北：進學書局本。

53. 《宋詩紀事》，清·厲鶚，商務印書館國學基本叢書本。

54. 《談藝錄》，錢鍾書，不著出版時、地。

戊、論 文

1. 〈黃東發之卒年〉，陳垣，《輔仁學誌》第十二卷 1、2 期合刊。

2. 〈黃東發學述〉，錢穆，《故宮圖書季刊》一卷 3 期。

3. 〈二戴記解題〉，屈萬里，《中研院民族所集刊》第 32 期。

4. 〈西周史事概述〉，屈萬里，《中研院史語所集刊》第四十二本第四分。

5. 〈關於所謂周公踐阼問題敬復徐復觀先生〉，屈萬里，《東方雜誌》七卷 7 期。

6. 〈先秦說詩的風尚和漢儒以詩教說詩的迂曲〉，屈萬里，《南洋大學學報》第 5 期。

7. 〈朱熹五朝及三朝名臣言行錄的史料價值〉，王德毅，鼎文書局排印《宋史研究論集第二集》。

8. 〈春秋「用致夫人」解〉，周何，《中華學苑》第 2 期。

9. 〈尚書大誥諸篇「王曰」之王非周公自稱〉，程元敏，《孔孟學報》第 28、29 期。

10. 《葉適研究》，周學武，臺大文學博士論文。

11. 〈綜論老子其人其書〉，林政華，《幼獅》第三十六卷第 2 期。

12. 〈黃震的春秋二霸說〉，林政華，《孔孟月刊》第十三卷第 10 期。

13. 〈唐寫本說苑反質篇讀後記〉，斐云，《文物》1961 年（民國 50 年）第 3 期。

14. 〈兩宋學風的地理分佈〉，何佑森，《新亞學報》第 1 期。

15. 〈魏晉清談家評刊〉，戴君仁，《幼獅學誌》第八卷第 3 期。

16. 〈顧亭林的經學〉，何佑森，《文史哲學報》第 16 期。

17. 〈黃宗羲與浙東史學派之興起〉，杜維運，《故宮文獻》第二卷第 3 期。

18. 〈說幾〉，戴君仁，《大陸雜誌》第四十五卷第 4 期。

19. 〈文子集釋自序〉，于大成，廣文書局《文史季刊》第一卷第 3 期。

20. 〈何以要辨別書的真偽——以鶡冠子的作偽動機為例〉，林政華，《幼獅月刊》第三十七卷第 2 期。

21. 〈黃東發的生平與經學〉，林政華，《孔孟月刊》第十二卷第 4 期。

22. 〈簡介宋末大儒黃震的易學〉，林政華，《易學研究》第 3、第 4 期。

二、主要參考文書目錄

1. 《尚書今古文注疏》，清・孫星衍，中華書局校刊冶城山館本。

2. 《經籍纂詁》，清・阮元，世界書局排印本。

3. 《春秋筆削大義微言考》，康有爲，宏業書局影印萬木草堂叢書本。

4. 《左傳禮說》，張其淦，寓園叢書本。

5. 《二十史朔閏表》，陳垣，藝文印書館影印民國 14 年石印本。

6. 《中國語音史》，董同龢，華岡出版部排印本。

7. 《春秋左氏傳地名圖考》，程發軔，廣文書局排印本。

8. 《春秋人譜》，程發軔，臺灣師範大學講義。

9. 《梅園論學集／續集》，戴君仁，開明書店、藝文印書館排印本。

10. 《詩經欣賞與研究》，裴普賢，三民書局排印本。

11. 〈顧亭林的經學〉，何佑森，《臺大文史哲學報》第 16 期。

12. 《宋人傳記資料索引》，昌彼得等編，鼎文書局排印本。

13. 〈周書周月篇著成的時代及有關三正問題的研究〉，黃沛榮，《臺大文史叢刊》第三十七。

14. 《穆天子傳》，漢魏叢書本。

15. 《古今萬姓統譜》，明・凌廷知，明萬曆七年吳興凌氏刊本。

16. 《五種遺規》，清・陳宏謀，民國 50 年台北德志出版社排印本。

17. 《先秦諸子繫年》，錢穆，香港大學排印本。

18. 《中國文化史》，柳詒徵，正中書局排印本。

19. 《宋代興亡史》，張孟倫，商務印書館本。

20. 《宋史》，方豪，華岡出版社排印本。

21. 《宋代政教史》，劉伯驥，中華書局本。

22. 《佛教各宗大義》，黃懺華，焦山智光大師獎學基金會排印本。

23. 《朱子學提綱》，錢穆，作者自印本。

24. 《朱熹》，周予同，商務印書館人人文庫本。

25. 《朱熹辨僞書語》，宋・朱熹，開明書店辨僞叢刊本。

26. 〈大學中庸之作者與章次考辨〉，林政華，《東方雜誌》復刊九卷 4 期。